河北省教育科学研究"十三五"规划
重点资助课题结题成果

新时代教师专业发展的八项修炼

刘洪兴 著

河北出版传媒集团
河北教育出版社

图书在版编目（CIP）数据

新时代教师专业发展的八项修炼 / 刘洪兴著. -- 石家庄：河北教育出版社, 2021.12（2022.10 重印）
　ISBN 978-7-5545-6846-0

Ⅰ.①新… Ⅱ.①刘… Ⅲ.①师资培养－研究 Ⅳ.①G451.2

中国版本图书馆CIP数据核字(2021)第268191号

新时代教师专业发展的八项修炼

作　　者	刘洪兴
封面题签	顾明远
责任编辑	赵　磊
装帧设计	于　越
出版发行	河北出版传媒集团
	河北教育出版社　http://www.hbep.com
	（石家庄市联盟路705号，050061）
印　　制	唐山新苑印务有限公司
开　　本	787mm×1092mm　1/16
印　　张	20
字　　数	300千字
版　　次	2021年12月第1版
印　　次	2022年10月第2次印刷
书　　号	ISBN 978-7-5545-6846-0
定　　价	58.00元

版权所有，翻印必究

新时代教师专业发展的八项修炼

顾明远

教师要一直走在专业发展的大道上

北京师范大学教师教育研究中心◎朱旭东

2021年，适逢中国共产党百年华诞，又是"十四五"开局之年。在新的起点上，教育事业要继往开来，面向新时代，绘制未来教育的宏大蓝图。到2035年，我国要基本实现社会主义现代化，建成教育强国，为21世纪中叶把我国建成富强民主文明和谐美丽的社会主义现代化强国奠基。

作为新时代教师，要迎接社会的挑战、教育的革新，必须不断追求卓越，一直走在专业发展的大道上。

教师只有一直走在专业发展的大道上，才能肩负起"立德树人"的使命

皓首仰观木铎月，层叠书就强师音。谁改变了教育，谁就改变了人。教师要担负起"立德树人"的历史重任，就要深入思考为什么必须发展、怎样发展、发展成什么样子的问题。习近平总书记指出，教师要"做学生锤炼品格的引路人，做学生学习知识的引路人，做学生创新思维的引路人，做学生奉献祖国的引路人"，为新时期教师的定位和发展指明了方向。做学生的引路人，就要立足新时代，服务学生，发展学生的主体性、主动性和积极性，成为学生学习的设计者、指导者、帮助者，与学生成为共同学习的伙伴。

做学生锤炼品格的引路人，就要有理想信念，忠诚党的教育事业，在教育教学中全面落实党的教育方针，把社会主义核心价值观贯穿到教育的全过程。

做学生学习知识的引路人，就要构筑面向未来的知识体系和智能结构，引导学生从未知到知、从知之甚少到知之甚多，主动建构，学会学习。

做学生创新思维的引路人，最根本的是要提升创新思维品质，实现从教到学的改变。教育的目标在于发展，发展的本质在于创新。教师要特别重视摒弃循规蹈矩的陈腐观念和习惯做法，与时俱进，勇立潮头。

做学生奉献祖国的引路人，就要有使命担当，增强对国家、对社会、对人民的责任感。实现中华民族伟大复兴的中国梦，广大教师是亲历者、建设者，而最后的冲刺者便是今天在校的青少年学生。所以，广大教师要为党育人，为国育才，必须要有家国情怀，把奉献祖国的教育事业作为崇高的毕生追求。

教师只有一直走在专业发展的大道上，才能成为"四有"好教师

笔墨书香映霞暮，教育星空逾百年。康德曾说："世界上有两件东西能震撼人们的心灵，一件是我们心中崇高的道德标准，另一件是我们头顶上灿烂的星空。"

对教师而言，教育可谓头顶上的那片灿烂星空。没有教师的发展，便没有教育的发展，更没有学生的发展。

教师的专业发展，需要较长时间的学习修炼。教师专业发展的目标应该是："有理想信念、有道德情操、有扎实学识、有仁爱之心。""四有"好老师标准，是习近平总书记2014年9月9日到北京师范大学看望教师和学生时提出的要求。造就一支具有教育家情怀的"四有"好老师队伍，已成为办好人民满意教育的关键所在。

"四有"好老师,是"学为人师、行为世范"照耀着的光芒,是"崇教爱生、求真育人"铺展的景象。它的背后是沉浸于论著经典、醉心于纸墨华章、保持着为学初心、授业在三尺讲台、追求着教育创新、投身于公益事业的教师们的能量凝结。

教师是一个群体,教师的专业发展绝不能仅仅依靠个人的努力来实现,而要充分发挥教师群体的作用,建立学习型组织。学习型组织是一个具有共同愿景,有效获取、传递和创新知识的组织,是一个善于修正自身的行为,以适应新挑战的工作场域。学习型组织的最大特征是富有热情,乐于分享,善于反思。按照美国心理学家马斯洛的需求层次理论,需要是人的生活动力,不同的生存状态其需要的重点不同,需要层次越高,功利成分越低,精神成分越高。学习型组织就是要调动人的高级需要,加强交往、互相分享、激活动力、彰显个性,提升个人尊严和社会价值,打造放飞自由精神的创新成长天地。

教师只有一直走在专业发展的大道上,才能成为新时代的"大先生"

流光淘漉静如烟,修已慎独好华年。"让教师成为专业领导者"是一种时代需要。教师的每一个言行,每一堂课,就像雕刻大师的一凿、一铲,塑造出学生的未来形象,也间接地塑造着未来的中国。

新时代教师,要努力成为"大先生",必须有效提升专业水准,塑造学生品格、品行、品味;做学生为学、为事、为人的示范。要有大格局、大情怀、大学问、大成就。要心中有梦想、眼中有目标、肩上有担当、手中有书籍、脚下有路径,把培养堪当民族复兴大任的时代新人始终铭记于心,共同探索强师、强教的教育学路径,探寻"大先生"塑造的为师之道。

教师的工作因学习、发展和创造而历久弥新,薪火相传。面对这样的荣耀和责任,教师有什么理由不怀着神圣、敬畏的心情,加快自身的专业发展，去面对每天怀着新期待的学生，面对每天伴随新变化的课堂，面对日新月异的新时代，面对百年未有之大变局呢？

所以，新时代教师要一直走在专业发展的大道上，这是一条希望大道、幸福大道、光辉大道！

……

正当我学习和思考新时代教师专业发展的时候，收到了刘洪兴同志刚写完的这本书《新时代教师专业发展的八项修炼》，读来让我非常欣慰，颇受启发。洪兴同志是一位研究型的教育工作者，虽然一直做行政工作，但是十分注重学习和研究。从"九五"时期就追随中央教科所老专家做课题，之后又主持和参与了多个重要课题，取得了一批有价值的成果。近十年来，他潜心研究教师专业发展的策略，深入基层做了大量调查研究。针对新时代教师面临的新形势、新任务、新挑战，建构了"以发展谋幸福"的理论框架和"新时代教师专业发展的八项修炼"策略模型，站位高，立意新，策略实，有很深的理论思考，又具有较强的可操作性，对于指导新时代教师专业发展一定会大有裨益。

我很赞成书中提出的重要命题：以发展谋幸福。因为，没有教师的发展，便没有教育的发展和学生的发展；教师不加快发展，不会有真正的职业归属感、职业成就感、职业意义感和职业幸福感。同样，没有教师发展的幸福，也不可能有学生发展的幸福，也不会有千家万户的幸福。所以，加快专业发展，无疑是教师的幸福之源。打造加快发展中的幸福教师群体，是教育发展的根本和希望所在！

教师的发展需要终身学习与修炼。怎么修炼才能成长得更快、更好？这本书里提出的"八项修炼"，对新时代教师专业发展具有很强的针对性和指导性。比如，信仰的修炼、爱的修炼、学习习惯的修炼、探究精神的修炼、写作能力的修炼、哲学修养的修炼、坚持的品格修炼，还有诗意栖居的修炼等。这八个维度，既有思想理念的引领，也有方法路径的提供，解析和建构了新时代教师发展的目标、理念、方法，堪称一个完整睿智的策略体系。

书中很多观点、方法，具有独到见解，值得肯定。书中强调了教师信仰修炼的意义，建构了教师专业信仰体系，明确了教师发展的方向；对于师爱的修炼，从全面理解爱、专业诠释爱、理性践行爱的角度进行了系统解析，可谓鞭辟入里；论述了教师的哲学修养、写作能力的修炼，既有新意，又有深度；关于学习习惯与研究能力的修炼，给出的方法、路径，紧贴基层教师实际，实用性、操作性很强；首倡教师要诗意的栖居，指明了新时代教师应有的职业样态，贴近教师生活，为教师规划了一个美好的职业未来，对提升教师的职业勇气、职业尊严和职业幸福具有很强的指导意义。

这本书从教师专业发展实践中来，不仅推进了教师专业发展的理论研究，哲理性强；还提供了鲜活生动的经典案例，很多策略方法可以拿来就用，读来一定让人非常解渴。

期待此书成为教师培养和教师培训的专业用书，成为广大中小学教师的枕边书。

欣然应邀，言不尽意，与君共勉，是以为序。

2021 年 7 月

朱旭东，1965 年生，浙江省浦江县人，中共党员，教育学博士。现任北京师范大学教育学部部长、教育部普通高校人文社会科学重点研究基地北京师范大学教师教育研究中心主任、教育部"长江学者"特聘教授，兼任教育部国家教师教育咨询专家委员会委员兼秘书长、中国高等教育学会教师教育分会副理事长和秘书长、民进中央特邀研究员，教育理论刊物《教师教育研究》副主编、《Beijing International Review of Education》共同主编。

第一章 信仰之光
信仰是为师的灯塔 / 3
教师要建构专业的信仰体系 / 17
教师的专业信仰需要终生修炼 / 28

第二章 爱的情怀
全面理解"爱" / 41
专业诠释"爱" / 52
理性践行"爱" / 62

第三章 学习的习惯
学习是新时代教师的立教之源 / 83
教师选择学习内容的要领 / 93
养成学习习惯的有效策略 / 100

第四章 哲学的修养
哲学离我们远吗 / 117
教师应有怎样的哲学修养 / 124
把握好"度",是教改成败的关键 / 133
教师哲学修养的修炼法则 / 140

第五章 研究的精神

研究，是新时代教师的重要职业属性 / 157

选准教育教学中的"真问题" / 163

通过研究行动，实现自我超越 / 176

第六章 写作的能力

写作，助推教师发展的力量 / 191

教师应该写什么，怎么写 / 201

提升写作水平的五个锦囊 / 212

第七章 坚持的品格

坚持，改变人生 / 229

坚持，需要智慧 / 241

新时代教师应该坚持的 10 个好习惯 / 255

第八章 诗意的栖居

新时代呼唤教师新生活 / 267

追寻诗意与远方 / 279

活出好样子 / 289

后 记 以发展谋幸福 / 300

参考文献 / 305

第一章 信仰之光

人,其实就是一种精神。
——苏霍姆林斯基

心中有信仰,眼中有光芒,脚下有力量。[1]有什么样的信仰,就有什么样的态度,就有什么样的作为,就有什么样的命运。信仰不是与生俱来的,需要终生学习、构建、感悟和修炼。

新时代教师承担着"立德树人"的历史使命,必须建立堪当中华民族伟大复兴大任的信仰体系,加快专业发展,把自己的命运和国家的命运紧密联系在一起。

---

[1] 习近平的七年知青岁月. 乌鲁木齐:新疆人民出版社,2020.05.

信仰是为师的灯塔

信仰如灯塔,是前行的方向,希望之光。

教师的职业信仰是为学、为事、为人的价值取向,体现于情感、意志、行动层面,成为一种道德约束力、一种精神动力、一种群体凝聚力、一种人生导向,对教师的职业操守、专业发展,以及学生发展,都有着极其重要的引领作用。

一、有信仰,才有方向

1. 信仰孕生教育希望

国家的希望在教育,教育的希望在教师,教师的希望有赖信仰的修炼。

教师有信仰,教育有希望。有信仰的教师才能不忘初心,牢记使命,才能引领和创造未来。

信仰是教师的理想精神状态。新时代教师的信仰,应该具有崇高性、坚定性、持久性和永恒性。第一,信仰是崇高的。崇高的信仰是知情意行的高度统一,是教师对教育的向往和敬畏、挚爱和忠诚的心理状态与精神追求;第二,信仰是坚定的。坚定的信仰建立在理性之上,坚信教育的未来一定是美好的,每时每刻都涌动着、倾注着积极向上的情感和意志,是无怨无悔的人生选择;第三,信仰是持久的。是对教育的坚信与价值认同,是高尚的师德在灵魂深处的内化,是人生价值在教育实践中的落实与呈现；第四，信仰是永恒的。永恒的信仰为人生赋予意义，成为一种精神内核和实践指向，使教师的教育生活富有动力性、终极性、价值性、发展性，让教师的人生充满朝气、能量、希望和幸福。

令我们敬仰的"人民教育家"于漪，践行"让生命与使命同行"的教育信仰。从教70载从未离开过讲台，讲了2000节省市级公开课，写了数百万字教育著述。她说：人有了脊梁骨才能直立行走。人有了理想信念，就有了精神支柱，心灵就能辉煌起来。持久不断地努力，就能成为堂堂正正、通体透亮的人。

可见，教师人生信仰的选择，人生目标的确立，是紧要之中的关键。"教，上所施，下所效也；育，养子使作善也。"[1]崇高的、坚定的、持久的、永恒的教育信仰帮助教师确立教育目标、提升精神境界、提高道德魅力、培养坚定意志，使办好人民满意的教育成为教师的终极价值追求。因为信仰，所以选择；因为选择，所以坚守。教师对教育事业的坚守，不只在课堂，不只在一时一事，而是用"堂堂正正、通体透亮"的生命来践行，这就是教师、教育的希望所在。

2. 信仰成就幸福人生

梁启超先生说："最要紧的是确立信仰"。

新时代教师是幸运的，不论是到2035年国家基本实现现代化，建成教育强国；还是到2050年建成社会主义现代化强国，新时代教师都将是亲历者、建设者，这是历史赋予教师的崇高使命，也是教师职业幸福的源泉。

蔡元培指出："教育者，非为已往，非为现在，而专为将来。"教育必定是立足于现在，面向于未来，为未来社会培养所需要的人才。所以

---

[1] 陈亦儒编. 说文解字. 北京：研究出版社，2018.01.

教师要根据自己对未来社会的理解和判断以及自己对美好生活的理想追求，来确立一个理想的目标。首先，要从人类发展的光明前景的战略高度来构建自己的教育哲学，通过自己的教育活动传播理想，培养未来社会所需要的人才；其次，既要考问教育的终极意义，也要设定近期目标，使自己从日常大量的事务性工作和经验性行为中摆脱出来，成为教育实践的自觉研究者和主动反思者，成为自己教育思想和理论的构建者和创造者，成为面向未来的专业发展主体；其三，使自己的教育信仰与时代的发展同步，既有满腔的工作热情，又要全身心地投入，体会"得天下英才而教育之"的高尚乐趣，成就幸福人生。

用爱点亮乡村女孩人生梦想的张桂梅，身患重病仍然坚守教育第一线，25年如一日，帮助2000多名贫困山区女孩求知求学、走出大山；危急时刻以身挡车救学生、自己却再也没能醒来的李芳；从"不想留"变成"不想走"的"90后"特岗女教师闫子轩，扎根在艰苦的乡村，把乐观向上的正能量传递给乡村孩子……

这些老师，用信仰绘就了人民教师的精神底色。他们对教育事业的热爱而产生的凝聚性力量，把无数被时间和事件切割的生命碎片凝聚为新的整体，就像画家把各种不同的色彩凝聚为一幅美丽的图画、音乐家把各种不同的音符凝聚为一首壮丽的交响乐，这是教师寻求完美境界和生活幸福的精神谱系。

3. 信仰闪耀家国情怀

初心易得，始终难守。

教师需要用伟大的家国情怀对"人类命运共同体"持有坚定的认同，并促使家国同构，把共同体意识和仁爱之情，以及责任和担当，深凝于对学生的大爱、对教育的赤诚、对民族复兴"中国梦"的追寻之上，这样的人生才更加可贵。

"知责任者，大丈夫之始也；行责任者，大丈夫之终也。"[1]

人民教育家顾明远先生，从教逾一甲子，历任小学、中学及大学教师，奉行"没有爱就没有教育，没有兴趣就没有学习，教书育人在细微处，学生成长在活动中"之信条，桃李满天下，实为教育大家，却自号"教育老兵"；年逾九旬，胸襟达阔，思想鼎新，主张"三好学生"评选废止之论，倡导学生主体发展促进之说，实为以生为本，却笑云"吾亦八零后"；足迹遍及世界，视野放眼全球，开创新中国比较教育学，惟心系于中国，参与国家重大决策，指导全国教育实践，实为爱国心切，却云"无非报恩而已"；领导与支持建立特殊教育学、课程与教学论、教育技术学等诸多教育学科，编撰《教育大辞典》《世界教育大事典》《中国教育大百科全书》等教育学各科之必备工具书，实为大教育学者，却云"原本一书生"。而今耄耋之年，仍踌躇满志，壮心未已，奔波于山隅海角，笔耕于月下灯前。学术无愧人师，德行堪为世范，乃新中国当之无愧的人民教育家！[2]

顾先生的家国情怀让我们"高山仰止，景行行止，虽不能至，然心向往之"。雅思贝尔斯说："教育需有信仰，没有信仰就不成为教育，只是教学技术而已。"教师的家国情怀是至高的教育信仰，需要以伟岸人格承接伟大担当，以伟大情怀托举复兴使命，这是每位新时代教师都应有的使命自觉、行动自觉。

---

[1] 出自梁启超的《呵旁观者文》.大意是说，认识到责任，是成为大丈夫的前提条件；承担责任，才能当成大丈夫.

[2] 王英杰主编.顾明远教育思想研究.北京：教育科学出版社，2019.01.

二、有信仰，才有力量

信仰是我们克服千难万险的精神支柱，是引领我们不断向前的指路灯塔。教师具有理性的、科学的专业信仰，才能使思想更专注、更深入、更透彻、更超脱，行动更有力量。

1. 有信仰，才能获得情感力量

《中庸》曰："自诚明，谓之道；自明诚，谓之教"。[1] 教师的专业信仰是知、情、意、行的统一，始于认知，通过情感维系，最终走向心甘情愿地献身于教育事业。

伟大的教育家都有坚定的教育信仰。如：孔子信仰"仁"和"礼"；卢梭信仰"自然"；苏霍姆林斯基宣称："我的教育信仰在于使人去为他人做好事，并发自内心深处去做，在于建造自我。"信仰让教师产生对教育的崇高感、神圣感和敬畏感，获得情感力量的支撑。

有这样两位人民教师：

> 李桂林和陆建芬，他们是一对夫妻，他们工作的学校在甘洛县乌史大桥乡二坪村，是凉山北部峡谷绝壁上的彝寨，村民上下绝壁都要攀爬5架木制的云梯，进出极为艰难。就是在如此艰险的环境下，从汉族地区来的李桂林、陆建芬夫妻扎根这里18年，把知识的种子播种在彝寨，为村民走出彝寨架起"云梯"。

用信仰净化心灵，才会对生活有敬畏、有追求，才会获得情感上的力量支撑。两位人民教师的"诚"与"明"、"道"与"教"相互作用，初心与使命相互统一，使之能够执着地追求教育之真、教育之善和教育之美。

---

[1] 出自《中庸·第二十一章》.意思是：从本性真诚而明晓道理，称之为天性；从明晓道理而生发诚心，称之为教化.

2. 有信仰，才能获得意志力量

信者自成[1]。信仰是一个人任何时候都不能丢的最珍贵的精神法宝。有信仰，才会树立正确的价值观，沿着正确的道路前行，而不至于在多元的价值观和纷繁复杂的世界中摇摆不定，迷失方向。

"感动中国"有这样一段颁奖词：

"一切从零开始，从乡村开始，从识字和算术开始。别人离开的时候，她留下来；别人收获的时候，她还在耕作。她挑着孩子沉甸甸的梦想，她在春天播下希望的种子。"

她的名字叫李灵。她的教育信仰是：为留守儿童办学。

李灵老师用家中20多万元的积蓄办起了周口淮阳许湾乡希望小学。7年，李灵为了办学欠了8万元的外债。为了学校的孩子能坐在宽敞的阅览室里看书阅读，李灵趁着放暑假，向父亲要了200元钱只身来到郑州，买了一辆破旧三轮车，沿街收购各种书籍。炎炎烈日下，李灵骑着三轮车穿街过巷，拿着秤一斤斤地回收旧书本。她用汗水载回了孩子们的"精神食粮"。

李灵老师为我们打开一条意志通道：用教育信仰内生主体性、责任感和使命感，之后用教育信仰进行基于专业的教育实践和服务，形成理性的信仰，从而更加坚定地服务于学生和社会。

3. 有信仰，才能获得行动力量

信仰把教师的性命、生命与使命整合、融合，渗透在教师日常的教育教学乃至生活之中，让教师能在点点滴滴的思与行中，彰显、呈现和

---

[1] 源自"信者行之基，行者人之本，人非行无以成，行非信无以立。"出自《吕氏春秋·履信》。意思是：人只有坚定了信念才可能够去做成一件事，相信是开始做事的基础；而行动之初，坚定的信念又是最重要的。

放大性命之珍贵、生命之崇高和使命之伟大，进而使教师自身的自然生命、社会生命和精神生命更加丰富、更加丰满、更加丰盈，并在此基础上让自身的生命意义与价值更有深度、更有宽度、更有高度。

今天，当我们的思绪顺着熟悉的教室、鲜艳的国旗，飘向历史的远方，会发现信仰之光经由血与火的淬炼，灿烂夺目、生机勃发。正因为：

信仰是朴素的——

宋庆龄在写给美国同学的信中说："孙中山好几次告诉我说……他下了决心，认为中国农民的生活不该长此困苦下去。中国的儿童应该有鞋穿，有米饭吃。就为这个理想，他献出了他40年的生命。"[1]

信仰是无私的——

1930年8月27日，临刑前的几分钟，共产党员裘古怀有感于"每一个同志在就义时都没有任何一点惧怕，他们差不多都是像完成工作一样跨出牢笼的"，匆匆写下《给中国共产党和同志们的遗书》，饱含深情地用"满意"和"遗憾"四个字诠释自己对信仰的理解："我满意为真理而死！遗憾的是自己过去的工作做得太少，想补救已经来不及了。"

信仰是坚定的——

"愿得此身长报国，何须生入玉门关"[2]，永远定格在我们的精神家园。"一句嘱托，许下一生"的于敏[3]；化名"炎黄"行善27年的

---

[1] 朱荣英著. 马克思主义哲学大众化的当代视域及践行路径. 北京：中央编译出版社，2019.04.

[2] 出自唐代戴叔伦的《塞上曲二首·其二》. 意思是作为子民我愿以此身终生报效国家，大丈夫建功立业何须活着返回家园.

[3] 于敏（1926年8月16日—2019年1月16日），出生于河北省宁河县（今天津市宁河区）芦台镇，核物理学家，国家最高科技奖获得者，共和国勋章获得者.

张纪清[1]；担起乡村未来的80后教师张玉滚[2]……因为有了坚定的信仰，才有了"苟利国家生死以，岂因祸福避趋之"[3]的勇气，"舍生取义"的豪气和奉献山区教育的定力。

历史证明，谁能获得这种高尚的信仰，谁就能守住这份朴素、无私、坚定。思想—信仰—力量，最终呈现的是一种饱满的精神状态和行为力量。拥有专业信仰的教师，一定会是这样的：有清晰的目标，有明确的方向，有切实可行的发展规划，有持之以恒的坚持精神。这些，如日光一样，会成为一名教师专业发展取之不竭的精神力量。

信之，仰之，如时雨化之，"事功昭著于社会"[4]。

三、有信仰，才能致远

新时代教师承载着建设现代化强国的伟大历史重任。习近平总书记在党的十九大报告中提出了新的奋斗目标：从2020年到2035年，在全面建成小康社会的基础上，再奋斗15年，基本实现社会主义现代化。从2035年到21世纪中叶，在基本实现现代化的基础上，再奋斗15年，把我国建成富强民主文明和谐美丽的社会主义现代化强国。

在历史发展的进程中，广大教师始终坚守信念，矢志不渝，无怨无悔，用自己的劳动和创造培育着祖国的下一代，涌现出徐特立、吴玉章、成仿吾、马寅初、蒋南翔、苏步青、周培源、霍懋征、于漪等德高望重的教育大家，也涌现出斯霞、孟二冬、方永刚、谭千秋等一批教书育人

---

[1] 张纪清，男，德耀中华·第五届全国道德模范助人为乐模范候选人。从1987年起，他二十多年用"炎黄"名义捐款、捐物.

[2] 张玉滚，河南省南阳市镇平县高丘镇黑虎庙小学校长。"全国岗位学雷锋标兵""时代楷模""感动中国2018年度人物""中国青年五四奖章"获得者，"全国敬业奉献模范""最美奋斗者""全国优秀共产党员".

[3] 周中之著.中华之星与民族之魂 中国人生哲学对话录.郑州：河南人民出版社，1995.09.

[4] 朱自清著.朱自清.杭州：浙江摄影出版社，2018.01.

的楷模，为新时代教师树立了典范，引领广大教师行走致远。

1. 有信仰，"师道"有尊严

"师道"有尊严，教育有底气，国家有未来。

教师承载着传播知识、传播思想、传播真理，塑造灵魂、塑造生命、塑造新人的时代重任。学生"亲其师而信其道"，教师"学为人师，行为世范"，社会"贵师而重傅"，教育定会成为通达个人梦想的桥梁、支撑国家发展的砥柱。

有"师道"的教师所培养的学生，呈现的是这样的生命状态：

> 瑜，10岁，小学四年级。四年来，没请过任何的"一对一"，没做过哪怕一本课外练习册。周末或假期，大多数时间在游玩，融入自然，优哉游哉。很少看电视，从不上网，不玩网络游戏。每晚8:30准时就寝，早上6:30起床，从不熬夜做题。各科成绩优秀，视力正常，身心健康发展，聪明、活泼、健康。酷爱读书，视野开阔，博览古今中外经典作品，每学期的阅读量在400万字以上。她的诗集《有一天，童年》面向全国出版发行。

这样的教育，是我们所信仰的教育生活的具形化。20世纪20年代，朱自清认为，如果"太重视学业，忽略了做人"，学校就成了"学店"，教育就成了"跛的教育"。跛的教育是不能行远的，正如跛的人不能行远一样。他倡导：学生们入学校，一面"求学"，一面学做人。这对新时代教师的教育依然具有启发性，我们应该努力做学生为学、为事、为人的引路人。

2. 有信仰，"师德"更高尚

师德就是"敬业爱生"。

教育家陶行知曾说过："在教师手里操着幼年人的命运，便是操着民族和人类的命运"。教育承载着国家和民族的希望，教师是这一希望的载体，因此，教师对教育持有坚定的信仰至关重要。我们不能指望教育信仰是万能的灵丹妙药；但是，如果教师没有信仰，那教师的教育生活必然会成为无源之水，无本之木。

有一位网友这样评价自己的教育生活：

> 面对"平均分""及格率""优秀率""学生评""家长评""老师评""学校评""社会评"，你会怎样，你能怎样，你又敢怎样？为了学生捞取高分，教师低声下气，苦口婆心，巴结、讨好，戴高帽，如此惯坏学生，宠坏学生，终极目标只为一个——"分"好，才是真的好。分、分、分，实质是教师的命根啊！有了分，职称来了，奖金来了，家长的笑脸来了，校长的褒扬来了，社会的知名度也来了；没有分，你就是无能，就是南郭先生，就是误人子弟的恶棍。

在应试教育的影响下，教育在一定程度上被扭曲。过分强调"分"，影响着教师教育教学工作，甚至使部分教师专业信仰随之变形，渐渐走入职业倦怠的恶性循环圈。我们做过一项调研，教师偶尔有职业倦怠心理的占 26%，有职业倦怠倾向的占 19.8%，其中职业倦怠比较严重的占 6.7%，分析其原因，列在前 8 位的依次是：①长时间高强度工作；②工作单调乏味，缺乏乐趣；③忙得顾不上学习和发展自己；④得不到足够的认可；⑤个人理想缺失；⑥没有成就感；⑦地位不高，自信不足；⑧经济收入偏低……

如何走出职业倦怠呢？答案是多维度的，不仅需要深化教育内部的改革，也有赖社会的发展和全面进步，但有一点是最关键、最要紧的，即重塑教育信念，重塑高尚师德。

3. 有信仰，"师路"更高远

教育是最大的民生工程，是社会发展的奠基事业。新时代，党和政府高度重视教师队伍建设，明确提出，要让广大教师在岗位上有幸福感、事业上有成就感、社会上有荣誉感。到 2035 年，培养造就数以百万计的骨干教师、数以十万计的卓越教师、数以万计的教育家型教师[1]。

新时代教师要勇于担当，制定个人专业发展的高远目标。沿着"骨干教师—卓越教师—教育家型教师"的发展之路，奋力前行。首先，绝不能碰师德"红线"，做有违师德的事。其次，要达到职业发展的"标线"，达到"专业标准"，做一个合格教师。之后，要不断攀越专业发展的高线，加快提升自己。

新时代教师专业发展路径如图 1.1 所示。

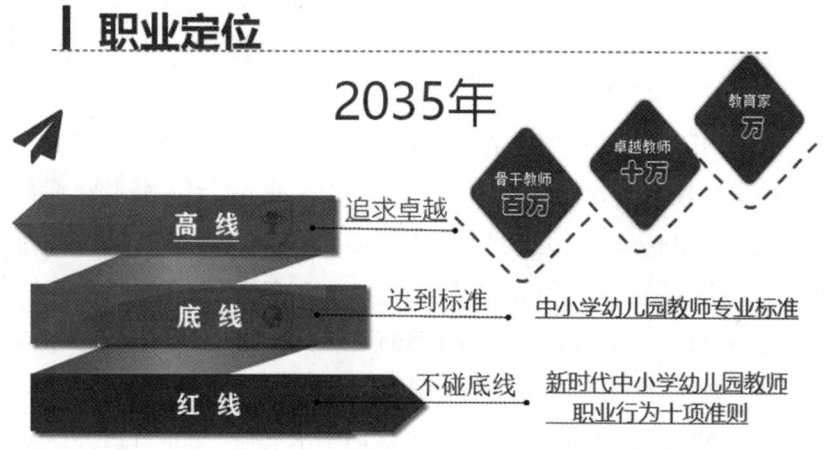

图 1.1　新时代教师专业发展路径

（1）师德师风的"红线"，碰不得。2018 年，教育部印发《新时代高校教师职业行为十项准则》《新时代中小学教师职业行为十项准则》《新时代幼儿园教师职业行为十项准则》，规定了教师十条"红线"。各地

---

[1] 中共中央国务院关于全面深化新时代教师队伍建设改革的意见. 北京：人民出版社，2018.03.

区、学校相继制定了具体的教师职业行为负面清单及师德失范行为处理办法。广大教师要全学习、全了解、全做到，时刻自重、自省、自警、自励，坚决抵制有偿家教、收受家长财务等有违师德的行为，自觉做以德立身、以德立学、以德施教、以德育德的楷模，维护教师职业形象，维护风清气正的教育生态。

（2）要达到职业"标线"。2011年，教育部制定了《幼儿园教师专业标准（试行）》《小学教师专业标准（试行）》和《中学教师专业标准（试行）》(简称:《专业标准》)。《专业标准》是国家对合格中/小学/幼儿园教师专业素质的基本要求，是教师实施教育教学行为的基本规范，是引领教师专业发展的基本准则，是教师培养、准入、培训、考核等工作的重要依据。其基本理念包括：师德为先、学生为本、能力为重、终身学习。基本内容包括：专业理念与师德、专业知识、专业能力。2021年，教育部印发《教师职业能力标准（试行）》（简称《能力标准》），分别明确中学教育、小学教育、学前教育、中等职业教育和特殊教育专业师范生教师职业基本能力，即师德践行能力、教学实践能力、综合育人能力和自主发展能力，围绕有理想信念、有道德情操、有扎实学识、有仁爱之心的好老师培养，突出了师德师风第一标准。《专业标准》和《能力标准》是国家对合格教师专业素质的基本要求，是教师开展教育教学活动的基本规范，是引领教师专业发展的基本准则。新时代教师一定要对标、达标，做一名合格的教师。

（3）努力攀登专业发展"高线"：追求卓越。新时代教师要不断超越自我，努力争做骨干教师、卓越教师和"教育家"型教师，以总书记倡导的"大先生"为最高目标。无限热爱教育，专心从事教育，一生奉献教育。

新时代教师只有守住底线、达到标线、攀越高线，才能形成专业的信仰体系，才能做学生锤炼品格的引路人、学习知识的引路人、创新思维的引路人、奉献祖国的引路人，收获专业发展的幸福和美好的教育未来。

4. 有信仰，让人生更出彩

苏霍姆林斯基说："道德教育的核心问题，是使每个人确立崇高的生活目的……人每日好似向着未来阔步前进，时时刻刻想着未来，关注着未来。"

唐山市第四中学数学教师王小红，在主题班会上创设了"我的初心"环节，引导孩子们回忆初进校园时的豪情壮志，然后进入"我的心愿"环节。有个男孩忆起去世的奶奶泪流满面，表示要为了亲人、为了自己的初心努力学习。王老师被孩子所启迪，把"学习"和"成长"作为自己的信仰，逐渐从一个自卑、胆小、青涩的青年教师，淬炼成有育人经验、有教育理念、有自信的名师。

王小红老师的成长经历告诉我们，一个人意识到自己的世界价值观或者心灵上有缺失，然后去寻找、去填补，就有了精神"脊梁"。这个用来支撑自我的"脊梁"，就是信仰。

"看似寻常最奇崛，成如容易却艰辛。"[1] 我们可以像王老师那样，从工作细节入手，师生共同激励，教学相长，努力做到：

> 追求真理，不断调整和完善自己。
> 不断学习、积极探索，让工作有动力。
> 自己主动去寻找目标和方向，让人生充满意义。
> 既脚踏实地，又心怀梦想，让生命更有价值。
> 不唯书，不唯上，而是相信自己。
> 不盲目地服从，而是顺应规律，不断发现自己的良知。
> 有好奇心，有激情，有情怀，敢于保持怀疑的态度。
> 在需要做出决定时，勇于付诸行动。

---

[1] 于海洲，于雪棠编.古典诗词名句今用1400例.北京：中国纺织出版社，2016.07.

自己的信仰能够接受质疑，并坚定前行。

选择了教师，就选择了一份"太阳底下最光辉的职业"[1]，就选择了一份"塑造人类灵魂工程师"的工作。[2] 学高者为师，身正者为范。[3] 新时代教师，要树立正确信仰体系，努力把"学高""身正"作为毕生追求，收获桃李满天下的精彩人生。

---

[1]（捷）约翰·阿摩司·夸美纽斯著；关明孚译.捷克教育家夸美纽斯谈教育.沈阳：辽宁人民出版社，2020.07.

[2]（苏）加里宁（Михай, Нвановия, Калинин）著；（苏）爱文托夫辑；草婴译.加里宁论文学.新文艺出版社，1955.07.

[3] 陶行知著.陶行知中国教育改造.吉林出版集团股份有限公司，2017.02.

教师要建构专业的信仰体系

教师的专业信仰是教师追求卓越，以发展谋幸福的生命动力，贯穿于教师教育活动的始终，是教师的人生信仰、政治信仰、教育信仰、职业信仰的总和，由教师的人生理想、社会责任、政治态度、职业道德、职业技能、职业良心、职业作风等要素构成。一位有专业信仰的教师，不仅要坚定对马克思主义、共产主义的信仰，坚定对中国特色社会主义的信念，坚定对实现中华民族伟大复兴的信心，还要把坚定"四个自信"作为信仰之基；把做"四有"好教师作为信仰之本；把"立德树人"作为信仰之魂。

一、把坚定"四个自信"作为信仰之基

1."四个自信"是建构专业信仰的基石

党的十九大明确提出，要坚定道路自信、理论自信、制度自信、文化自信。回望历史，过去的一百年，中国共产党向人民、向历史交出了一份优异的答卷。现在，中国共产党团结带领中国人民又踏上了实现第二个百年奋斗目标新的赶考之路。新时代教师要担负起"立德树人"的重任，就要坚定"四个自信"，即把人生信仰、政治信仰、教育信仰、职业信仰融入"四个自信"价值体系，建构专业的信仰体系。

其一，建构正确的人生信仰。人生信仰是教师对自身生活意义的精神追求，是如何使自己的人生过得有价值、有意义、有幸福感；

其二，建构崇高的政治信仰。政治信仰是对于政治观念、政治领袖的信仰，是教师个人信仰与国家和民族利益的高度统一；

其三，建构理性的教育信仰。教育信仰是教师从事教育事业的精神内核、实践指向、行动指南，是教师做什么和不做什么的根本准则和态度，是教师对人生观、价值观、世界观、教育观的无悔选择和坚定持有；

其四，建构科学的职业信仰。职业信仰是教师在教育生活中具有激励性、超越性、永久性的力量，是实现自己理想的内在需求，是面对艰难困苦、失败挫折重新树立信心的精神动力。

"四个自信"是教师实现人生信仰、政治信仰、教育信仰、职业信仰的行动指南和坚实保障，是教师建构专业信仰的基石。

2. "四个自信"构建专业信仰内容体系

当代中国道路、理论、制度、文化，构成中国特色社会主义的基本内容和根本成就，[1]自然应成为教师专业信仰的精神内核。"四个自信"事关道路和方向，事关国家战略大局和发展大计，是对我国国情的深刻把握、对民族命运的理性思考、对人民福祉的责任担当。新时代教师应真正理解和把握"四个自信"的内涵和实质，从中获取教育教学的信心和力量，建立起自身的教学自信，这样，才能形成科学的专业信仰内容体系。具体内容包括：

（1）道路自信，指中国特色社会主义道路是实现民族伟大复兴的必由之路，这是对发展方向和未来命运的自信。

（2）理论自信，指中国特色社会主义理论体系是实现民族伟大复兴的正确理论指引，这是对马克思主义理论特别是中国特色社会主义理论体系的科学性、真理性的自信。

（3）制度自信，指中国特色社会主义制度是实现民族伟大复兴的根本制度，这是对中国特色社会主义制度具有制度优势的自信。

---

[1] 刘仓.论"四个自信"的内在逻辑［J］.兰州学刊，2018，（5）：5.

（4）文化自信，指中国特色社会主义文化是实现民族伟大复兴的强大精神，这是对中国特色社会主义文化先进性的自信。文化自信内蕴于其他"三个自信"之中，是对社会主义道路、理论、制度内涵的精湛阐述。

所以，把坚定中国特色社会主义道路自信、理论自信、制度自信、文化自信，作为教师专业信仰的内容核心，我们才能比历史上任何时期都更相信能够实现中华民族伟大复兴的目标，比历史上任何时期都更有信心、有能力实现中华民族伟大复兴这个目标。

3. "四个自信"构建专业信仰价值体系

今天，新时代中国教师处在中华民族发展的最好时期，既面临着难得的建功立业的人生际遇，也面临着"天将降大任于斯人"的时代使命。坚定"四个自信"，来自教育本身，来自文化的积淀、传承、创新、发展，来自当今中国特色社会主义的蓬勃生机，来自实现中国梦的光明前景，自然成为教师所认同并付诸实践的专业信仰价值体系。

教师的专业信仰价值体系，是教师对人生观、价值观和世界观的建构、选择和持有。这一价值体系是教师对教育及自己的教育成果的意义、作用、效果和重要性的总体评价，是对什么是好的、应该的，什么是不好的、不能触碰的总的认识和看法，是推动和指引教师采取决定和行动的原则、标准，是教师个性心理结构的核心因素和价值组成。教育是充满理想与创造的职业，需要教师用美好、善良、正直、向上的价值取向去塑造未来社会公民。

第一，坚定"四个自信"的教师，才能更好地理解教育，理解人，理解自己对社会、对教育事业的责任和义务，才能全身心融入教育事业之中；

第二，坚定"四个自信"的教师，他们会用智慧锻造学生的灵气与智慧，用正气沐浴学生的心灵，用善良培育学生的品质，以自己的人格影响学生的人格，用爱给学生温暖和前行的动力；

第三，坚定"四个自信"的教师，才会通过道路自信、理论自信、制度自信、文化自信，使自己形成教育自信、教学自信，从而使学生的素养不断得以全面提升，使社会的政治、经济制度得以不断巩固，使社会不断向前发展，并通过教育造就新时代所需的高素质公民，促进世界更加和谐美好。

总之，"四个自信"不是响亮的口号，而是教师在做好每一件小事、完成每一项任务、履行每一项职责中所呈现的精神品质和内在修养。伟大的事业需要伟大的自信，伟大的自信铸就伟大的信仰，伟大的信仰成就伟大的人生。

二、把做"四有"好教师作为信仰之本

2014年第30个教师节前夕，习近平总书记考察北京师范大学时发表重要讲话，勉励广大教师做有理想信念、有道德情操、有扎实学识、有仁爱之心的"四有"好老师。

1. 好教师要有理想信念

我们的教育是为人民服务、为中国特色社会主义服务、为改革开放和社会主义现代化建设服务的，党和人民需要培养的是社会主义事业建设者和接班人。好老师的理想信念应该以这一要求为基准。

理想是世界观、人生观和价值观的"试金石"。教师的理想就是"教师梦"，源自为实现"中国梦"而不息奋斗的坚定信念；表现为竭诚传承与弘扬中华文明五千年优秀文化传统与美德，文化复兴、祖国振兴、立德树人。

信念是理和情的"合金"。教师的信念来自对人类和祖国教育命运具有深刻的体悟，对教育功能和终极价值具有深刻的理解，对教育精神和教育使命具有深切的把握；体现为对教育可以改变社会发展质量坚信不疑，对教育可以改变学习者的命运坚信不疑，对学校质量影响人才质量更是坚信不疑。

受疫情影响，全国小学生停课。全国教书育人楷模、清华大学

附属小学校长窦桂梅响应国家停课不停学号召，主动承担起全国直播课录制任务，带着358名教师播出1162节直播课，创下6.54亿人次观看的纪录。

以理想信念战胜"小我"，成就"大我"，以刚毅坚卓的意志品质跑赢时间，这样的教师群体是中华民族伟大复兴的脊梁。

2. 好教师要有道德情操

道德情操是好教师的底色。"三寸粉笔，三尺讲台系国运；一颗丹心，一生秉烛铸民魂"[1]。对事业，无怨无悔如生命的全部；对儿童，殚精竭虑如生活的整体；对自己，一贯秉持高度的自觉自律；对他人，始终如一的坚持谦恭尊重，这是新时代教师应该具有的道德情操。

新时代教师是中华民族"梦之队"的筑梦人。当前，我国有各级各类专任教师1673.83万人，这数以千万计的庞大职业群体，支撑起了世界上最大规模的教育体系，不仅为国家发展提供着强有力的人才支撑，更助推着中国这艘巨轮不断破浪前行。"让教师成为让人羡慕的职业"，这不仅仅是一句简单的承诺，而是正在加速变成现实。党和国家对教师队伍建设的重视，激励着广大教师奋发作为，根植课堂，潜心育人，用实际行动，为个人圆梦，助国家追梦。

唐山市家庭教育优秀公益讲师崔庆莉，她把课堂当作阵地、舞台和倍加珍重的圣坛。她为课堂，穿上心爱的"裙"——"替未来传承古典诗词命脉，为世界养护中华文明根系"。在她的课堂，家长和学生一起欢笑，一起流泪，一起豪情万丈，一起悲悯同情，一起读"红楼"的风华婉转，读"三国"的刀光剑影，读"儒林""三言"的世俗冷暖，在这个过程中，孩子的青春得以绽放，教师的价

---

[1] 刘丽娜，等.马克思主义中国化的最新成果——习近平总书记最新系列重要讲话综述选登[J].职业技术，2014（10）：4-6.

值得以实现，家长的生命进而升华。又是一年毕业季，崔老师写下这样的感言：亲爱的孩子，当你们远去，像花儿散落在天涯，我会站在这里穿着心爱的长裙，微笑、目送、深深祝福……

因为热爱，所以坚守；因为坚守，所以愿意。愿意投入感情、付出心血，为她盛装，这是教师高尚道德情操的具体诠释。

3.好教师要有扎实学识

习近平总书记认为："现在看，要给学生一碗水，教师要有一桶水这个要求已经不够了，应该是要有一潭水。"又强调说："在信息时代做好老师，自己所知道的必须大大超过要教给学生的范围，不仅要有胜任教学的专业知识，还要有广博的通用知识和宽阔的胸怀视野。"

按习近平总书记的要求锤炼自己，我们要做到："一要站得住讲堂。知识点讲得精准，知识线理得清晰，知识面拓得广博；二要评得了教学。内容理解有精度，教学评价有温度，整体分析有深度，改进之道有高度；三要做得了研究。研究项目有层次，研究成果有水平。除此之外，还要具备学习、处世、生活、育人的智慧，既授人以鱼，又授人以渔，能够在各个方面给学生以帮助和指导。"[1]

> 唐山市丰润区东实验小学校长、特级教师陈树军的信念是：做一个幸福的"点灯"人。他收教师为徒弟，实施"名师"工程。一是为教师开书单，有教育理论、实战案例、文学历史、儿童文学、百科全书……二是带着教师做教研，研究教材，研究教法，研究阅读，读书、研究、反思，成为一种工作和生活状态。他相信，星星之火可以燎原。他说：万盏灯火因"我"而亮，是幸福的事。

---

[1] 习近平.做党和人民满意的好老师——同北京师范大学师生代表座谈时的讲话[J].中国高等教育，2014（18）：4-7.

读书、研究、反思，这是陈树军校长引领教师修得扎实学识的基本路径。亚里士多德说："教育是形成人的理性，使天性、习惯和理性协调统一。"任何一位从教者，因教师职业使然都需富有坚实的教育理性，即知晓教育的学理。

4. 好教师要有仁爱之心

陶行知先生曾经告诫我们："你的教鞭下有瓦特，你的冷眼里有牛顿，你的讥笑中有爱迪生。"教师的一个冷漠眼神，一句刻薄的话语，一次不公平的对待，都可能影响学生的一生。

教师需要把整个心灵献给孩子们！用爱的语言激励儿童；用爱的目光注视儿童；用爱的细节感染儿童；用爱的微笑面对儿童；用爱的胸怀包容儿童；用爱的心情倾听儿童；用爱的培养发展儿童；把爱的机会还给儿童；用爱的渴望调动儿童。唐山市乐亭县新寨镇新寨中心小学教师齐晓瑜有一段"洋葱头的美好回忆"。

> 齐晓瑜老师的第一届初中学生长大了，有个学生做了实习老师。实习老师批阅作业用"洋葱头"笑脸做奖励，还说这个"洋葱头"是他学生时代的企盼和温暖的回忆。齐老师看到学生通过微信发她的截图，鼻子酸了，眼睛湿润了。这个学生是当年30个乡村孩子中的一个，他们眼中的齐老师家庭作业留得少，好脾气，真心爱孩子们，默认他们课上小小的放肆，接受他们课下的"口无遮拦"……孩子们说：他们真的很幸福！

这是"爱"的回报！爱是教育的灵魂，好老师用爱培育爱、激发爱、传播爱，通过真情、真心、真诚拉近与学生的距离，滋润学生心田。

综上，做"四有"好教师要在师风、师德、师能、师心四个方面进行修炼。如图1.2所示。

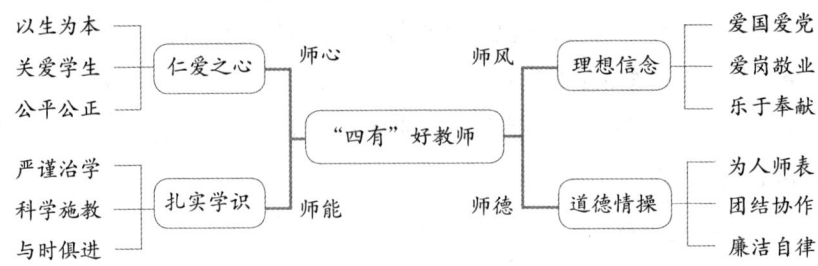

图1.2 "四有"好教师内容体系

"师德"贯穿"四有"。"理想信念"是师德的重要前提;"道德情操"是师德的坚强后盾;"扎实知识"是师德的有力保障;"仁爱之心"是师德的不二灵魂。做"四有"好教师要不辜负习近平总书记的期望,力行"四个坚持"[1],遵循"六个下功夫"[2],勇攀"三种境界"[3],成为"一个让学生瞧得起的老师,一个让自己安心的老师,一个让学校骄

---

[1] 四个坚持:一、坚持党的领导,贯彻党的基本路线,不走封闭僵化的老路,不走改旗易帜的邪路,坚定走中国特色社会主义道路,始终确保改革正确方向。二、坚持解放思想、实事求是、与时俱进、求真务实,一切从实际出发,总结国内成功做法,借鉴国外有益经验,勇于推进理论和实践创新。三、坚持以人为本,尊重人民主体地位,发挥群众首创精神,紧紧依靠人民推动改革,促进人的全面发展。四、坚持正确处理改革发展稳定关系,胆子要大、步子要稳,加强顶层设计和摸着石头过河相结合,整体推进和重点突破相促进,提高改革决策科学性,广泛凝聚共识,形成改革合力。"四个坚持"是党的十八届三中全会对35年改革开放成功实践进行的科学总结。分别从党的领导、思想路线、实践主体、科学方法方面概括了"四个坚持"的重要经验。这"四个坚持",是我党带领人民在改革开放实践中积累的宝贵财富,是新的历史起点上全面深化改革的重要遵循.

[2] 习近平总书记在2018年9月召开的全国教育大会上强调,"要在坚定理想信念上下功夫""要在厚植爱国主义情怀上下功夫""要在加强品德修养上下功夫""要在增长知识见识上下功夫""要在培养奋斗精神上下功夫""要在增强综合素质上下功夫"。这"六个下功夫",为做好新时代青年人才的培养工作指明了方向.

[3] "人生三境界"语出王国维《人间词话》。第一境界,"昨夜西风凋碧树。独上高楼,望尽天涯路。"第二境界,"衣带渐宽终不悔,为伊消得人憔悴。"第三境界,"众里寻他千百度。蓦然回首,那人却在,灯火阑珊处。"第一境界是"立"、第二境界是"守"、第三境界是"得"。第一境界是立志、是下决心,只有具备了这个条件才会有第二、三境界.

傲的老师,一个无愧于教育事业的教师"。[1]

三、把"立德树人"作为信仰之魂

"国无德不兴,人无德不立。"党的十八大首次把"立德树人"写入党的全国代表大会报告,明确其为新时期"教育的根本任务"[2]。

1. 建构"立德树人"信仰体系

立德树人既强调"立德"又坚持"树人",把"立德"作为根本,把"树人"作为核心,蕴含着该"为谁培养人""怎样培养人"和"培养什么样的人"的基本方法和价值体系。如图1.3所示。

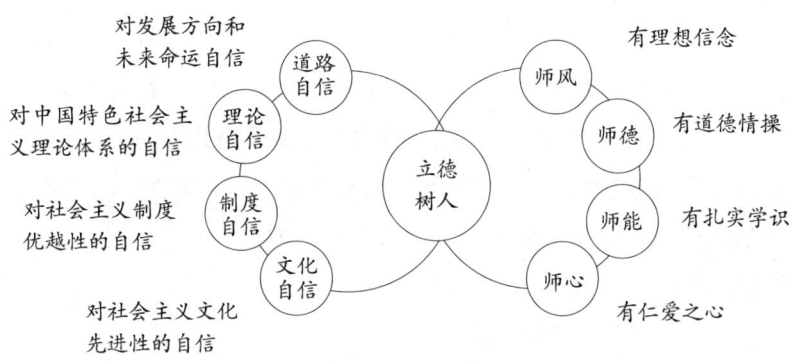

图1.3 "立德树人"内容体系

从思想体系来看,"立德树人"既确定了教育的根本任务,也为教师明晰了具体路径,即坚定"四个自信",同时也指明了具体方向,即要做"四有"好教师。从价值体系来看,立德树人——坚定"四个自信"——做"四有"好教师,为教师专业信仰价值体系的形成提供了理论支持,

---

[1] 朱永新著. 朱永新说教育. 青岛:青岛出版社,2017.06.
[2] (唐)房玄龄注;(明)刘绩补注;刘晓艺校点. 管子. 上海:上海古籍出版社,2015.08.

为教师专业信仰的修炼提供了方法论指导。

2. 落实"立德树人"根本任务

（1）牢记初心使命

"立德树人"把培养能够担当中华民族伟大复兴重任的新人作为时代目标，直截了当回答了"培养什么人"的问题，这是新时代教师的初心使命。一百年来，中国共产党团结带领中国人民开辟了伟大道路、创造了伟大事业、取得了伟大成就，我们要用历史映照现实、远观未来，从中国共产党的百年奋斗中看清楚过去我们为什么能够成功、弄明白未来我们怎样才能继续成功，从而在新的征程上听党话、跟党走，逐梦新征程，更加坚定、更加自觉地牢记初心使命、开创美好未来。

（2）确立社会主义核心价值观

"立何德"是立德树人的根本问题。社会主义核心价值观整合了国家、社会和个人之"德"。党的十九大报告中明确指出，"社会主义核心价值观是当代中国精神的集中体现，凝结着全体人民共同的价值追求"。我们要以改革创新为核心，解放思想、实事求是、与时俱进、求真务实，弘扬改革开放精神，保持昂扬向上、奋发有为的精神状态，凸显立德树人的价值追求。

（3）推进马克思主义中国化

"立德树人"是为中国特色社会主义事业培养合格人才，这一根本目标的确定，深刻回答了"为谁培养人"这一根本性问题。在教育实践中，我们要坚持把马克思主义基本原理同中国具体实际相结合、同中华优秀传统文化相结合，用马克思主义观察时代、把握时代、引领时代，继续发展当代中国马克思主义、21世纪马克思主义。其一，发挥价值导向作用。道德文化具有鲜明的价值取向，可以在个体价值实现过程中发挥引领作用；其二，促进文化认同。道德文化是在长期的历史实践中形成的，是凝聚一个民族的精神纽带，我们要以文化贯穿教育始终；其三，规范思想行为。道德文化不仅以价值导向的形式为个体与社会提供道德追求，也以道德准则的方式对人们"想什么""做什么"以及"如何想""如何做"做出规定。

（4）弘扬民族精神和时代精神

民族精神和时代精神就是"中国精神"。中国精神是社会主义核心价值体系的精髓，是民族精神与时代精神的统一；中国精神是中华民族的灵魂，博大精深，内涵深刻，意义深远；中国精神贯穿于中华民族五千年历史、积蕴于近现代中华民族复兴历程，特别是在中国的快速崛起中迸发出极大的民族集聚、动员与感召效应。教师的精神及气象是中国精神的重要显示。新时代教师必须以马克思主义、毛泽东思想、邓小平理论、"三个代表"重要思想、科学发展观、习近平新时代中国特色社会主义思想为指导，必须要坚持和发展中国特色社会主义，坚持党的基本理论、基本路线、基本方略，在中国共产党选择的道路上昂首阔步走下去。

（5）树立全球观念和生态意识

开放是现代教育的基本特征，也是当代世界教育发展的潮流和趋势。开放式的教育环境为"立德树人"提供了文化交流的平台。新时代教师要高举和平、发展、合作、共赢旗帜，推动构建人类命运共同体，推动共建"一带一路"高质量发展，推动历史车轮向着光明的目标前进。

新时代教师要担负起"立德树人"的历史重任，就必须以实现中华民族伟大复兴为己任，增强做中国人的志气、骨气、底气，不负时代，不负韶华，不负党和人民的殷切期望。

教师的专业信仰需要终生修炼

信仰之所以重要，是因为它富有引领力、统合力、征服力、感召力，直接影响着人的思想认识、工作思路、行动取向以及实践策略。教师的专业信仰不仅影响个人的专业发展，也深深地影响教育的发展、孩子的发展、社会的发展。新时代教师只有建立起理性的、科学的、崇高的、专业的信仰体系，才能担负起"立德树人"的历史重任。这，应当成为教师一辈子的修行。

一、拧紧人生"总开关"

要解决好世界观、人生观、价值观"总开关"问题，需要我们增强"四个意识"[1]，坚定"四个自信"[2]，做到"两个维护"[3]。

---

[1] "四个意识"：是指政治意识、大局意识、核心意识、看齐意识。这"四个意识"是2016年1月29日中共中央政治局会议最早提出来的。习近平总书记在庆祝中国共产党成立95周年大会上的讲话强调，全党同志要增强政治意识、大局意识、核心意识、看齐意识，切实做到对党忠诚、为党分忧、为党担责、为党尽责.

[2] "四个自信"即中国特色社会主义道路自信、理论自信、制度自信、文化自信，由习近平总书记在庆祝中国共产党成立95周年大会上提出，是对党的十八大提出的中国特色社会主义"三个自信"的创造性拓展和完善。

[3] "两个维护"是指坚决维护习近平总书记党中央的核心、全党的核心地位，坚决维护党中央权威和集中统一领导。带头做到"两个维护"，是加强中央和国家机关党的建设的首要任务.

"志之所趋，无远弗届，穷山距海，不能限也。"[1]

全国首届英语教学名师张琳亚的信念是："讲台凝聚千钧力，不负师生万缕情"。她从小就梦想当一名教师。爷爷在她上小学前给她买了三件宝贝：一块小黑板、一个小板擦和一盒粉笔，自己在家里开办了"小学堂"，过足了当"老师"的瘾。长大后，她登上三尺讲台，三十年如一日，四季耕耘，收获着"暗香浮动，疏影横斜"的雅趣，"淡泊静心"的诗意，"不负师生万缕情"的从容。她在微信群引领唐山名师每日吟诗作赋，弘扬正气，讴歌新时代，一坚持就是1600个日日夜夜。她自己曾做过一首《渔家傲·做好教师》：

淡月沉沉天未晓，
校园未醒人先到，
准备课前应做好。
生不噪。
专心晨读千年调。
爱校如家情可表，
卅年习惯都明了，
精力虽然常损耗。
心在笑。
春风桃李年年傲。

张琳亚老师的成长经历启发我们，只有拧紧人生"总开关"，才能让教育之树长青，才能收获桃李满天下的幸福。身为教师，我们从事的是青枝绿叶的教育事业，需要长期的学习和修炼。要想成为张老师这样的

---

[1] 出自《格言联璧》。释义：志向所趋，没有不能达到的地方，即使是山海尽头，也不能限制。意志所向，没有不能攻破的壁垒，即使是精兵坚甲，也不能抵抗。

名师，一要努力从小到大、从无到有，把理想变为现实；二要自我净化、自我完善、自我革新、自我提高；三要真正做到志存高远、信念坚定，不为名所困，不为物所累，不为利所惑；四要自觉形成一种为追求理想而勇于放弃"小我"成就"大我"的精神境界。

二、补足精神之"钙"

理想信念是教师精神上的"钙"。坚定心中的理想，挺起信念的脊梁，是教师安身立命之本。

1. 专业理想是教师专业素养的核心和灵魂

托尔斯泰曾说："如果一个教师仅仅热爱事业，那么他只能是一个好教师；如果一个教师仅仅像父母一样爱学生，那么他将比那种显然读过好多书，但却不爱事业，也不爱学生的教师好；如果一个教师把热爱事业和热爱学生结合起来，他就是一个完美的教师。"[1]有理性信仰的教师往往是懂得宽容的教师、明白事理的教师、推崇民主的教师，能够把爱事业与爱学生结合起来，把远大的理想根植于对教育的挚爱之中，淋漓尽致地落实到实际行动中来。

> 孙彩文曾担任玉田县特殊教育中心校长，她在自己平凡的岗位上，做出了不平凡的事迹。她们先后接收了90多名所谓"傻孩子""笨孩子""呆孩子"以及"盲生""聋生"。这些孩子每人都有噩梦般的过去和不堪回首的痛苦。可他们在和孙校长及其教师团队学习和生活了一段时间之后，却有了让人难以置信的变化：有的走进大学校园，用音乐点亮人生；有的在国家级大赛中获奖，靠自己的双手融入社会；有的成了河北省"希望之星""读书大王"。玉田特教学校也受到教育部、发改委等多部门表彰。

---

[1] 李玉萍著. 一份特别教案：教育艺术案例与分析[M]. 北京：中国人民大学出版社，2003：44.

是什么力量使这些连他们父母都认为"没有希望"的孩子发生如此显著的变化？是孙彩文校长高尚的教育信仰支撑起她对学生博大的爱与善，唤起她对教育的极大热忱。

教育是生命之间爱的传递，需要用信仰来推动。新时代教师要时刻不忘人民、根植人民，坚守对人民群众的真挚感情，用"人民满意不满意"来衡量自己，真正做到不负人民。如此，才能一心为学生，在日常工作中敢担当、敢作为，乐于奉献，不畏艰难，勇攀高峰，脚踏实地地做好每一件工作，向祖国和人民交上满意的答卷。

2. 专业信念不是天生的，源自坚守、成于磨砺

叶澜先生说："有创造智慧的人，一定是有勇气的人，他要敢于面对现实、面对问题，在问题和现实的矛盾前有强烈的迎战冲动，他要敢于抓机遇，最重要的要敢于面对自己，不断地追求对自己的超越。"这种人有坚定的教育信念，是挺直脊梁教书育人的好教师。

魏书生在初中语文教学实践中，不断思考和探索，逐步形成了一套教学方法，包括定向、自学、讨论、答疑、自测、自结六个步骤，即"六步课堂教学法"。"六步课堂教学法"让学生站在老师的角度，来把握重点、难点和知识点，培养了学生的自学能力。

> 语言学家吕叔湘曾说："要是年轻一半，我一定要拜他为师，向他学习。"这个他，并不是什么语言学领域的大家，而是教育战线上的一名语文教师——魏书生。魏书生"六步课堂教学法"不仅仅是一种教学的模式，而是他坚定不移的教育信念。

信念不能僵硬地模仿，而是先认识、理解、接受，而后真正转化为自己的东西。有信念的教师更容易实现自己的教育理想，因为信念能为教师提供极大的信念支持、信心鼓舞，能引导自身走出困境，是一生不可或缺的精神力量。

三、把握幸福的"生命线"

教育是国家的生命线,也是教师的幸福线。教师要以发展谋幸福,就要忠诚党的教育事业,从而以教育认识自己、革新自己、成就自己。

1. 以教育认识自己

天下最可怜的事情莫过于自己不认识自己。教师认识自己就是要进行真正深刻而富有创新性的信仰建构。

"仁爱"是教育信仰生成的源头。"仁以处人,有序和谐"是儒家思想的核心,也是孔子思想的最初起点。

"敬畏"是教师信仰确立的理由。孔子曰:"君子有三畏:畏天命,畏大人,畏圣人之言。"人有了敬畏之心,心中就会有方向、有准则、有规范,就能认清自己,自我约束。《老子》的"人法地,地法天,天法道,道法自然"就是这个道理。

"志于道"是教师的信仰支撑。"士不可以不弘毅,任重而道远,仁以为己任,不亦乐乎?"[1]。信仰的支撑力量在于人们渴望超越有限达到无限,这体现了人类本性中的自我超越精神和对人自身的终极关怀,表现为一种高远的精神追求。

基于"仁爱、敬畏、志于道"这样的信仰路径,我们的行动就会有目标、有动力、有意义,也就认清了自己所处的地位,弄清了自己和环境的关系,也就不会盲目跟风,不会被"金钱"和"名利"牵着鼻子走,才有可能实现自身发展的超越。

2. 以教育革新自己

一个人总有自己的人生观和价值观。信,"人"加"言",指说过的话;仰,"人"加"印",指走过的路。说过的话,走过的路,如果朝向信仰之光的话,就有自信,就能自觉地革新自己。

革新可以分两个方面来说:一方面,一般人很容易受外界"魔力"

---

[1] 出自《论语·泰伯》.

的支配，自己不能节制自己，这或是人类本性上的缺陷。但人类的本性也具有许多优点，如仁爱、求知等。所以教师要自觉修为，做到"心斋"；另一方面，教师自我革新的路是漫长的，只有跟上时代步伐，顺势而为，才能"水滴入海推浪行"。

新时代教师以教育革新自我的本质意义，就是坚定不移地听党话、跟党走、感党恩，努力做到"三个牢固树立"[1]"四个引路人"[2]"四个统一"[3]"三个传播"和"三个塑造"[4]，牢记"六要"嘱托[5]。这种追求与超越是没有止境的，要不断由集体的外在规约变为教师个体的内在自觉。而要实现这一过程的转换和嬗变，必须依赖教师教育信仰来支撑和推动。这样，才能帮助教师在不断探索与选择中达到新的高度，实现自我革新。

3. 以教育成就自己

如何才能达到成就自己的目的呢？当然需要用信仰支撑自己不断前行。

2020年12月11日，中央宣传部授予张桂梅"时代楷模"称号。她的信仰是什么？

---

[1] 2013年教师节致广大教师的慰问信中，习近平创新性地强调了"理想信念""学习理念""改革创新"对于优秀教师的重要性，它们成为新时代教师专业信仰的具体表征.

[2] 2016年教师节，习近平在八一学校调研时提出"广大教师要做学生锤炼品格的引路人，做学生学习知识的引路人，做学生创新思维的引路人，做学生奉献祖国的引路人"，为教师提供了更加明确的信仰目标.

[3] 2016年，习近平在全国高校思想政治工作会议上提出"四个统一"的要求，即"坚持教书与育人相统一、言传与身教相统一、潜心问道与关注社会相统一、学术自由与学术规范相统一"，这是新时代对教师专业信仰提出的客观要求.

[4] 习近平在2018年教育大会上提出"三个传播""三个塑造"，指出教师是人类文明最重要的继承者和传播者，"承载着传播知识、传播思想、传播真理，塑造灵魂、塑造生命、塑造新人的时代重任"，这是教师专业信仰在新时代下的重要诠释.

[5] 2019年，习近平在学校思想政治理论课教师座谈会上对思政课教师提出政治要强、情怀要深、思维要新、视野要广、自律要严、人格要正的"六要"嘱托，为新时代下教师专业信仰的塑造，形成了具有高度理论价值和实践价值的内涵界定.

张桂梅坚信并始终贯彻党的教育方针，经过10多年的探索和实践，形成了"党建统领教学，革命传统立校，红色文化育人"的特色教学模式，确立了"继承革命传统、发扬延安精神、传承中华优秀传统文化，做社会主义合格接班人"的办学宗旨。每周的升国旗仪式上，学生们铿锵有力地高呼："感党恩、听党话、跟党走，做党的好女儿！"

这掷地有声的教育信仰是她对党的热爱，而且体现在了行动上，更渗透在孩子们的心灵深处，也融注到中华民族的血脉里。

教学相长！在正确信仰的支撑下，教师必然在教育实践中，不断超越自己，成就学生，也成就自己。

四、做新时代的"大先生"

教育，民族之命脉；先生，教育之魂魄。先生，是人们对教师的敬称。"大"字，"人"字上面一横。这一横，便是担当。这担当是架起立德树人之桥、筑起为党育人之路、竖起为国育才之梯。"教师要成为大先生，做学生为学、为事、为人的示范，促进学生成长为全面发展的人。"[1]

1. 先生之大，在于信仰之"高"

胸怀"国之大者"，把握大势，敢于担当，善于作为。这样的"大先生"数不胜数——

> 韩愈《师说》："道之所存，师之所存"，"生乎吾前，其闻道也固先乎吾，吾从而师之；生乎吾后，其闻道也亦先乎吾，吾从而师之"[2]。康有为《大同书》：小学教师要"静细慈和""有耐心、有恒心""德行仁慈，威仪端正，学问通达，诲诱不倦"；中学教师要

---

[1] 习近平2021年4月19日在清华大学考察时的重要讲话.

[2] （宋）朱熹撰；曾抗美校点.昌黎先生集考异.上海：上海古籍出版社；合肥：安徽教育出版社，2001.12.

"行谊方正，德行仁明，文学广播，思悟通妙，而又诲人不倦，慈幼有恒"；大学"以智为主"。梁启超《论师范》："师范也者，学子之根核也。师道不立，而欲学术之能善，是犹种粮莠之求稻苗，未有能获也"。如何"立师道"？必须加强教师职业道德修养。李大钊"做民众的先驱"：建立新民主主义的教育和新的教师职业道德，以振兴中华为己任。徐特立强调做"人师"：教师既要做"经师"也要做"人师"，"一生都做教师，再也不想别的"[1]。陶行知主张"教学做合一"："要在做上教，在做上学[2]，共同创造一个独立、自由、平等、进步、幸福的新中国"[3]。

一个有信仰的人，一定有一颗自由而丰富的灵魂，从而能够获得生机勃勃的生命力量，成就其职业的神圣、事业的理想和人生的价值。

2. 先生之大，在于修为之"深"

"大先生"要有宽广的胸襟格局。"水之积也不厚，则其负大舟也无力"[4]。教师要高度珍视五千年绵延不断、浩如烟海的中华优秀传统文化，古为今用，为国育才；要"见贤思齐焉，见不贤而内省也"，对自己的品德"吾日三省吾身"，对自己的学问"温故而知新"；要不唯上，不唯书，不唯分数，不唯名利，追求真理，宁静致远。

> 成仿吾，1958年担任山东大学的校长兼党委书记。1960年，山东各高校都扩大招生，由于招生数字过大，一些水平较差的学生也被招了进来，加之物质生活困难，因而正常的教学活动出现了许多问题。省教育领导部门通知各校可以淘汰一部分学生，学校接此通知后，作为山东大学校长的成仿吾，不是机械地立即执行，而是给

---

[1] 徐特立. 徐特立教育文集. 北京：人民教育出版社，1979年版：第296页.
[2] 陶行知. 中国教育改造. 北京：商务印书馆，2014年版：第103页.
[3] 陶行知. 中国教育改造. 北京：商务印书馆，2014年版：第280页.
[4] 出自《逍遥游》. 大意为：如果水不够深，就没有负载一艘大船的力量.

同学分班上课，加强辅导，帮助学生克服困难，使学习吃力的学生能够跟上班。学习太吃力的，可考虑留级。对于极少数实在跟不上班的，则再视不同情况个别处理。从而使一批学习吃力的学生渡过了难关，没有被学校淘汰出局。

这种坚守，这种持续不断地奉献，这种至高无上的追求，就是因为他的心中怀揣着坚定的教育信仰，这是为师的修为所在。

3. 先生之大，在于学识之"实"

学识之"实"，意味着不断修炼哲学修养，既具备广阔的社会知识、学科知识，还具有哲学思辨、融会贯通的能力；学识之"实"，意味着不断修炼研究精神，在研究中生活，生活中研究，把研究作为最好的生活；学识之"实"，意味着不断修炼写作能力，持续反思和提升教育思想；学识之"实"，意味着不断修炼学习习惯，终身学习，厚积薄发。

被誉为"中国的苏霍姆林斯基""当代陶行知"的教育家李镇西，为了教育奉献了他毕生精力。李镇西在他的教学生涯中长期致力于民主教育和语文人格教育的研究与探索，从《未来日报》到《石室晨报》，他15年如一日地与学生一起编写"班史"，为每一届学生塑造中学时代的"青春纪念册"；他利用流行歌曲进行语文知识传授，使学生感到学习语文轻松愉快而卓有成效。

坚定信仰，学步深深，时间永驻，事业永恒。

4. 先生之大，在于育人之"智"

所谓"智"者，带领学生接近"仁"。其一，"仁以处人，有序和谐"。共同营造一个和谐社会，呼唤教师在教育生活中回归"仁"的本质；其二，"仁以育人，有教无类"。教育没有种类的差别，不论贫富、贵贱、善恶、智愚，人人都可以接受教育，成为他们"自己"的模样；其三，"仁以待人，博施济众"。这是"接近于人性中美好的彼岸"。

全国首批特级教师霍懋征曾经恳求校长把一名准备送到工读学校去的孩子交给她。校长说:"这可不行,我可不能让这孩子影响你们的优秀班集体。""请您相信我,看看我们班是否有力量来改变他。"这个孩子就是何永山。在霍懋征的恳请下,校长终于同意她把何永山领走了。因为两次留级,何永山比其他同学都大,而且身高体壮有力气。一天,霍懋征对他说:"永山,你当个组长吧。挑上三个同学,再加上老师,咱们五个人负责打扫班里的卫生区怎么样?"何永山一听先是一愣,然后大声说:"行!"从第二天早晨开始,何永山每天总是第一个到校给大家准备好笤帚、簸箕,干得非常认真。有一天早上,他扛着一把长把笤帚兴冲冲地走到霍懋征跟前说:"老师,您用这把笤帚扫吧。""为什么?"霍懋征有些不解。"霍老师,我发现您的腰有毛病,您用这把笤帚扫地就不用弯腰了。"一个被认为不可救药的孩子也会关心别人了。

坚守真、善、美的专业信仰。这便是以发展谋幸福的教师大智慧。

五、把自己活成"一束光"

教师从事的是"良心活儿",无论未来对教师的管理手段多么先进、多么智能,信仰的修炼,道德的提升,终会是一个永恒的课题。

"春蚕到死丝方尽,蜡炬成灰泪始干。"新时代教师要心无旁骛,甘守三尺讲台。

丰润区第三幼儿园王爱老师,守春,守耕耘;守夏,守热情;守秋,守收获;守冬,守离别。她带领孩子在绘本里流连,在学海中初潜,感受着孩子们独一无二的灵气。她说:每当引领孩子念过馨墨丝丝,启迪第一捧心泉时,便觉得这是一切慧根最初的缘胎。她的理念是:在童年,在这个人生最伶俐的时分,我愿意守护莺燕的成长，迈步在雷雨长路的中途。

"板凳要坐十年冷，文章不写一句空。"新时代教师要甘于寂寞，皓首穷经，扎根教室。

语文教育专家王崧舟认为，一堂好课应该有三种境界：人在课中，课在人中，这是第一种境界；人如其课，课如其人，这是第二种境界；人即是课，课即是人，这是第三种境界。境界越高，课的痕迹就越淡，终至无境。他说：无境的课堂，我虽不能至，然心向往之。

"人生在勤，勤则不匮。"新时代教师面对有机会干事业、能干成事业的新时代，要倍加珍惜、勇往直前。

你用过的镰刀
把信仰种在祖国的大地上
你抡过的锤头
把理想种在孩子们的心上
我仰望鲜艳的五颗星星
我看见
让生命不老的力量
在为师的肩上
扛着一杆
跟太阳一脉相承的信仰之光
教师有信仰，国家有力量，民族有希望

第二章

爱的情怀

爱如日光,
给人以生机和希望。

教育是植根于爱的。教师的爱是博大而崇高的。新时代教师要培养大爱情怀，全面理解爱的真谛，满腔热忱、科学理性施爱。

全面理解"爱"

爱,是教师最根本的专业素养,是教育的内在本质和灵魂。师爱是教育的基础,是教育的源泉。

一、爱祖国,忠诚党的教育事业

百年大计,教育为本。忠诚于党的教育事业,为党育人,为国育才,是教师热爱祖国的根本体现。

1. 坚持党对教育事业的全面领导

我国教育事业之所以取得历史性成就,最根本的保证在于党对教育工作的全面领导。做好新时代的教育工作,必须以习近平新时代中国特色社会主义思想为指导,全面贯彻党的教育方针,坚持社会主义办学方向,把党对教育事业的全面领导贯彻好、落实好。作为教师,要增强"四个意识",坚定"四个自信",做到"两个维护",坚定不移维护党中央权威和集中统一领导,自觉在政治立场、政治方向、政治原则、政治道路上同党中央保持高度一致。

2. 不忘初心,牢记使命

中国共产党的初心和使命是为中国人民谋幸福,为中华民族谋复兴。这个初心和使命,是激励中国共产党党员不断前进的根本动力。教师的初心和使命,就是教书育人,培养能担当中华民族伟大复兴大任的优秀人才。每位教师要把这样一份责任实实在在装在心里、扛在肩上、落实在行动中。

不忘初心，牢记使命，是一种责任。教师要用无限的责任感来诠释对教育事业的执着。因为责任，教师应该有丰富的知识，有扎实的专业理论水平；因为责任，教师应该掌握科学的教学方法，培养学生的学习兴趣，让学生的思维能力得到锻炼；因为责任，教师更应该在实践中探索，在探索中反思，在反思中成长。

不忘初心，牢记使命，是一份热爱。教育是一项静候花开的事业，需要做到耐心等待。为了孩子健康茁壮地成长，教师需要弯下身子，走进学生的世界。特别是学习有困难的学生，我们更要给予他们更多的爱心和耐心，发挥教师的教育智慧，让他们快乐地学习、健康地成长。

唯有不忘初心，牢记使命，才能使教师守住最初的坚持。这也是教师之爱矢志不渝的体现。

3. 把建设教育强国的任务担在肩上

每一位教师都需要有家国情怀。党的十九届五中全会审议通过了《中共中央关于制定国民经济和社会发展第十四个五年规划和二〇三五年远景目标的建议》[1]，明确提出要建设高质量教育体系，到2035年，把我国建设成为教育强国。忠于党的教育事业，需要每位教师为此愿景奋斗不息。

4. 践行社会主义核心价值观

"富强、民主、文明、和谐，自由、平等、公正、法治，爱国、敬业、诚信、友善"[2]，十八大报告将这24个字定为社会主义核心价值观的基本内容。

践行社会主义核心价值观，要明确教师的职责。当今教师除了"传道、授业、解惑"之外，更应扮演"育人"的角色。所谓"教师无小节，处处是楷模"，教师要时刻牢记自己的职责，并且做到以身作则，言传身教。

---

[1] 2020年10月29日，中国共产党第十九届中央委员会第五次全体会议通过.
[2] 2012年11月18日，胡锦涛在中国共产党第十八次全国代表大会上的报告.

践行社会主义核心价值观，要树立爱的观念。认真做事只能把事情做正确，用心做事才能把事情做完美。学生的成长需要教师"用心"，更需要教师"用爱"，只有这样，我们的国家才能"富强、民主、文明、和谐"；只有这样，我们的社会才能"自由、平等、公正、法治"；只有这样，我们的人民才能"爱国、敬业、诚信、友善"。

践行社会主义核心价值观，要加快专业发展。教师的角色是一个"探究者"，教师需要不断进行探究，包括对教材、学生和教学方法等进行探究，研究规律，了解各种教育要素及其关系。此外，教师要实现专业的成长，除了具备探究精神之外，还应勇于创新，在教学活动中不断开发和创新教育理念和教学方法，实现自我的超越。教师的专业发展是一个积累实践经验的过程，教师只有在教学实践中不断积累教学经验，才能促进专业的发展。

2013年蒙城县"最美教师"，78岁的杨景宇老师，已在教师的岗位上辛勤耕耘了52载，他曾荣获"省级优秀校长""全国民办教育先进工作者"等荣誉称号，他给自己备好的墓志铭是"我还想再讲一堂课"。杨老师用生命诠释了一位教师对职业的挚爱，对社会的责任。[1] 作为教师，要担负教书育人的使命，更要率先垂范去践行社会主义核心价值观，体现出教师对社会的爱和贡献。

二、爱事业，全身心追求卓越

教育部《关于实施卓越教师培养计划的意见》将"卓越教师"的内涵界定为"师德高尚、专业基础扎实、教育教学能力和自我发展能力突出的教师"[2]。追求卓越，是教师热爱教育事业的根本表现。卓越教师的

---

[1] 尚梦婷.教师践行核心价值观 做一名"大写"的老师.中国亳州网，2013年9月6日版.

[2] 2018年9月30日，教育部发布《关于实施卓越教师培养计划2.0的意见》，教师〔2018〕13号.

"卓越"要源于"根本",超越"根本",应该守住教育本真,气定神闲,不浮躁,不浮夸,做"固本清源,养正明远"的教师。

1. 教师要拥有生本情怀

教师追求卓越不能仅仅停留在教师群体专业发展与自我价值的实现,更重要的在于学生生命的自由绽放。好的教育一定致力于引领学生用自己的眼睛去观察,用自己的心灵去感悟,用自己的头脑去判断,用自己的语言去表达,用自己的脚步去践行。教师是学生成长路上的榜样和楷模,优秀教师对学生的一生影响深远,教师追求卓越的行动需要以学生为出发点和立足点,也需要以学生为归宿点和集结点。

2. 教师要精通教学业务

精通业务是成为卓越教师的基础。卓越教师必须具备扎实深厚的学科专业知识,能够熟练运用多种教育教学方法,因材施教;突出学生的主体地位,让学生主动、积极地学习;备课精心,讲解清晰易懂,并独具风格;具有组织、协调、应对课堂复杂环境的教育机智;具有教学及评价的技能技巧,能有效创建互动探究的高效课堂,激发学生兴趣;还应具备优秀的教育信息化素养与运用国际话语体系从事教育教学交流与合作的能力。

3. 教师要展现人格魅力

教师的人格魅力,是指教师在道德品质、学养、能力、思想感情和个人性格等方面所具有的非凡的品质和魅力。好教师要着力提升自己的人格魅力,努力做和谐仁爱的长者、教育思想的舵手、理智的社会人、终身学习的行动者、教学技能实施的行家和彰显人生智慧的智者。卓越教师要善于与人交往,不但能赢得学生接纳、家长放心,而且要让同行佩服、领导认可、社会敬重。

4. 教师要提升学习素养

卓越教师与普通教师最大的不同在于,卓越教师能将日常工作中的教与学、思与研有机结合,能够自主获取前沿知识和理论;卓越教师具备高成就动机，包容开放，积极参与课程编制和教学评价，善于反思、学习和创新，教育研究富有成效；能够合理组织利用学校、社区、家庭教育资源；能够从日常工作中发现问题、认识问题直至解决问题，在问题解决中不断发展、不断超越，并形成独特的教育理解、教育主张和教学风格。

三、爱学生，落实"立德树人"根本任务

学生是未来实现中国梦的主力军，教师肩负着培养这支"梦之队"的重任。爱学生，就要求教师用自己的学识和品行引领学生成长，使社会主义核心价值观能够浸润学生的心灵，真正落实"立德树人"根本任务。

1. 以理解为前提

拥有仁爱之心，公平对待学生。尊重学生的人格，尊重学生的天性、人性和个性，相信学生发展的潜力和成长的力量，平等地对待每一位学生，能够理解与宽容学生，关心与关爱学生，使学生在理智与情感交融的氛围中享受爱的滋养，实现快乐成长。

激发学习兴趣，鼓励学生向上。一些学生往往会觉得自己非常努力，但水平没有得到提高，因此对学习的兴趣逐渐消减。这时候，就需要老师多几分鼓励，让学生恢复信心。同时，对学生要严格要求，告诫学生要以认真谦虚的态度对待学习，知难而进。

多与学生沟通，走进学生心灵。教师和学生虽然处在教育教学过程中不同的地位，但是在人格上应该是平等的。教师要走进学生心灵，不仅能够正视学生的优点和优势，更要理解他们的幼稚、无知和缺点。不仅要了解学生的状况和问题，更要弄清产生问题的原因，从而有的放矢地采取有效策略。要信任学生，相信他们也有一定的自控能力，要放手让他们在实践中锻炼，在磨炼中成长。与学生进行个别谈心时，教师必须放下架子，以真诚的态度、亲切的话语，动之以情、晓之以理，达到心与心的交流、情与情的相融。真诚、真心是打动人的有效手段，只有

真心，才能达到心与心的交流，学生才会把教师当作知心朋友，打开心扉，倾心交流。

2. 以奉献为基础

奉献是教师的天职。

爱是一种情感，更是一种责任，是一种不求回报的给予。

教师是人类灵魂的工程师，这就要求教师不仅要具备深厚的知识功底，更要具备高尚的职业道德，走进学生的心灵。苏霍姆林斯基曾经说过："理想、原则、信念、性质、趣味、好恶、伦理、道德等方面的准则在教师的言行上取得和谐一致，这就是吸引青少年心灵的火花。"[1] 这就说明我们教师的道德情操，对于学生思想品德的发展作用极大，它不仅影响一个人的学生时代，而且还将影响他们的一生。

爱是一种责任，表现为负责和担当；爱是一种行为，表现为付出和给予。奉献是爱的基础。奉献和牺牲，不是一味地"耗费"，而是将真挚的爱、饱满的情和高尚的品格传递到学生身上。爱是道德责任的表现形式，因为对学生、对教育事业的爱，才会让我们心甘情愿地去奉献自己的智慧和力量，才会不计报酬地做自己应该做的事情，才会任劳任怨地把自己该做的事情做好。

爱更是一种修养。一个卓越的教师，必须要努力做到无论自己的情绪如何，无论学生状况如何，都能春风化雨，理性施爱。

3. 以创新为途径

教师的创新能够渗透并照亮学生的生活。教师每天都需要面对教育教学的新挑战，都会面对学生的新问题，特别是面对新时代的教育教学改革的任务，教师的方法不能一成不变。教师要想做到真正爱学生，需要多了解学生的感受和需求，多倾听学生的声音，发现教学和管理中应当作出的改变和创新。美国心理学家卡尔·罗杰斯曾说过，学生对学校的不满在于"老师把我们视为没有灵魂、没有尊严、没有思想的人，我

---

[1]（苏）苏霍姆林斯基. 给教师的一百条建议. 天津：天津人民出版社，1981.11.

们的意见没有被重视，显得毫无价值，就像我们不存在一样"。[1] 出现这种情况，并不是说教师工作不够努力，关键在于教师要面对时时处处的新挑战，进行由内而外、自下而上的改变和创新。

4. 以育人为宗旨

爱学生，最重要的是要让学生成人。古人云，成才先成人，教育的根本目的就是育人，优秀的教师，绝不是简单的"教书匠"。教师既是知识的传输者，又是学生生活的导师，是学生道德的引路人。教师作为学生的楷模，身教重于言教，其言行本身就是对学生成长的指引。

陶行知强调："千教万教，教人求真。千学万学，学做真人。"可见，教书与育人的关系密切。教书的目的是育人，而育人也反过来影响教书。教书就知识而言，只是教育的表象，育人才是教育的本质，通过育人，教育学生学会学习，学会做人，学会做事，二者相辅相成。

作为教师，要时刻增强德育意识，树立好自身形象，做到"教书"时"育人"，"育人"中"教书"，促进学生全面发展，保证人才培养的正确方向。

四、爱他人，感悟每个生命个体的独特美好

仁者爱人。爱，编织了我们这个缤纷多彩的大千世界。关爱他人，助人为乐，是中华民族的传统美德，也是社会主义精神文明的重要内容。我们要用自己一双充满爱的眼睛去审视这个世界，发自内心、满腔热忱地用心去爱每一个学生。

一则感人肺腑的故事：

> 古代有两位农夫兄弟，共同耕种一块土地，粮食丰收后各自分取一半。当时，做哥哥的已经成婚有子，可弟弟还没有成家。一天晚上，弟弟在想：哥哥结婚有了孩子，家庭负担重，他应该接济哥

---
[1]（美）霍华德·基尔申鲍姆著. 卡尔·罗杰斯传记. 北京：中央编译出版社，2016.01.

哥一些粮食，于是他起身把自己的一些粮食挪到哥哥的仓库里；在同一个晚上，哥哥却在想：我已经有家，现在有媳妇关心我，将来有孩子照顾我，而弟弟还是单身，他应该为今后多存一些粮食，为此，他起身把自己的粮食挪到了弟弟的仓库里。第二天早上他们发现，自己的粮食都没有减少。于是，在当天晚上，他们又这样做了；第三天晚上也是一样；就在第四天晚上，他们碰面了，这时才发现，他们彼此在对方的心中是多么的重要，关爱之情是多么的深沉。

这则故事让我们知道，关爱他人绝不是一句口头禅，它需要我们在生活中常常树立这样一个观念——理解他人，关爱他人。

独木不成林，只有千树万树齿相依，才有那绵绵松林；一花不成春，只有千朵万朵压枝低，才有那满园春色；滴水不成河，只有千点万点长聚首，才有那长波碧顷。生活中有了你，有了我，有了他，有了我们大家的和谐相处，才有了五彩斑斓的世界。若想使自己拥有广阔的发展空间，建设和谐的群体，每个人都要学会关心他人。

一个人成长、成熟的重要标志，是心中有他人！时刻装着他人，装着集体。做每一件事，说每一句话，都要考虑别人的感受，对集体的影响。在做好自己的同时，要学会关心他人，关心集体，这样，生活便会充实，集体才会和谐。关心他人会使自己生活充实，灵魂得到净化；关心他人会使自己乐观自信，果敢坚强；关心他人会使自己拥有良好的人际关系，而良好的人际关系是成长的重要条件。

五、爱自己，提升职业归属感，享受职业幸福感

德国哲学家雅思贝尔斯曾说过："教育就是一棵树摇动另一棵树，一朵云推动另一朵云，一个灵魂召唤另一个灵魂。"[1]我们怎样才能去点亮一个孩子、点亮一个家庭？首先，自身的成长，专业上的学习是必须的，

---

[1]（美）杰克森著；吴春雷，马林梅译.什么是教育.合肥：安徽人民出版社，2012.10.

但这就够了吗？我们经常看到有的老师不会合理分配时间，每天忙得焦头烂额；有的老师因为自己带的孩子进步缓慢，没有信心；也有的老师因为和家长沟通不当，心酸委屈；甚至也有老师因为生活中的条件所迫，想到转行……所以，点亮别人的前提是自己要有满满的热量和光芒，首先学会爱自己，才能爱别人，爱孩子。

1. 做个有自尊的教师

巴尔扎克曾说过："谁自重，谁就会得到尊重。"[1] 可见，教师只有自尊自重，方可在学生、家长面前维护自己的尊严。

维护自身尊严必须以尊重学生为前提，以不伤害学生情感为底线。《中小学生教师职业道德规范》以及有关教育与教师的多部法规都一再强调教师要尊重学生。对学生没有具体帮助的行为和不能触动学生内心的行为，算不得真正意义上的教育行为。体罚、辱骂、斥责等恣意践踏学生尊严的行为，不应是为人师表的教师所为。教师时刻都应该思量：我的行为是否具有教育价值——这也是避免发生教育事故，维护师生尊严的最好方法。

维护自身尊严必须增强对学生、对教师职业的敬畏感。敬畏是指由敬而生的尊重。当你心存敬畏时，方能行有所止。教师只有沿着规范要求的道路前进，才能赢得自身尊严感，增强教书育人的神圣感，获得教师职业幸福感。

维护自身尊严，关键是加快专业发展。毁掉一个人的最好方式，是让他顾不上发展。一个教师，只有不断发展自己，修炼自己，加快提升品德修养，扩展专业知识，提高育人本领，获得职业成就，才是最大的自我尊重。

2. 做个充满自信的教师

范德比尔特说："一个充满自信的人，事业总是一帆风顺的，而没有

---

[1]（奥）斯蒂芬·茨威格著. 巴尔扎克. 合肥：安徽文艺出版社，2013.01.

信心的人，可能永远不会踏进事业的门槛。"[1] 由此可见，自信作为一种积极进取的内部动力，其发展水平，是与成败相对应的。自信是理想之帆，自信是成功之船。自信是进取心的支柱，是有独立工作能力的心理基础。

谦虚以应得失。老子说："江海所以能成百谷王者，以其善下之，故能为百谷王。"[2] 百川之所以汇集江海，因为它善处下游地位，所以能称百川之王。这正是老子对谦虚作用的写照。从这个意义上来说，谦虚就是高度自信的表现。

积累每次成功。自信是多次成功的累积。一个人感受的成功体验越多，对自己就越充满信心；每次成功都是建立自信的基石。要珍惜每一次会取得成功的机会，逐步累积，直至越来越有自信。

学会扬长补短。每个人都有自己的短板，教师也不例外。人可以不成功，但不能不成长。不必处处盯着自己的短处，一味顾影自怜，终日活在深深的挫败感之中。只要找出自己的优势，挖掘自己的潜力，在现有的基础上进步，就会逐步树立起自信，不断走向成功。每个人都有自己的知识盲区和发展短板，要善于发现、正确认识、注重弥补。

3. 做个会调节情绪的教师

从工作到家庭，我们有很多种身份：老师、班主任、妻子（丈夫）、妈妈（爸爸）、女儿（儿子）、女婿（儿媳），每一个角色都是自己，在不同角色中有时很辛苦。因此我们更加需要好好爱自己，当自己的能量饱满时，自然会溢出来传递给你身边的人。当我们有一个良好的精神状态时，我们才有可能感召到身边的人。因此，教师要学会适应多重身份，随时调节自己的情绪。

学会用心感受当下的感受。"难得周末，早上不想起床，但是我必须要送孩子去学画画。"停下来，先看看自己的感受。此刻如果你感到不快，那就问问自己的内心。其实这件事可以有很多选择，比如请家人送

---

[1] 郭光远著. 范德比尔特传. 长春：时代文艺出版社，2013.01.

[2]（春秋）老子著. 道德经. 沈阳：万卷出版公司，2019.08.

一下孩子，让家人享受亲子时光，也可以和老师请假……列出几个选项，找一个最喜欢的，然后去做。感受自己当下的感受，找到那个内心中的自己。

学会给情绪找到出口。教师也会愤怒，也会委屈，也会伤心，也会失落……班里调皮孩子太多，状况频出；工作努力付出，却招来家长的不理解；熬了几周去备一节课，却因为一个小小的失误无缘进阶……当不良情绪来袭，要怎么办？先给自己几个可以接受的发泄情绪方式，比如找好友倾诉、健身、听歌、画画、撕纸、逛街，等等。当有负面情绪出现，记得自己的选项并去做。情绪是正常的，没有好或不好，也不用隐藏压抑，给情绪找到一个出口，会觉得自己整个人都会好起来。

学会关注人的精神世界。教育的根本法则应该是能够像树唤醒树，云朵推动云朵一样，靠人的精神力量去影响他人的心灵，促进他人精神力量的健康成长。让我们怀着对树的崇敬，对云的向往，叩问自己：我们的心灵，也具有树的扎实深厚与云的轻盈灵动吗？我们的生命，也像那棵树一样生长在厚实深沉的生命沃土之中吗？我们的灵魂，也像那朵云一样生长在澄澈明净而高远的碧空中吗？我们都需要先学会爱自己，成就更好的自己，才能用最好的自己影响我们的孩子。

专业诠释"爱"

师爱是教师的一种情感和态度,是教育成功的重要前提。

康有为认为"能爱类者谓之仁,不爱类者谓之不仁"[1],能爱类者当然也能爱业、爱生。陶行知先生"捧着一颗心来,不带半根草去"[2]的大爱精神至今感召着我们。

师爱具有哪些特点呢?

一、师爱的奉献性

苏霍姆林斯基说:"我生活中什么是最重要的呢?我可以毫不犹豫地答道——爱孩子。"[3]师爱是教师职业道德的灵魂,是中国教师的传统美德。

1. 教师的爱是不求回报的爱

爱是一种责任,一种情感,是一种不求回报的奉献。魏书生在给《爱是教育的灵魂》一书作序时说过:教师和学生之间的关系,就如同蚌与沙,沙粒经历了长年累月爱的打磨,会蜕变成一颗颗熠熠生辉的珍珠。身为教师,要如同蚌一般用爱的宽容对待孩子的过失,用爱的温度激发

---

[1] 康有为著. 大同书. 吉林出版公司股份有限公司,2017.06.
[2] 贾培基著. 陶行知. 重庆:重庆出版社,2011.10.
[3] B.A.苏霍姆林斯基著;唐其慈等译. 把整个心灵献给孩子. 天津:天津人民出版社,1981.10.

孩子的潜能。爱是一种责任，表现为负责和担当；爱是一种行为，表现为付出和奉献。奉献是爱的基础。[1]

  中考前，河北省特级教师王福会为全班学生每人私人定制了一个幸运手环，上面有学生名字和对每个同学的寄语。孩子们特别喜欢，甚至上高中了，他们还依然带着。一位母亲曾经给王老师发来孩子军训的照片，特别配图：孩子热的表都摘了，手环还在！另一位母亲也发来信息，"老师，孩子不小心把手环弄丢了，特别伤心，说感觉魂都丢了，睡觉都不踏实了，"母亲哭着说："没有想到，孩子对王老师的情感和依赖，已经快超过父母了。"无须多言，情怀之至，情感真挚！小手环，蕴含教师的大情怀。

任何一位称职的教育工作者爱自己的教育对象，都具有无私和奉献性。大多数教师奉行"先天下之忧而忧，后天下之乐而乐"[2]为座右铭，不计较个人名利，努力当好"人类灵魂的工程师"。他们奉行的是一种用自己的生命去奉献学生，奉献社会需要的原则。他们把自己的目光聚集于"自己能为别人做点什么"。他们把爱倾注给学生，不是为了自己的利益，不是为了得到学生对自己的回报，而是期望他们学业有成，将来报效国家和社会。

2. 教师的爱是深沉、具体的爱

教师要实施教育，首先，必须学会爱护、关心学生，爱一切学生。教师只有把爱和关心具体表现在对学生学习、生活、言行、做人等方面，才是真正的爱。而得到教师爱的学生会感到温暖，形成进步的动力和航标。

教育家马卡连柯是爱生的楷模。他说："教师的心应该充满对每一个他要与之打交道的具体的学生的爱。"他的教育名著《教育诗》生动地记

---

[1] 周西政. 爱是教育的灵魂. 北京：北京师范大学出版社，2019.08.
[2] (北宋) 范仲淹著；韩峰绘. 岳阳楼记. 哈尔滨：哈尔滨出版社，2020.04.

录了他热爱学生、教育学生的感人事例。这些事例都能让我们感觉到一名教育者的初心，一名教育者的深沉的爱，不为回报，只为责任。

  河北省名师王卫国，从教近30年的感悟是：教师应该成人悦己，教师应该是点灯人，照人亮己明世界。在他的执教生涯中，无数次帮助学习有困难、家庭有困难的孩子，他总是说，我们不把学生考上大学作为奋斗的目的，让每一个学生都能成人才是我们的责任。他虽然是一名物理教师，却同样重视学生人文素养的提升。他带学生们朗读汪国真的诗《我微笑地走向生活》。"我微笑着走向生活，无论生活以什么方式回敬我。报我以平坦吗？我是一条欢乐奔流的小河。报我以崎岖吗？我是一座大山庄严地思索！报我以幸福吗？我是一只凌空飞翔的燕子。报我以不幸吗？我是一根劲竹经得起千击万磨！生活里不能没有笑声，没有笑声的世界该是多么寂寞。什么也改变不了我对生活的热爱，我微笑着走向火热的生活！"

  苏霍姆林斯基曾说过："要成为孩子的真正教育者，就要把自己的心奉献给他们。""一位好教师意味着什么呢？首先意味着他是这样的人，他热爱孩子，感到跟孩子交往是一种乐趣……""不爱孩子，就无法了解他""不了解儿童就不可能成为教育者"等。只有热爱学生，才会"读懂"学生，才会真正了解学生，才会密切师生关系，才会得到学生的信任和尊重，创造良好的教育氛围，增强教育效力。

3. 教师的爱是无差别的爱

  教师爱的奉献性也体现在教师的爱是公平的，是针对整个学生群体的，绝不能厚此薄彼。教师爱学生是全面而公正的，是针对所有学生无差别的。实践表明，要做到真正公平的爱是极为困难的，不经过长期修炼，不具备足够素养、富有足够远见的教师，很容易犯偏爱的错误。

  一般来说，要让我们爱那些成绩优秀、习惯良好的学生，并不难；难的是，对后进学生、有缺点的学生也能满腔热忱的爱，甚至能够给予特别的爱，更多的关爱，这也是教师修炼爱的情怀的重中之重的任务。

河北省特级教师郝玲君老师，就用行动诠释了教师爱的无差别性。她所任教的班级，一名学生一度天天迟到，郝老师用尽一切办法，十几次的拉锯战，焦头烂额。虽然已经是高三阶段，很多学生的习惯已经成型，但是郝老师并没有放弃，她在班会课和其他课上刻意制造很多次机会，让这名学生去展示自己。渐渐的，孩子迟到的次数少了。孩子感受到了老师的爱，慢慢地改变了自己。后来，这名学生上了大学，专门捧着花来看郝老师："老师，谢谢您，对当年我种种出格行为的容忍和包容。""我知道当时处在叛逆期的自己，有多么拧巴，不爱说话，就爱制造各种事件，给您添了很多麻烦。"郝老师微笑回应："你能慢慢走出来，变成现在这样，就是对我最好的回报。"

苏霍姆林斯基说："我们内心中应当对人，对他身上的良好开端具有无限的信心。"怀着这份信心，就是怀着一份爱！每一个活蹦乱跳的生命，哪怕是"淘气包""气人精""邋遢神"，在你眼中也会有闪光点。有爱的教育就是如此，一如春风，一如暖阳。

二、师爱的独特性

孔子主张"仁者爱人"，提倡"学而不厌，诲人不倦"和"有教无类"，并倡导"己所不欲，勿施于人"，"己欲立而立人，己欲达而达人"[1]。凡此种种，体现了教师职业的伟大与神圣，体现了师爱的独特性。

1. 教师的爱以尊重为基础

成尚荣先生说："教师不能忘掉尊重，教育从尊重开始，尊重是人性的起点，是道德的起点，教育的起点。怀着尊重之心，你无论怎么严格，

---

[1] 出自《论语·述而》.

学生都是能接受的。"

教师对学生的尊重，就是尊重学生的人性、个性、天性，就是要尊重学生的成长规律，就是要尊重学生的人格。毛泽东说过："很多人对于官兵关系、军民关系弄不好，以为是方法不对，我总告诉他们是态度（或根本宗旨）问题，这态度就是尊重士兵和尊重人民。"这一道理同样适用于师生之间的关系。从现实来看，教师往往高高在上，以命令者、管理者的形象出现在学生面前，学生往往习惯于被动地接受、服从。希望得到别人的尊重是人的一种普遍需要，学生更需要家长、教师及周围人的信任、尊重。

每个学生都是一个独立的人，具有独立的思维和鲜明个性，因此，教师必须努力去观察和了解每一个学生及其变化，尤其是在学生遇到困难和挫折的时候，更要耐心、细心体察，弄清缘由，让自己的教育和教学更有针对性，符合学生的特点和发展规律，而绝不是把自己的意志简单强加于学生。只有这样，才能成为学生心目中真正的良师益友。

2. 教师的爱以博学为前提

教师爱学生，首先自己要博学，这是前提和基础。只有学习型的老师，才能更深切地理解学习，了解学生，才能用自己源源不断的知识去浇灌学生，培养出学习型的学生。社会发展日新月异，知识的更新越来越快，教师如果一味固守传统老旧的知识和教学模式，闭门造车，学生无法从教师身上获得新鲜的能量，也不可能对学习提起更多的兴趣。所以，自己都不学习的教师，算不上热爱教育，更谈不上热爱学生。一个有良好学习习惯的教师，必然会把对知识的渴求与热情感染给学生，让学生对教师充满崇敬，因为喜欢这个教师而爱上这个学科，提高对这个学科的学习兴趣。

要潜心钻研，做一名有深度的教师。教师是知识的重要创造者和传播者。教师获得职业幸福，最根本的是要加快教师的专业发展。广大教师要始终站在教学前沿探索规律、钻研业务，切实成为精于教学、善于育人的行家里手。要踊跃投身教育创新实践，紧跟教育教学改革前沿，紧贴学生多样化的个性和思想观念的新变化，保护好、引导好学生的想象力、创造力、求知欲和好奇心。

3. 教师的爱以"慢"为契机

教育是一个"慢"的艺术，学生的成长过程有其规律性，不可急于求成、揠苗助长。教师要善于捕捉最佳教育契机，鼓励学生主动发展。教师要学会倾听和关注学生，学生的成长需要等待。正如弗洛姆曾说过：爱永远包含下列基本要素——关照，负责，尊重，相知。爱，就是主动关照所爱的生命，照顾其成长。[1] 关注学生成长的过程需要我们有静待花开的花苞心态，耐心等待、静心期待。适当、适时地等待和沉默都是教育的重要技巧。教育学生的过程中，教师要学会欣赏和沉默，对学生进行主动关照，给学生自醒、自悟、自我成长的足够机会，唤醒、培养学生的自主性。这就好比小麦的成长，不能总是大水漫灌，也需要干旱的过程，才能适时拔节、根茎壮实、颗粒饱满。

4. 教师的爱以智慧为动力

教师之爱生要为之计深远。教师的善于观察，主动思考以及智慧教育会让学生得到更多正面的引导、有效的激励和自我发展的动力。徐特立同志指出："教师要了解情况，了解学生个人的情况，学生家庭的情况。"[2] 教师对学生的情况要深入了解，细致观察，形成更智慧的爱学生的方式。

（1）爱之有智

老师对学生的爱要达到理想的效果，核心是激发学生的内驱力。所以，要善于从学生能够接纳的教育方式入手，特别是要注重赏识教育，往往这样，才能收到事半功倍的效果。爱学生就必须要先学会欣赏学生，即常常将表扬的温暖阳光给予学生，特别是对那些不为人们注意的或学

---

[1]（美）艾里希·弗洛姆著. 爱的艺术. 上海：上海译文出版社，2019.01.
[2] 许庆龙，劳斌主编. 徐特立. 北京：团结出版社，1996.09.

习有困难的学生,对其加以表扬是特别有益的,会使学生倍受鼓舞。"严师出高徒"是正确的,但切忌对学生横挑鼻子竖挑眼,动不动就对学生刮起批评的寒风。爱学生,要善于表达师爱真情,既给学生一个"好心肠",也给学生一个"好模样"。在与学生的交往中,应"尊重"为先,"诚恳"为上,让学生感到老师不仅是威严的师长,更是一位可亲的朋友。在与学生相处中,也应学会讲顺耳忠言,即善于用富有哲理、趣味的语言去启迪学生的心灵,善于用顺耳忠言去温暖、感化学生的心田。不言则已,言必中听,听必改之。批评之时,切忌简单粗暴,以势压人。无论何时何事都绝不能损伤学生的自尊心。否则,会使学生逆反,加大师生间的离心力,甚至导致学生厌学。

陶行知先生在做校长时,一天,在校园里看到一名男生正想用砖头砸另一个同学。陶行知及时制止,同时令这个学生去自己的办公室。在外了解情况后他回到办公室,发现那名男生正在等他,便掏出第一颗糖递给他:"这是奖励你的,因为你很准时,比我先到了。"接着又掏出第二颗糖:"这也是奖励你的,我不让你打人,你立刻就住手,说明你很尊重我。"该男生将信将疑地接过糖。陶行知又掏出第三颗:"据了解,你打同学是因为他欺负女生,说明你有正义感。"这时那名男生已经泣不成声了:"校长,我错了。不管怎么说,我用砖头打人是不对的。"陶校长这时掏出第四颗糖:"你已经认错,我们的谈话也结束了。"

我们应该向陶行知先生学习,爱生有智。教育学生时要善于发现孩子的优点,并巧妙激励,因势利导。不应用训斥、苛责、打骂等伤人自尊的方式,而应平心静气,换位思考,正面引导,对比设喻,导化对方心理。很多时候,微笑比严酷更有感染力,赏识比批评更有效果,沉默比唠叨更有力量。滴水穿石,春风化雨,和言良意,才能收到默化潜移的效果。

（2）严之有情

教师应从爱心出发，像对待自己的亲人那样，静心坐下来，认真分析学生的思想状况，研究学生思想教育工作的规律、特征及方法，爱中有严，严中有情。

我们某些教师对学生整日不开笑脸，常以"学生怕我"自诩，声称"学生犯了错，只要见了我，小腿都发抖"。这种疾言厉色的管理，也许能将学生"治"得服服帖帖。但学生是活生生的人，他们有思想、有感情，这种靠手中"权"压服的学生，思想问题并没解决，学生往往是口服心不服，他们又从哪里能体验到师爱呢？

> 唐山市名师张卫霞老师，注重转变教育方法，面对一些学生身上的种种"劣行"，不再以"领导"的口气"居高临下"地批评、埋怨，而是通过一个个富有哲理的故事让他们自己感悟；作业的收发和监管交给16名组长，"最靓小组"每周一评；每天准备几个类似于"最怕你一生碌碌无为，还安慰自己平凡可贵"，"在一无所有的年纪，且轮不到你云淡风轻"这样的"心灵鸡汤"，给他们"提神儿"；每天安排一次在办公室进行"倾听心语"活动，倾听学生的心声，关注学生的健康成长……

爱是教育的底色，没有爱就没有教育。雷夫老师因为爱教育、爱课堂、爱学生，创造了教育的奇迹。[1] 以尊重和平等为前提，以理解为基础，有方法、有智慧的学习型教师，才能激发学生身上有生命力的爱，给予学生更多学习和成长的动力，培养出更有自驱力的学生。

三、师爱的坚韧性

教师面对的是生动的、各具特色的生命个体，每天面临不同的挑战。

---

[1]（美）雷夫·艾斯奎斯著；朱衣译. 第56号教室的奇迹2点燃孩子的热情. 北京：光明日报出版社，2015.10.

工作中可以预见的任务、与学生相处中不可预见的情况，是对教师专业性的考验；任何一名学生的成长都不可能是直线上升的，尤其是问题学生，再好的教育，也可能会有反复；对于教师个人来讲，也不可能总是一帆风顺的，病与痛不会因为你是老师而远离你，工作、生活的压力也不会因为你要与学生相处不来打扰你。作为教师，必须直面困难、接受考验，学会更加坚韧。

1. 坚守平凡，让师爱更坚强

教师的工作平凡而琐碎，教师的劳动成果需要在付出很长时间后才能看到回报，这需要教师能在工作中守好初心，在困难面前不气馁，在工作面前保持昂扬的精神，在生活面前有向上的姿态。

> "办校 11 年来，身患重症、满身药味、满脸浮肿的张桂梅住在女子高中学生宿舍，与学生同吃、同住，陪伴学生学习。每天早上 5 点钟起床，拖着疲惫的身躯咬牙坚持到晚上 12 点 30 分才睡，周而复始，常年如此。办校 11 年来，张桂梅每年春节一直坚持家访，亲自走访了 1345 名学生的家庭，没有在账上报过一分钱。学生来自丽江市四个县的各大山头，家访行程十万多公里。"[1]

每次读"时代楷模"张桂梅的事迹、每次看她用缠满橡皮膏的手倒出十几粒药的镜头，老师们都会热泪盈眶。教师因爱而坚强，对事业的爱、对学生的爱让无数教师用事业对抗疾病，用执着舒缓身体的不适和疼痛。

2. 直面困难，让师爱不放弃

一个班级几十个个性鲜明的学生，出现这样那样的问题很正常。教师不能被困难吓倒，不要向难题低头，在思考中平静心情、开启智慧。对问题学生不放弃，对反复出现问题的学生不灰心，教师多一些耐心，

---

[1] 葛绍德，杨华明主编. 张桂梅情意教育实践研究. 昆明：云南教育出版社，2002.

学生就多一些转变的机会。尤其是对问题学生，往往需要老师付出更多的智慧和情感。

  唐山市名师赵春凤曾用爱与耐心温暖过一个很特别的孩子。男孩刘一从小父母双亡，年迈的爷爷、奶奶照顾他的生活都很困难，更别说学习。赵老师走近小刘一，关注着他的生活点滴，给他带去妈妈一样的关爱。孩子慢慢从自闭倾向中走出，对学习仍没"感觉"。赵老师安排敢说敢做的开朗女孩做刘一的同桌，给他送去鼓励和帮助。刘一能主动举手回答问题后，赵老师一次次肯定、一次次表扬、一次次鼓励、一次次家访，赵老师的爱像一股涓涓细流，于无声中浸润着小刘一的心田。孩子得到爱的滋养变得开朗了、乐学了。

  学生的问题暂时解决不了不要急躁，老师要带着问题多阅读，向名师、名家求教办法，多观察身边有经验的老师的做法，深入了解学生、家长、家庭的情况，了解学生的成长背景，为学生预设最好的发展方向，从帮助学生的角度出发，从不同的方向寻找解决的办法，功到自然成。

  失败了不要急躁，从失败中寻找原因，分析得失，成在哪里？败在何处？如何改进才能避免再次陷入困境。整理好思维、情绪，也整理好理念、方法，换一种沟通的方式，换一种打开问题的方式，以与学生、家长共成长的心态处理问题，以提升业务能力的心态面对工作中的困难，不断培养自己的成长型思维，做研究型的教师，才能不断积累成功经验，提高师爱实效。

理性践行"爱"

师爱就是教育的"圣心",这颗心导引教育向善,这颗心力图使每个孩子都拥有幸福的人生。高尔基说:"爱孩子是连母鸡都会做的事。可是,要善于教育他们,这就是国家的一件大事了,这需要才能和渊博的生活知识。"[1] 所以,教师不仅要有"爱",还要理性地践行爱,科学地施爱,智慧地传递爱。

一、爱是良药,科学开方

教育家裴斯泰洛齐说:"教师无原则的爱和单纯的慈爱是不能培养出有德行的人来的。"[2] 教师的爱有别于其他爱,需要科学的精神、理性的态度,需要理解教育规律和学生身心发展规律。

1. 从积极的角度观察学生

每个学生都有积极的一面,也有不积极的一面。教师需要练就一双慧眼,善于发现学生的积极因素,并加以肯定、表扬和鼓励,使之不断巩固、放大、迁移。

苏霍姆林斯基说:"教育者的关注和爱护在学生的心灵上会留下不可

---

[1] 郭真瑞,孟晓媛编著. 高尔基. 沈阳:辽宁人民出版社,2014.11.
[2] (瑞士)裴斯泰洛齐(Johann Heinrich Pestalozzi)著;(瑞士)阿·布律迈尔(Arthur Bluehmeir)主编;尹德新组译. 裴斯泰洛齐选集 第1卷. 北京:教育科学出版社,1994.09.

磨灭的印象。"[1]关注学生个体的行为，从中读懂学生的内心，有助于教师采取科学的教育方法，持久地关注一个学生某个成长阶段的行为，可以了解学生的成长轨迹，为学生指引正确的个性化教育方案和人生方向；关注学生群体的行为，从中寻找共性的、规律性的特征，有助于教师进行群体性教育，在群体特征的横向比较中，发现学生成长的一般规律。

早晨走进教室，大家都在认真读书，只有浩浩旁若无人地玩自己的小玩具。你的目光会投向哪里，你的心情会被哪儿影响？

合唱排练，东东卖力地高声演唱，丝毫未觉自己跑调、与主旋律不和。你会继续忍受，还是忍无可忍，抑或能享受学生的投入？

优秀的行为背后，一般都有一个良好的动机；但错误的行为背后，却不一定是不良的初衷。NLP（神经语言程序学）中有一个观点："任何行为背后都有积极动机"，教师抓住学生行为背后的积极动机，用积极的目光去观察，用积极的思维去思考，用积极的理念去引导，用积极的行为去支撑，才能收获与学生的共同成长。

站在积极的角度观察，教师看到"只有浩浩旁若无人地玩自己的小玩具"，首先想到的是：绝大多数同学能主动学习，值得肯定；然后考虑：浩浩不读书是什么原因，怎样帮助他？

跑调的东东卖力歌唱，正是有着强烈的集体荣誉感，才肯"卖力"，相比于比赛成绩，教师更应保护孩子的这份热情。

要想造就"成长型思维"的学生，教师首先要学会用发展的眼光、积极的思维对待学生。教师以积极的视角观察学生，除了让学生更容易感受到教师的爱之外，还能将这种积极的态度传递给学生，使学生以积极、乐观的态度面对学习、生活中遇到的困难。

教育的终极目标是成就幸福的人。"幸福教育"的基础是教师幸福，而教师幸福的一个重要因素是教师看学生的目光：将目光更多地落在学

---

[1] 苏霍姆林斯基.给教师的建议.[M] 北京：教育科学出版社，1984.

生做得好的方面、落在学生的优点上，学生的优秀行为被强化，学生的优秀品质被肯定，学生从教师身上得到的是正向的引导，再反映出来的行为将会越发优秀。

即使学生偶然一次表现出来的闪光点，教师也要善于及时捕捉、认可、鼓励。这样，"偶然"很可能被固化下来，反复的多次就会成为"必然"。

2. 学会从小处着眼

对学生的表扬要"言之有据"，对学生的批评要"言之有情"，表扬时的依据要从学生的具体行为中来，批评时的真情要从对学生的深入了解中来。中国有句古话叫"知之深则爱之切"，教师对学生的了解越深入，对其感情就会越深。而了解的方法就是从小处着眼、从细节抓起。

《论语》中说"视其所以，观其所由，察其所安。人焉廋哉？人焉廋哉？"[1] 意思是："要了解一个人，应看他言行的动机，观察他所走的道路，考察他安心干什么。这样，这个人怎样能隐藏得了呢？"教师要养成从各个角度深入观察学生的习惯，养成用文字记录学生细节的习惯，在观察、记录的过程中练就一双慧眼，成就一颗慧心。

教师要养成观察学生、记录学生细节的习惯，提高深入了解学生的能力。记录学生的细节不同于教育叙事。教育叙事讲求故事的完整性，记录细节更注重描写的细腻性，抓住一个动作、一个眼神、一句话……通过这些外显的行为，在描写中突出学生的心理和情感。教育叙事以事为主，对"事"的态度也很重要，叙事多站在叙述者的角度，表明叙述者的观点、情感。而记录细节则是为学生提供一面"镜子"，让学生在文字中看到当时的自己，可能是学生不经意的一个小表现，教师看到的、描写出来的是学生的真实状况，以"外人"的视角观察事件，让学生透过教师的文字不仅看到自己，也能看到老师的评价。记录学生的细节不必长篇大论，短小精悍最得学生喜爱。

---

[1] 孔子等. 论语 [M]. 内蒙古：远方出版社，2004.

例如下面的一段细节描写记录了小组合作学习中一位小组长一连串的动作：

> 别的同学还在埋头苦算，你已从学案中抬起头。于是你先侧过脸，看看同桌的做题情况；又转过身，面对后边的同学，查看他们的进度。当大家都从学案中抬起头的时候，你开始分派角色——"你，看一看第一题，为什么错？""你说说第二题的解题过程。"见后桌的男孩还愣在那里，你绷起脸，在桌子上敲了两下，以示提醒，男孩的脸红了，飞快地在纸上算起来。你又重复起了刚才的动作——看看这个的进度，查查那个的书写，不时给有困难的同学一点指导。很快，你们小组解决完了所有问题，你带着大家又投入到了后面的学习中……

文字中记录的事情很小，但在每一个动作中都能感受得到这位小组长的负责，而在每一个白描中，也都能感受得到老师对她的关注和欣赏。用细节描写为学生建立成长档案，记录学生成长的痕迹，给学生搭建成长的阶梯，能让学生在记录中感受师爱的细腻与力量。

3. 巧妙地与学生沟通

教师观察也好、记录也罢，最终的目的是巧妙地向学生传达自己的爱、与学生进行有效的沟通。

优秀的行为在人前表扬，要讲细、讲真、讲得有情：

> 我拎着厚厚的一摞书，吃力地往教室走，忽然身后传来急促的脚步声，接着我的手里一轻，"老师，我来！"一转头迎上你含笑的眼眸，你额头上的汗珠在阳光里闪着柔和的光芒。我们相视一笑，我的"谢谢"和你的回答都在笑容里准确传递。你"噔噔噔"加快脚步，我在你身后一路小跑——跟随上你播撒于心间的那抹暖。

错误的行为选择适当的时间和方式指出和批评，可白描直叙，可诙谐幽默：

>午读已经开始。离教室还很远，就听到你的声音："看俺老孙七十二变！"我走到教室门口，正好看到你左手将拖布担在肩上，右手在额前搭起凉棚，单腿着地，弓身前探——活脱一副猴儿相。同学们本就被你的动作逗笑，见我出现在班里你却丝毫未觉，更是"哄——"地大笑出来。你不明所以，学着孙悟空的样子，抓耳挠腮、左顾右盼，猛地一个转头间，看到了站在门口的我，你的笑容一下僵在脸上，飞快地把拖布拄在地上，作拖地状。同学们笑得更欢了，你涨红了脸，机械地用拖布左拖一下，右拖一下，还不时瞥我一眼。其实我倒觉得，此时的你应该像小猴子一样跳过来，拱一下手，亲切地叫一声："师父！"你说呢？（此处为师大笑三声，然后开始念"紧箍咒"，可好？）

学生犯错时，一味地指责、批评，只会让学生心生抵触。拿出曾记录的学生的细节，跟他一起回忆他曾因一个小小的动作留给老师的小感动，或者他不经意间给同学提供的一次帮助在老师心中洒下的温暖，再将犯错的行为与之对比，正误自在学生心中。或者不必正面的去批评、表明老师的态度，而是用一段文字，记录下学生的错误行为，不必评价，只做白描，将学生从当时的场景中抽离出来，让学生站在"第三者"的角度观察自己的行为，学生也自然能得到心里的正确回声。

4. 为学生的终身发展服务

学生的成长是一个连续的、不断向前的过程，教师除了关注当下学生的学习、身体、心理发展之外，还要关注学生今天的发展为明天打下了怎样的基础。

从教学角度来讲，需要教师从整体的角度掌握学科知识架构，掌握本学科知识与其他学科知识之间的联系。要了解本学科知识的发展方向、目前的发展水平，通过不断地阅读、学习，不断扩充自己的知识背景，让自己所掌握的知识体系成为能向学生不断提供甘泉的源头活水。作为学科教师，除了向学生传授课程标准规定的知识、提高学生的学科核心素养外，还要培养学生的学习兴趣，为学生的学科发展搭建平台，提供持续动力；将现阶段所学知识之外的更美的学科图景展示给学生，将学生从试卷之一隅解放出来。例如提到数学，多数教师呈现给学生的就是各种题，计算、证明是两大解题方式。其实几千年数学的发展史，既是一个学科发展的过程，也是一代又一代数学家成长的过程，还是真理同权威斗争的过程；数学的图形之美、逻辑之美、思辨之美、哲学之美……是需要跳出数学，站在更高的审美视角才能领略到的。学生对某一学科的热爱，往往从喜爱教这个学科的老师开始，而对老师的喜爱，又以老师对学科的高深修养，以及对学生的关爱为源。甚至学生未来职业的选择，都深受教师呈现给他的"学习的样子、学科的样子、教育的样子"的影响。

　　从德育角度来讲，需要教师从"一生发展"的角度规划学生的精神、情感的成长，提升学生的核心素养，让学生学会认知、学会做事、学会共处、学会生存。随着年龄的增长、心智的成熟，对事物的看法不断深入。比如对"诚信"的理解，小学低段的学生可能理解为捡到东西要归还失主，不说谎话；小学高段的同学的理解就会是按时完成作业，答应别人的事要做到；到了初中阶段，诚信又会被理解为对自己的行为负责，学习中不自欺欺人，考试中诚信应考，生活中践行承诺；高中则会把诚信理解为一个人的立身之本，会按道德要求主动约束自己的行为……教师要把握不同年龄阶段对事物认知的特点，体现德育的阶段性，让德育更有针对性。用今天的教育，为学生明日的成长奠基，成就优秀的人生。

二、爱讲规则，惩戒有方

　　爱并不意味着只是表扬和奖赏，爱更不是娇惯。适度批评和惩戒也是爱的有机组成部分，是爱的重要内容。

2020年底，教育部发布《中小学教育惩戒规则（试行）》，其中明确指出"教育惩戒是指学校、教师基于教育目的，对违规违纪学生进行管理、训导或者以规定方式予以矫治，促使学生引以为戒、认识和改正错误的教育行为。"科学地爱学生，就要学会辩证地使用爱的方法，爱与惩戒并非矛盾。我国教育家李镇西说过："教育不能没有惩罚，没有惩罚的教育是一种不完全的教育。"

1. 惩戒是非常必要的

很长一段时间以来，教师们谈"惩"色变。平时教学中，一涉及对学生的惩戒，就畏手畏脚，其实这完全没有必要。有一句俗语叫"严师出高徒"，"严是爱，松是害，不管不教会变坏"，合理惩戒也是爱的一种方式，是对学生负责的表现。

有人说："孩子犯了错误，如果你今天不惩罚你的孩子，明天你的民族就要被人惩罚。"这句话非常发人深省。惩戒教育是学生成长过程中必不可少的，它与赏识教育等教育方式互为补充，赋予学生正视错误的勇气、改正错误的动力、自我反思的习惯。《中小学教育惩戒规则（试行）》中明确指出，制定规则是为了落实"立德树人"根本任务，保护学生合法权益，促进学生健康成长。教师遵循教育规律，通过积极管教和教育惩戒的实施，及时纠正学生的错误言行，培养学生的规则意识和责任意识，这本身就是一种对学生负责的表现，是"爱生"的题中应有之义。当然，教育惩戒要有一定的原则：一是惩戒教育要以不伤害学生的身心健康为基础。教师的惩戒教育必须从关爱学生出发，以爱为根本目标。二是教育惩戒要以尊重学生人格为前提。教师纠正学生的不良行为进行惩戒，要保护学生的自尊心和自信心，以爱为最终目的。三是惩戒教育要把握一定的"度"。任何事情都是过犹不及，教师在进行惩戒教育的时候，要根据事情的情节和学生的实际情况，考虑到学生年龄和心理特点，把握好"度"。

2.惩戒要讲究方法

教育惩戒的方法有很多种，《人民日报》曾刊文为家长、教师支招——"15个表扬孩子和10个惩罚孩子的科学方法"，其中介绍了10种科学惩罚的方法。如，课间发现学生过于吵闹或有些学生自习课不能安静学习，可以采用"罚坐"的方式进行惩罚：在班级不太显眼处设置一个处罚区，准备一把椅子命名为"静思席"，准备好闹钟，计算时间。哪一种问题静坐多长时间，可以在班级讨论制定出"处罚时间公约"。

又如，有的学生有乱丢垃圾的坏习惯，则可以让丢垃圾的学生做一天"班级清洁"的义工，负责班级卫生，随时清洁、整理，一天"义工"服务结束后，要对班级卫生情况进行总结，找到班里卫生优秀的同学和有待改进的地方，同时要说明当有人乱丢垃圾时自己的感受。

魏书生老师的"班规"里有让犯错的学生写"说明书"的惩戒方法；苏霍姆林斯基让碰坏苹果树的孩子移植新的苹果树并精心照料；《学记》中有"夏楚二物，收其威也"[1]（夏楚二物，即教鞭和戒尺，主要功能是'收其威也'，也就是惩戒不听话的学生，以儆效尤）"的说法。

惩戒，是教育手段之一。进行教育惩戒是为了学生更好地成长，所以，惩戒的方法至关重要：第一，惩戒教育要与积极教育、激励教育同步实施，学生在积极教育的阳光下可以快乐自信，学生在惩戒教育的风雨中可以坚强成熟。第二，针对不同学生采取因人而异的方法。马卡连柯曾指出：运用惩罚的技术是有重大意义的，应该严格地根据具体情况和不同的学生使用不同的惩罚。[2]因此，在实施惩戒教育时，要针对学生的身心特点和所犯错误的情况选择适当的方法，不能随便滥用。第三，要采取民主的形式进行惩戒。惩戒要提倡教师、家长和学生三结合的方式，以便让大家都能理解认同和支持，所以，惩戒时的沟通和思想关注至关重要。第四，任何事情都是一分为二的，教育惩戒也存在两面性，

---

[1] 高时良.学记[M].北京：人民教育出版社，2016.
[2] （苏）Ю.鲁金（Ю.Лукин）著；单锦蓉译.马卡连柯.上海：上海文艺出版社，1962.01.

这就要求教师在对犯错学生进行惩戒教育的同时，还要做好关心、疏导和善后工作，消除不良影响，发挥积极作用。

3. 惩戒要重效果

评价教育惩戒成败的唯一标准就是惩戒的效果。当前的实践中，"不敢管"和"乱惩戒"两极分化。其实，教育惩戒一直存在，但规范和标准却一直缺席。

教育惩戒的本质是教育，惩戒和处罚只是手段和过程。通过教育惩戒，要达到四个目的。

首先，教师要引导学生学会反思，帮助学生找到错误的根源。通过合理的惩戒方式，让学生反求诸己，知道自己的错误出在哪里。处在成长过程中的学生，就是在不断纠错的过程中认识规则，在不断改错的过程中逐步成长的，教师要担起帮助学生修正的责任。

其次，教师要引导学生增强改正错误的勇气。我们一直在说，惩戒不是目的，而是手段。举个例子，有的学生的行为已经达到可以请家长的程度了，但是你通过与他的交流，给他一个自己反思、纠正的机会，学生会倍增克服缺点的勇气，也会由衷地感谢老师。因此，当我们在做选择的时候，往往不应优先选择最锋利的那把剑。

再次，在惩戒过程中，教师要给学生指明改进的路径。在实施教育惩戒前，无论实施何种程度的教育惩戒，教师都应先采取正面方式进行教育引导。在实施教育惩戒过程中，教师都应用心关注学生的情绪和状态，并且给学生指明改正错误的正确方法和路径。

最后，悬而不落，有而不用，是惩戒的最高境界。在《我的老师》这篇课文里，作家魏巍回忆了自己的老师蔡云芝，里面有这样一幕：有一次，先生的教鞭好像要落下来，"我"用石板一迎，教鞭轻轻敲在石板边上，大伙儿笑了，她也笑了，她爱"我们"，没有存心要打的意思。"教鞭举在我的头顶，然后轻轻划过"。惩戒就应该把握这样一个分寸，用春风化雨的方式解决是最好的。

不要期待惩戒的效果一蹴而就，它注定是一个缓慢提高的过程。惩戒作为一种手段，不可能一劳永逸，有许多孩子很可能会出现反复。惩戒要与赏识教育互为补充，奖惩并施、刚柔相济、严慈合一，才能收到更好的育人效果。

三、爱如流水，悦纳一切

陶行知先生说："师爱是有别于父母对子女本能之爱，也不同于朋友之间的友爱，这是一种错综复杂的精神现象，是由教师的理智、美感、道德感凝聚而成的一种高尚的情操。"[1]

教师之爱应该是理智的、是智慧的，要因人施爱，因事施爱，因时施爱。学生不同，传递爱的方式要有所区别；发生的事情不同，传递爱的内容要有所变化；同样的事情，发生在不同阶段学生的身上，也应采取更有针对性的施爱策略。您一定要坚信，只有走进学生心灵的师爱，才能开出不同的花，结出不同的果。

1. 要学会接纳不同的学生

师爱的包容和智慧，体现在能接纳所有学生，能对每个学生因需施爱。学生犯错后更需要教师以爱的理念去辨析、以爱的目光去区分：这些错误是共性现象，还是个别问题？是有意为之，还是无心之过？是暂时现象，还是会产生持久影响？是家庭教育的原因，还是生理发展阶段的必然？在工作中要注意积累遇到的各种问题，把不同的问题、不同的学生分类，处理完每件事、解决完每个学生的问题，都做好记录，如何想的，如何做的，效果怎样，还可以怎样改进？这样坚持，只需要一到三载，教师的眼中便不会再有"问题"学生——因为学生的问题已被你分类整理，解决的办法你已在心里形成了模型，模拟、演练了无数次。"爱"是教师的本能，但需要长期修炼，根据不同学生、不同情境用不同的教育策略，是师爱专业性的体现。

有的学生有灵气、有才气，与他交流就可以拿出"文学范儿"，诗、

---

[1] 贾培基著. 陶行知. 重庆：重庆出版社，2011.10.

词、流行音乐、上榜美文……都可以成为话题。一个颇具文学素养的女孩过生日，却因住校无法接受家人的祝福，当她因此而黯然神伤时，班主任送上一首为她量身创作的小诗。"……岁月深处／你静静守望／长成一棵会开花的树／用清幽的诗行／在时间的便笺上／写下希望……"女孩儿一直珍藏着老师写的这首小诗，直到毕业后多年，还在微信里对当年的班主任说：这是她收到过的最好的生日礼物。

有的学生天赋极优却动力不足，这样的孩子可以为他提供榜样，名人传记、英雄人物、文学作品等，根据他的性格选择合适的书籍，让他自己找到心目中的偶像，从而确立目标，增强自制力。一个各方面都十分优秀的男孩，转学到一所农村学校，一直游离于班集体之外，保持一种"高冷"的态势，不愿融入。班主任在"班级阅读会中"向他推荐《男孩儿迪克的成功之旅》，书中讲述一个不完美的少年迪克，流落街头，身上有着各种小缺点，却始终怀有一颗善良的心，在不断行善的过程中，收到命运的馈赠——有了一份稳定、体面的工作。书中定义的"成功路径"可以理解为行善、接纳，这是一部关于奋斗与成功的励志书。迪克的故事感动了男生，让他理解了"善"的含义，开始用自己的力量去帮助周围的同学，在收获同学尊重的同时变得更具领导力，后来班干部竞选中他以全票当选班长。

用书籍为学生的成长搭建一个又一个台阶，将不同的孩子引向属于他的成功之路，是师爱智慧的重要选项。

有的孩子缺乏家庭的温暖、性格叛逆，此时就需要教师以一颗温暖的心对待学生的不接受、不合作。苏霍姆林斯基说："爱，首先意味着奉献，意味着把自己心灵的力量献给所爱的人，为所爱的人创造幸福。"[1] 越是面对问题严重的学生，越需要教育的耐心和智慧，越需要教育长久地坚持，慢慢地把温暖输送给学生。"念念不忘，必有回响"，教师坚持一贯的爱与温暖，会慢慢融化学生心灵的坚冰，撬动一个小小的缝隙就可

---

[1] 苏霍姆林斯基. 给教师的建议. [M] 北京：教育科学出版社，1984.

能在孩子心中种下整个春天。

2. 要注重帮助"特殊"的学生

习近平总书记在同北师大师生代表座谈时强调:"教师的工作是塑造灵魂、塑造生命、塑造人的工作。"[1]这就需要教师提升自己的专业水平,为"特殊"学生的"特殊时期"提供适切的帮助。

在与学生接触的过程中,总会有一些"特殊情况",需要抓住那个"特殊的时段""特殊的场景"或者"特殊的人",适时、适当地实施教育。例如有的学生因家里发生变故,往往会变得敏感、压抑、痛苦,教师要及时观察、了解,做好"爱的补位"工作。这时对学生的关注,就不能仅限于学习、在校生活,更要关注其心理,从行为、情感乃至生活各个方面关心支持他,给他以温暖,让他有情感的寄托。简而言之,此时很多学生心理会有一种"被全世界抛弃"的感觉,教师及时伸出温暖的手,不仅是教育智慧的表现,更是人性光辉的照射。

还有一些情况,是学生成长的"必经之路",也是"关键隘口",需要教师提前做好准备,带领学生快乐前行。例如小升初过渡阶段,是一个新学段的开始,学生从此也迈入了"青春期"的大门,身体上、心理上、学业上都有显著变化。学生在升入初中后可能会产生巨大的心理落差,如果没有做好过渡工作,最初的"不适应"有可能变成一道越不过的坎儿。这个时期可以适当开展"青春期男生课堂、女生课堂""初中我来啦""做自己的形象代言人"等以心理引领为主的主题教育;还可以召开以学习辅导为主的交流活动,请有经验的初中老师讲一讲小学、初中课程、学习方法的区别,可以请毕业班的学长讲一讲三年的学习需要,从现在起做好哪些准备……这样的关键节点,是教师可以提前预见、提前准备的。

活动的开展要适合学生的实际情况,既要符合学生的心理特点,又要适合时代的发展。学生千差万别,千万不能照搬照抄。教师在活动开

---

[1] 2014年9月9日,习近平总书记同北京师范大学师生代表座谈时讲话.

展的过程中要不断反思、总结经验、改进形式、调整内容，有所创新，提高实效，形成自己的特色。

四、爱为纽带，协力共育

苏霍姆林斯基说："在教育工作中，要使公开的和隐蔽的、社会的和私人的各种教育方式有机地结合在一起。人类幸福的谐音就产生于这种结合之中。"[1]如果说学校教育、社会教育属于"公开的""社会的"，那么相对而言，家庭教育则是"隐蔽的""私人的"教育方式。只有学校教育与家庭教育、社会教育完美结合，才会有孩子健康、和谐、幸福的发展。

1. 家校合作，让师爱延伸至家庭

从教师承担的教育使命来讲，要培养适应社会发展的"全人"，培养未来社会的建设者和接班人，这是只靠教师的力量所不能完成的，需要社会、家庭、学校的共同配合。

（1）提高教师与家长的沟通效率

学校与家庭的教育方向应该是一致的，合作应该是紧密的，但学生成长的家庭背景具有多样性，不同的家庭教育理念、教育方法各不相同，体现在学生身上，学生的行为、心理、习惯也各不相同。要形成教育的合力，家庭与学校的育人理念应该是相通的。换句话说，把学生培养成什么样的人、怎么去培养，家庭和学校应该是互相认同、互相合作的。因为学校教育内容的全面性、组织的系统性、手段的专业性、形式的稳定性，使得学校教育在学生的教育中占主导地位，教师要利用各种手段，与家长进行有效的沟通，让家长了解学校的教育理念，帮助家长不断调整教育的方向，优化教育方法，使家庭教育成为学校教育的有力后盾。

原北京四中校长刘长铭曾经说过：学校教育可以为学生指引正

---

[1] 苏霍姆林斯基.给教师的建议.[M]北京：教育科学出版社，1984.

确的道德方向，但学生良好的道德修养一定来自家庭的影响；学校可以为学生提供心理上的帮助，但学生良好性格的形成一定源于家长的熏陶。[1]

（2）教师要承担起对家庭教育的引导作用

教师不但肩负教育学生的使命，同时承担着引导家长、帮助家庭树立正确的教育观的重任。

从学生发展的必需来看，学生先接受家庭教育，再接受学校教育，学校教育伴随学生的一段人生里程，而家庭教育伴随学生整个人生。家庭教育的优劣，绘就了孩子人生的底色。

从家庭的需求来考虑，家长爱孩子、愿意教育孩子，但家庭教育具有随机性和亲情性，家庭教育与家庭生活伴生，什么时间进行什么样的教育有很大的随意性。同时，家庭教育的质量受家长教育水平和家庭亲密关系的影响和制约，因此，家长需要教师的指导。

教师要不断学习，努力提高自身的家庭教育指导水平。当前家校合作过程中存在随意性强、计划性差，阶段性强、连续性差，单向灌输多、双向交流少，互相挑剔多、彼此配合少等问题，这就需要教师不断学习家庭教育的理论和方法，不断提高自身修养。越专业的教师，越能赢得家长和学生的尊重；越学识丰富的教师，越能得到家长和学生的信任；越方法多样的教师，越能为学生、为家庭提供有效的帮助。

（3）引导家长尽可能多地参与学校活动

开学初，可以召开专门的家校见面会。学校式教师可以在不同阶段有针对性地设计集体活动，邀请家长参加，让家长在活动中密切与教师的联系。在会上，教师具体地向家长介绍学校的育人目标、育人理念、教育方式。通过具体的实例向家长展示学校对学生的培养规划。对家庭教育提出具体可学的指导意见，让家长从大方向上了解学校的育人特色，

---

[1] 刘长铭主编.教育如此存在北京四中教育故事.北京：教育科学出版社，2014.08.

保持理念上的一致性。

教师可以在每个学期的大型活动前,用书信、微信等形式向家长说明活动的目的、内容、形式、需要家长在家庭教育中如何配合等,让家长了解每一次大型活动在孩子成长中的重要作用,按照老师的建议改进家庭教育的做法,与学校保持方法上的一致性。

学期中或学期末,教师可以召开座谈会,了解家庭教育的配合情况、家庭教育中遇到的问题,做出适当指导,尤其注意收集家长反馈的学生的进步、发展和存在问题,让家庭教育与学校教育保持效果上的一致性。

家长、学生是学校活动的双主体,增强家长的参与意识,让家长以"参与者"的身份体验学校教育的效果远远胜于让家长以"旁观者"的身份观察学校的教育情况。

（4）让家长深入了解学生的成长情况

让家长全方位了解学生在学校的成长情况,是争取家长配合的有效策略。

引导家长全面了解学生,要帮家长树立"不唯分数论"的理念。要引导家长将每次测验的分数看作是对孩子学习效果的反馈,从中找到孩子知识上的漏洞、方法上的欠缺,帮助孩子想办法改进。

引导家长全面了解学生,教师要全面记录孩子的情况。家长对孩子的观察往往感性因素多、理性因素少,关注成绩多、关注成长少,无法十分客观地评价孩子的成长过程。这就需要教师多方位地记录学生的在校生活,多形式地展示学生的在校成长情况,多角度地呈现给家长。一是记录学生成长细节。教师在适当的时候把细节交给学生,及时向家长作出反馈——学生在老师记录的细节下面写出自己的感受,家长写出自己的看法,完成教师、学生、家长的三方沟通,家长在了解孩子的同时,也能看到老师对孩子的关注。二是邀请家长走进课堂。家长做"课堂观察员",可以观察每个学生在课堂中的表现,课后做"评论员",可以点评学生的优秀行为,既有利于督促学生发展,又能让家长看到孩子在课堂中的真实情况。

（5）与家长建立良好的沟通关系

教师与家长沟通需要注意以下两点：

一是请家长参与学校活动不能模糊教师的"主导地位"。教师要时刻关注活动中学生、家长的表现，及时调控，适时帮助。在家校合作的过程中要注意划分清家校"责任区"，不混淆家长和教师的边界。学校是学知识、学做人的地方，具有权威性、稳定性，而"家"更多的是"讲情不讲理"的地方，家长更多的是"身教"，而非教师那样有多种多样的施教形式。家长多数时候充当"后勤部长"的角色，保证孩子的基本生活条件，而学习知识、培养核心素养，则是教师义不容辞的责任。在配合的过程中，家庭教育与学校教育相互补充，不可相互取代；家长与教师可沟通合作，不可互相替代。该教师做的，不能推给家长去做；该家长做的，教师也不可包办替代。

二是教师向家长反馈的学生情况要全面、客观，在全面肯定优点和进步的基础上，指出存在的问题，同时讲清改进的方法和建议，帮家长形成教育决策。有效的家校沟通，是互相增进了解的过程，也是互相补位、密切配合的过程，学校教育与家庭教育互为补充，才有利于学生的健康发展。这需要教师在与家长沟通的过程中，找准学生的优点和问题，让家长看到孩子的进步点，这样家校双方才能聚焦学生成长。如果要向家长反应学生的一些问题，一定是方法与问题相对应，甚至方法多于问题。学生出现的问题有一部分形成于家庭，家长的无意识或者无方法，都需要教师不仅要说问题，更要有针对性的指导方法，家长的改变能很有效地促进孩子的改变。

苏霍姆林斯基说："只有学校教育而没有家庭教育，或只有家庭教育而没有学校教育，都不利于完成培养人这一极其复杂的任务，最完美的教育应是两者的有机结合。"[1]教师应协调家长一起学习、成长、合作，让"家校共育"不只是目标，更是途径和方法。

---

[1] 苏霍姆林斯基.给教师的建议.[M]北京：教育科学出版社，1984.

2. 让师爱影响至社会，促进学校和社会合作

陶行知生活教育理念的一个重要思想就是"社会即学校"，强调要把整个社会、整个人生都列入生活教育范畴，从而把社会教育、家庭教育、学校教育三者联系起来，构成一个完整的大教育体系即社会终生教育体系。因此，学校教育要融入时代背景，学校教育会打上时代的烙印，教师的爱应具有时代的印记。

（1）教师首先要学会整合社会资源

除了提供五花八门的教育背景外，社会还为教师提供了丰富的教育资源，教师要合理利用这些教育资源，提升教育质量，增强教育效果。

以人的资源为例，家长是重要的人的资源。家长职业各不相同，可以从职业教育、生涯规划的角度考察家长职业，让学生进行深入调查，或者请家长到学校讲座；有很多家长是社会卓越人士，或"身怀绝技"，校本课程的开发就可以利用这些资源，丰富学校课程的同时，加强家校合作。

以学术资源为例，学校教育以一己之力很难完成全面育人的重任，社会丰富的学术资源拓展了学校教育的渠道，丰富学校教育内容的同时，也促进着学校教育的发展。加强学术的交流、引进，为学校实现育人目标提供各种路径。如基于网络平台的区域教研活动的开展，教师可以互相借鉴教学方法，加强教育的交流与融合；学校与青少年宫、校外培训机构联合进行 STEM 课程的开发和推进、进行跨学科的项目式学习，打破传统的"学科教学"的界线，实现多学科融合，培养学生的创新能力。

以场馆设施为例，青少年宫、科技馆、博物馆、图书馆、纪念馆、展览馆、音乐厅等社会资源，有大量专业的知识，能提供丰富的体验活动，对开发学生智力，培养学生深入、持久的学习兴趣，为学生提供专业化辅导等都有着十分重要的优势，学校可以通过顶层设计，合理利用周边的资源，为改进教师教学，促进学生综合化发展服务。教师也可以将利用这些专业场馆进行教学，开发多方面的教育教学资源，把目光投向更广阔的"社会课堂"，使综合利用各种社会资源成为一种教育自觉。

（2）学校教育要努力让学生适应未来社会生活

学校教育是要培养服务社会、建设未来的各类人才，教师要把学校教育同社会生活结合起来，要把课本知识同社会需要结合起来，使学生的学习、发展顺应时代的变化，使学生不仅会学习，更要会生活，不仅会读书，更要会创造。

学校教育要为学生一生的发展服务，真正的师爱不仅关注学生当下的发展，更应着眼于今天的成长为未来的发展打下了怎样的基础。教师可以开展多样的活动，增强学生的职业体验，帮助学生寻找自己的兴趣点；教师在关注课本的同时也应关注学生社会生活的能力，家校联合，培养学生基本的生活技能、生活情趣；促进学生身与心的和谐发展，教师要了解社会发展的趋势，不断学习，更新观念，成为学生走向未来的引路人。

要打开学校的大门，了解社会发展，更多地参与社会实践和各种劳动。要大力提倡走出校门，通过研学活动等，走向工厂、农村、部队、社区，走入各行各业，了解社会，感受变化发展，接触各类人群；要带领学生走进大千世界，培养学生的创新能力和实践能力，引导学生热爱生活，热爱劳动，热爱生命，热爱大自然，帮助其树立正确的世界观、人生观、价值观，造就堪当民族复兴大任的学习型、实践型、创新型人才。

第三章 学习的习惯

问渠那得清如许，
为有源头活水来。

学习，是教师极其重要的职业属性，是新时代教师专业发展的标配。教师要想教得好，首先自己要学得好。教师只有不断地学习，拥有丰厚的底蕴和文化的眼光，才能真正地理解教和学；教师只有以宁静的心绪对待学习，才能真正修身立教，在传道授业解惑的同时滋养自己的人生；教师只有养成良好的学习习惯，才可能"成为大先生，做学生为学、为事、为人的示范，促进学生成长为全面发展的人"。[1]

---

[1] 习近平.坚持中国特色世界一流大学建设目标方向为服务国家富强民族复兴人民幸福贡献力量[N].人民日报，2021-4-20（01）.

学习是新时代教师的立教之源

习近平总书记指出:"真正把读书当成一种生活态度,一种工作责任,一种精神追求,自觉养成读书的习惯,真正使读书学习成为工作、生活的重要组成部分。"教师只有不断学习才能把握主动,只有在学习状态下,才能真正理解教和学,才能使教学充满活力和魅力。新时代广大教师应当把习总书记的重要指示"以学益智,以学修身,以学增才"[1]作为己任。

一、新时代教师必须加快学习脚步

时代潮流滚滚向前,科技进步日新月异,知识更新突飞猛进,在这个飞速发展的新时代,教师必须加快学习。

1. 社会发展对教师学习提出严峻挑战

当今,世界已进入百年未有之大变局的加速演变期,新一轮科技革命和产业变革对教育产生深远影响。中国特色社会主义进入新时代,中国共产党确立了新理念、新思路、新目标。到2035年,我国要基本实现社会主义现代化,建成教育强国;到2050年,要实现第二个百年奋斗目标,把我国建成社会主义现代化强国。着眼于民族复兴的伟大梦想,习近平总书记在2018年全国教育大会上发表重要讲话,提出了"九个坚

---

[1] 习近平. 第四批全国干部学习培训教材《序言》[N]. 中国青年报,2015-2-28(02).

持"，即"坚持党对教育事业的全面领导，坚持把立德树人作为根本任务，坚持优先发展教育事业，坚持社会主义办学方向，坚持扎根中国大地办教育，坚持以人民为中心发展教育，坚持深化教育改革创新，坚持把服务中华民族伟大复兴作为教育的重要使命，坚持把教师队伍建设作为基础工作"。广大教师要认真学习贯彻总书记的重要讲话精神，指导实践，推动发展。教师是教育之本，教师是教育发展的第一资源，要实现教育适度超前于社会的发展，就必然要求教师超前学习发展。

2. 科技进步要求教师加快知识更新

科技进步，智能时代的来临，给每一个人的生活和工作都带来了巨大的挑战。当我们还在为几年前打败围棋高手的 AlphaGo 惊叹不已、喜忧参半的时候，又实现了谷歌最新人工智能 AlphaFold，在一项极其困难的任务中击败了所有对手，成功根据基因序列预测了生命基本分子——蛋白质的三维结构。人工智能，开始进入了基因科学和生物科学领域了。这些，都不得不让人想到张泉灵说过的话："时代抛弃你的时候，连招呼都不会打。"当然，被时代所抛弃的，应该是没有学习意识的那些人。所以，很多专家声称"学习是一个人的核心竞争力"。这就要求教师首先应该具备很强的学习力。朱永新教授说："几十年前，许多老师在接受完系统的教育训练以后，基本能够胜任教师职业。而现在，教师唯有不断学习、不断成长，才能适应'人机共教'的新时代。"[1]

3. 知识爆炸要求教师做坚定的终身学习者

新的时代，信息技术日新月异，知识更新周期不断缩短。伊拉·索科尔在《终身学习》一书中说："我目睹了密歇根经历了第三次工业革命，从前满是中产阶级工人的工厂，现在变成了机器人流水线。航运技术打开了全球劳动力市场，零部件制造商们举步维艰。过去的几代人，都将自己的生活和对未来生计的打算，建立在社会需要人们去做焊接、盖章、

---

[1] 朱永新. 未来学校：重新定义教育［M］. 北京：中信出版集团股份有限公司，2019:93.

钻孔、拧螺丝等工作的设想上……然后突然，这一切都消失不见了。"[1]类似的现象，绝不可能仅仅在密歇根发生。据报道，人类知识更新速度在 19 世纪中期还是 50 年，可到了 20 世纪 90 年代以后，只需要 3-5 年，原来学的知识就可能被淘汰了。[2] 教师作为新时代奋发向上的"筑梦人"，必须不断突破自我，与时俱进，适应新时代教育变革的需要，适应社会发展的需要。在知识爆炸的时代，学习成为促进教师终身发展、应对挑战、突破自我、走向未来的重要法宝。

二、教育教学改革对教师学习提出紧迫要求

教育改革发展日新月异，教育的思想、内容、方法、手段在不断变革；教育的对象——信息时代成长起来的学生，带给我们的挑战比以往任何时候都更严峻、更强烈；随着国家、学校、家庭对教育的重视，人们对教师的要求也在不断提高。在这种形势下，教师必须增强学习的紧迫性。

1. 不断学习研究，掌握教育发展动态

只有不断学习研究，才能掌握教育改革发展的动态趋势，才能增强工作的预见性、减少工作的盲目性和滞后性；也只有不断学习，努力提高素质能力，教师才能满足新时代人才培养的需求。2016 年 9 月 13 日，中国学生发展核心素养研究成果发布会在北京师范大学举行。中国学生发展核心素养以培养"全面发展的人"为核心，分为文化基础、自主发展、社会参与三个方面；包括人文底蕴、科学精神、学会学习、健康生活、责任担当、实践创新六大素养；凭借人文积淀、人文情怀、审美情趣、理性思维、批判质疑、勇于探索、乐学善学、勤于反思、信息意识、珍爱生命、健全人格、自我管理、社会责任、国家认同、国际理解、劳

---

[1]［美］查德·拉特利夫，［美］帕姆·莫兰，［美］伊拉·索科尔.终身学习：让学习在未来拥有不可替代的决胜力［M］.韩小宁，刘白玉，译.北京：中国青年出版社，2020：133.
[2] 刘绍辉.区域推动中小学教师阅读行动策略研究［G］.石家庄：花山文艺出版社，2019：45.

动意识、问题解决、技术应用十八个基本点来落实。这些都是"学生应具备的适应终身发展和社会发展需要的必备品格和关键能力"[1]。教师只有深入学习领悟中国学生发展核心素养的内涵，并且不断提升自己的综合素养，才能及时把它落实到具体的教育教学实践中去，勇立潮头，与教育教学改革的脉搏同频共振。

2. 开阔视野、开放心态，实现教学方式的根本改变

随着课程改革的不断深入，教师面临许多新的挑战。新课程改革要培养具有开阔视野、开放心态、创新思维的人才，倡导自主、合作、探究的学习方式。这就要求教师的教育教学方式发生相应的改变，以适应学生学习方式的变化，真正体现课程改革的精神。教师必须突破陈旧落后的理念模式，让自己现有的知识结构不断趋于合理，并在此基础上逐渐培养自己的创新精神、创新思维、创新人格和创新能力。创新思维是一种高级的思维，是多种思维有机结合的产物，包括发散思维、联想思维、横向思维、辩证思维等。这些思维方式要发挥作用，必须以丰厚的知识作为支撑。

信息技术的迅猛发展，给教育教学的改革提供了更多的可能。尤其是新冠疫情的突发，在影响了学校传统教学方式的同时，也推动了网络教育的兴起，带来了学习关系、学习环境、学习角色及学习方法的深刻变化。朱永新教授在《未来学校》中说，今天的学校会被未来的学习中心取代，学习中心更具有开放性和多元化的特点，而且在外国已经有了这方面的成功尝试。

所有的变革，都要求教师不断地学习，更新知识，丰富自我，就像蓄电池一样，进行不间断地持续充电。这样才有底气应对现实，迎接挑战，拥抱未来。

---

[1]《教育部关于全面深化课程改革落实立德树人根本任务的意见》教基二[2014]4号.

三、自身专业发展要求教师必须持续学习

一个善于学习的老师,即使教不好,也差不到哪儿去;一个不善于学习的老师,即使教得好,也好不到哪儿去。读书是教师最好的备课,最生动的教材,最崇高的职业素养。

教师比任何其他职业都更需要潜下心来学习。著名教育家苏霍姆林斯基说:"教师的知识越多,他的学生掌握基础知识就越容易,他在学生和家长中的威信和信誉就越高,孩子们就越把他当作知识之源而被他所吸引。……知识、学识、眼界,都是教师享有高度威信的基础。"[1] 在众多的学习途径中,读书是极为重要的一种。在当前信息如此发达的时代,阅读是一种近乎完全可以从心所愿的学习形式。

1. 读书学习是教师最好的备课

备课包括显性备课和隐性备课,没有丰厚的知识底蕴,备课往往是单调乏味地死抠教科书,是为了写教案的显性备课。而钻研教材、查阅资料、搜集信息、备学生、思考教法的隐性备课,是需要以阅读作为支撑的。

> 苏霍姆林斯基《给教师的建议》中讲述了这样一个故事:一位有30年教龄的历史教师,上了一堂非常出色的公开课。课后,邻校的一位教师问这位历史教师:"您的每一句话都具有极大的感染力。请问,您花了多少时间来备这节课?"那位历史教师说:"对这节课,我准备了一辈子,而且,总的来说,对每一节课,我都是用终生的时间来备课的。不过,对这个课题的直接准备,或者说现场准备,只用了大约15分钟。"[2] 一辈子与15分钟,一语道出教师备课的真谛。

---

[1] [苏]B.A.苏霍姆林斯基.帕夫雷什中学 [M].北京:教育科学出版社,1983:30-31.
[2] [苏]B.A.苏霍姆林斯基.给教师的建议 [M].北京:教育科学出版社,1984:7.

隐性备课是一个教师的内功，内功如何练就？阅读无疑是其中的必修课。一个热爱阅读的人，文化修养高，知识面广，悟性好，对教材理解是贯通的，备起课来游刃有余。很多精彩课例的诞生都是以大量阅读作为支撑的。

全国著名特级教师余映潮在为"第六届'人教杯'语文教师与作家同行——文学作品解读与教学观摩研讨会"上执教的《孤独之旅》备课的时候，阅读了曹文轩大量的作品：《草房子》《小说门》《青铜葵花》《根鸟》《红瓦》《天瓢》等，还阅读了关于欣赏曹文轩作品的大量学术文献：《曹文轩儿童小说风景描写研究》《曹文轩纯美小说的语言艺术》《论风景描写在曹文轩儿童小说中的作用》《曹文轩成长小说乡土抒情的美学风格》《曹文轩成长小说中的流浪情结》《论曹文轩小说中的自然主题》《浅论曹文轩小说的画面描写艺术》……并且记了大量的笔记。这节课上得非常成功，得到了与会教师尤其是曹文轩本人的高度赞誉。[1]

从中，我们可以看到阅读对于备课的重要意义。

2. 读书学习激发教师创新精神

"读万卷书，行万里路"是自古以来很受人们青睐的学习方式，无疑，于一线教师而言，阅读是一条学习继承前人成果经验的捷径。而学习更重要的意义，是在大量汲取、融会贯通的基础上，实现自己的创新和超越。俄国作家鲁巴金说："读书是在别人思想的帮助下建立起自己的思想。"学习能培养出与创新息息相关的科学精神、理性精神和人文精神。很多名师、教育家的思想就是这样诞生的。

全国著名特级教师余映潮，在阅读方面受到大家一致称道。

---

[1] 剑南. 备课到底备什么——语文名师备教手记 [G]. 武汉：长江文艺出版社，2018：1-14.

他多年坚持读名师著作和多种语文教学期刊，用最原始的方法积累——分门别类做摘抄卡片。对于各种成果消化、吸收、运用，与此同时厚积薄发，他在大量阅读中找到了语文教学研究的空白点，首倡板块式语文教学法。板块式语文教学法，使得语文课上学生活动充分，课堂积累丰富，很好地抵制了多年以来充斥语文教学的满堂讲和满堂问的痼疾，如春风般吹遍大江南北，为语文教学带来一片新气象。[1]

著名特级教师钟志农，50岁决定放弃行政管理职务，踏踏实实做个读书人。从那时起，他开始系统建构自己的知识体系，有意识地将阅读与未来的职业发展规划结合起来，2002年成为浙江省首位心理健康教育特级教师。他在阅读的基础上构建自己的思想体系，出版《心理辅导活动课操作实务》《班主任心育活动课设计36例》《班级心育活动课十论》等多部著作。[2]

在学习中不断发现自己、丰富自己、提升自己、超越自己，在学习中创新实践，最终构建出自己的思想体系，这是教师成长为名师、教育家的基本路径。"一边是安静自在的阅读，一边是持久热情的创新，两者各美其美、美美与共，又不动声色地发生着巧妙的化学反应。"[3] 这应该是教师学习与创新的最高境界。

3.读书学习助力教师形成教学风格

雕塑家罗丹说过："在艺术中，有风格的作品才是美的。"在教学中也可以这么说，有风格的课堂教学才是美的，有风格的教师才令人羡慕。教师由合格到优秀，再到自己教学风格的形成，每一次提升都需要从读书学习中汲取力量。

---

[1] 于漪，刘远.名师讲语文：余映潮讲语文[G].北京：语文出版社，2008：1-5.
[2] 张贵勇.读书成就名师——12位杰出教师的故事[M].北京：教育科学出版社，2013：140-149.
[3] 王京生.阅读与创新的力量[N].光明日报，2017-12-23（05）.

大多数教师都有这样的体会：如果拿着别人写好的教案去上课，会觉得别扭；听完老教师的课，无法像他们那样把相关知识等效传授给学生；用了老教师的教学方法，却无法超越他们。

帕克·帕尔默博士在《教学勇气——漫步教师心灵》中谈到，他的早期教学生涯也是拼命模仿自己导师那种滔滔不绝的授课方式，可是后来他意识到，简单地模仿吸引不了学生。于是，他改变了单向讲授法，开始探索一种与自己本性相契合的教学方式。他发现，对话可以让他保持活力，即兴演讲使他兴奋。他说："我们更多地了解了自我独特性，我们就能学到展示而非掩饰自我个性的技巧，优秀教学则从中产生。"

这告诉我们，教学不仅仅是技术层面的事，更是精神层面的水平，只有结合自身特点，形成自己的理解、理念，包括你的性格、经历、特长等，运用自己的方式去教学，才能形成独具特色的教学风格。

全国著名的特级教师大都形成了自己的教学风格、教学主张，回顾他们的成长足迹，读书学习在其生命历程、职业生涯中都占据举足轻重的分量。

全国著名校长、中学语文特级教师程红兵在多个场合宣称："我原本就是一介书生。"在他近六十年的人生旅程中，他感慨生命中的大部分时间都交给了书，爱书、买书、藏书、看书、教书、写书就是他生活的主要内容。小学数学特级教师华应龙，他的课堂让观课者惊叹，让学生轻轻松松地就爱上数学，并感受到数字与图形背后的学科价值。当记者采访他的时候，令人意外地，作为一名数学教师竟然说是"读书成就了"今天的他。在华应龙的书柜里，除了数学类书籍、教育类书籍，还有人文社科类书籍。他很喜欢人文社科类的图书，喜欢唐诗宋词，尤其喜欢泰戈尔的诗，很多诗文他能出口成诵。[1]

教育界的每一位名师、名家，都有一份情深意浓的阅读史，是读书学习帮助他们形成了自己的教学风格。

4. 读书学习滋养教师职业幸福

专业学习会极大提升教师的专业素养，这就使得教师在日常工作中能够得心应手，而且还会创造性地开展各项工作，获得事半功倍的效果。这样，教师就会在教育教学的过程中体验到成功感。一位心理学家做了大量实验后得出一个结论：一个人在做一件事情的过程中所获得的成就感，是谁也剥夺不了的幸福，很多时候会超越各种外在的奖励。教师的职业倦怠很大程度上来自于专业能力的不足，当一位教师因为学习而提升了专业水平，又因为专业水平过硬而在工作中经常体验到成功感的时候，他的职业幸福指数必然会高。这又与马斯洛的研究成果相一致，在生理需要、安全需要、归属和爱的需要、尊重需要、自我实现需要中，一个人被满足的需要层级越高，他的幸福指数也就越高。与教师的成就感相连带的是尊重需要和自我实现需要的满足，所以它会深深地影响着一个教师的职业幸福。

全国著名教育学者陶继新老师认为：一个教师的真正幸福来自其精神世界的丰盈。教师从身到心到灵的生命飞跃，是超越专业成长的。作为教师首先应该是文化人，而要想拥有文化就必须读书，尤其是阅读经典。经典文化一旦内化到教师的心里，外显出来就是一道绚丽的风景。从某种意义上说，读书与教师的生命成长有着一种内在的维系。文化，一旦在心灵里安顿，就成为一个人幸福的储蓄。[2] 教师的拓展阅读，就是读专业之外的书，比如文学的、哲学的、艺术的、生活的等方面的书。

---

[1] 张贵勇. 读书成就名师——12位杰出教师的故事[M]. 北京：教育科学出版社，2013：40-45，56-61.

[2] 陶继新. 做一个幸福的教师——陶继新教育讲演录[M]. 上海：华东师范大学出版社，2008：6-8.

阅读这些书，为我们的生命铺垫底色，构筑起我们生命大厦的地基。陈平原先生对此还有更美妙的比喻："那些渊博的、玄妙的人文学，比如文学、史学、哲学、宗教、伦理、艺术，等等，是整个人类文明的'压舱石'。行船的人都知道，出海必须有'压舱石'，否则很容易翻船。"[1] 闲暇之余，捧起《中国哲学史》《教师人文读本》《唐宋词十七讲》《一篇读罢头飞雪，重读马克思》《苏菲的世界》《万物简史》……会让我们感受到世界的丰富、万物的美好、梦想的缤纷。正如连中国老师所说："优质阅读是生命的自我修复。"

习近平总书记说："今天的学生就是未来实现中华民族伟大复兴中国梦的主力军，广大教师就是打造这支中华民族'梦之队'的筑梦人。"教师越能找到生活与工作、个人与组织、理想与现实的平衡点，学会在职业生涯中追求卓越的生命，其职业幸福感就会越强。只有幸福的教师，才会培植出幸福的教育，让孩子们在教育的美好中成长为幸福的人。

教师的工作场所不过三尺讲台，生活节奏不过两点一线，但我们可以通过学习，在方寸之间，卧游天地，感受无尽的幸福与美好，并借助这三尺讲台，将这样的幸福与美好辐射出去，传播开来！

---

[1] 连中国. 优质阅读是生命的自我修复 [J]. 人民教育，2017（8）.

教师选择学习内容的要领

深厚广博的学识是支撑教师不断成长的力量源泉。一切人类文明都是我们学习的对象。作为新时代的教师,要处理好"专"与"博"的关系,实现高效学习,掌握选择学习内容的要领。

一、站位要高一点

教师是人类灵魂的工程师,肩负着"立德树人"的历史重任,需要不断学习和思考"培养什么人、怎样培养人、为谁培养人"的问题,新时代教师必须增强"四个意识",坚定"四个自信",做到"两个维护",树立正确的世界观、人生观、价值观。

1. 提高自身师德修养

作为新时代的教师,要认真学习党的各项方针政策,不断加强自身的政治修养,坚定理想信念,坚守"忠诚、干净、担当"的政治品格。一个人政治修养的提高往往是以道德水平作基础和前提的,因此,教师要不断通过学习来自觉提高自身的师德修养,进而不断提高自身政治修养。政治修养是一个人最根本最核心的修养,更是教师修身做人的航标。

2. 把握教育政策法规

新时代的教师要积极主动学习国家教育政策法规,确保自己的施教行为符合国家政策和法规要求。比如《中华人民共和国义务教育法》明确了我国义务教育的公益性、统一性、义务性,让适龄儿童、少年接受义务教育是学校、家长和社会的义务。教师要本着"一个都不能少"的仁爱之心，面向全体，因材施教，挖掘学生的优势智能，让每个学生在学校学得有尊严、有信心。著名教育家陶行知先生说："你这糊涂的先生！你的教鞭下有瓦特，你的冷眼里有牛顿，你的讥笑中有爱迪生，你别忙着把他们赶跑，你可要等到坐火轮，点电灯，学微积分，才认他们是你当年的小学生？"[1]学生是国家的未来，他们的发展前途不可限量，中小学教师要认真学习贯彻执行《中华人民共和国义务教育法》。

再如，2021年3月1日起施行的《中小学教育惩戒规则（试行）》首次定义了"教育惩戒"的概念，哪些情况下可以实施教育惩戒，学校、教师可采取哪些教育惩戒措施，被明确禁止的不当教育行为有哪些，教师手握"戒尺"，如何把握尺度、温度和限度？这些都需要教师认真学习、领会并落实。

教师要学习的法律法规和政策文件有很多，如《中华人民共和国教育法》《中华人民共和国教师法》《未成年人保护法》《中小学教师职业道德规范》《新时代中小学教师职业行为十项准则》等。学好政策法规，教师才能依法施教，为学生的健康成长护航，也才能依法维护自身的正当权益。

二、内容要专一点

扎实深厚的专业知识是教师的从教之本，是教师正确传授知识、培养学生学科素养的重要前提和基本保障。每位教师都应自觉加强专业知识的学习积累。

1. 精读课程标准、教材和教师教学用书

学科课程标准是国家规定的教育教学质量在特定学段应达到的具体指标，是教学和命题的依据。教师学习并熟知本学科课程标准的"课程

---

[1]江苏省陶行知研究会,南京晓庄师范学校.陶行知文集(修订本)[G].南京：江苏教育出版社，2008：398.

性质""课程基本理念""课程目标与内容""实施建议"等,课堂教学中才能准确把握课标要求。

其次,教师要认真研读教材,了解教材的编排体系,领会教材编写意图,落实单元目标和课时目标。教师还要细读本学科的教学用书,领悟专家对教材的解读和对教学方法的指导。

这些书是我们实施教学的依据和根本,需要用精读的方式把薄书读厚,再把书读薄。要拓展着读,对比着读,引申着读,紧密结合自己的阅读积累和教学实践来读。

在2018年4月10日河北唐山高效课堂展示会上,迁安市第一初级中学赵凤莲老师执教了示范课《卖油翁》。为备好这一课,赵老师反复研读课标、教材、教学用书,并查阅了大量相关资料。在教后记中,赵老师写下了自己深刻的感悟:

> 我首先学习了《义务教育语文课程标准(2011年版)》"目标与内容"中有关文言文教学的要求,懂得了:"阅读浅易文言文,能够借助注释和工具书理解基本内容。注重积累、感悟和运用,提高自己的欣赏品味。"第二步,研读教材单元目标,决定立足文本落实单元教学目标:"注重熟读精思,把握文章重点,还要从开头、结尾、文中的反复及特别之处发现关键语句,感受文章的意蕴。"第三步,认真研读文本。根据课标、教材、学生和文本特质,最终我确定了教学目标:熟读精思,感受文章深刻意蕴。
>
> 为紧扣目标中的"熟读",我变换形式,引导学生七遍朗读课文,由易到难,增添了趣味,有效调动了学生学习的积极性,为复述故事奠定了基础。
>
> 在研读教学用书时,我看到了"熟能生巧""术业有专攻""人外有人,天外有天""高手在民间"等道理,但我觉得还没达到"精思意蕴"这一目标,唐山市教育局教研员田贺书老师帮助我挖掘出其他意蕴:做人谦虚低调,劝人用事实说话,做事手熟、有毅力、

有上进心，作文学会反衬。

在这个案例中，赵凤莲老师通过研读课标、教材、教学用书，以"这一篇"为载体，充分落实了课标相关要求和教材单元目标，训练了学生的发散思维，使学生在做人、做事、作文等方面得到了深刻的启迪。

各个学科的教材设置，都承载着编委会对这一节、这一章、这一学科、这一年级，乃至这一学段的教学定位和要求，各个部分有机结合，为学生知识、能力、情感态度价值观的进步铺路架桥，并最终实现学生核心素养的不断提升。教师对课标、教材、教师用书要精读，这是提高教师教学素养、真正落实课标精神和要求的关键一环。

2. 丰厚学科底蕴，增强专业情意

一个教师要想丰富自己的学科底蕴，就要在专业知识、专业能力、专业情意三方面努力强化自己，这是教师成长的"吉祥三宝"。一个老师是带着他全部的阅读史来授课的。

扎实而深厚的学科专业知识是教师正确施教的前提和基础，需要教师用一生的努力来学习。

> 河北省名师赵雅君坚持学习专业知识有妙法。赵雅君老师为自己购买了刘毅5000词、10000词和系列巴比词汇，每天定量背单词，每天保证一定时间的阅读，重温大学六级和研究生考试题，提高解题能力；坚持听力训练，抓一切时间接触英语；每天至少20分钟口语训练。有早读时，她在教室里旁若无人地大声朗读；没早读时，她在家里朗读，从不间断。

赵老师锐意进取、不断学习的做法，奠定了她扎实而深厚的专业知识基础。

教师的学科专业能力是指教师从事本学科教育教学的能力。比如数学教师的抽象概括能力、推理论证能力、运算求解能力、空间想象能力，理化教师的实验能力，地理教师的板图、板画能力，以及所有学科教师都应具备的本学科教学设计能力、课堂组织管理能力、教学评价能力、课外活动设计与组织能力、现代教育技术应用能力等，都属于专业能力。拿语文学科来讲，语文教师必须具有较强的文本解读能力、写作能力、朗读能力、讲故事的能力等。河北省特级教师田贺书说："语文教学就是带领学生重走教师自己成功的听说读写的路。"可见，一个语文教师自身的听说读写能力对搞好语文教学工作的重要作用。教师的专业能力是在实践中习得的，入职前在实习中只获得一小部分，更多部分是在入职后的教学实践中修炼出来的。

教师的专业情意是指教师对本学科教育教学的感情态度。著名特级教师钱梦龙先生在他的《蝶恋花》词中写道："镜里朱颜无计驻，为伊心上留春住。"[1] 这里的"伊"指的是语文教育教学，两句词表达了钱先生对语文教育教学的满腔挚爱。还有，令我们无比尊敬的一生挚爱教育的"赵谦翔们"，钟情教育之路的"华应龙们"，都是满怀深厚专业情意的楷模。中小学教师应当把对教育教学的热爱之情转化为打牢专业基础、磨炼专业能力的强大动力，构筑起本学科整体的知识体系。

上述教师的专业知识储备和专业能力训练，让我们看到了他们对本学科教育教学的深厚情意，而这份专业情意，其实正是一份专业责任，这份专业责任会产生一种强大的内驱力，促使教师更加热爱学习专业知识、修炼专业能力。

教师以专业立身，选择自己最喜欢最擅长的专业，尽情发挥自己的学科优势，孜孜不倦遨游书海，积淀学科专业知识，发愤图强，高标准苦练专业本领，很快就会脱颖而出，成为专业优秀的能手。

三、视野要广一点

习近平总书记在2014年9月9日同北京师范大学师生代表座谈时强

---

[1] 张蕾，张彬福. 语文之道 [G]. 北京：首都师范大学出版社，2009：578.

调:"在信息时代做好老师,自己所知道的必须大大超过要教给学生的范围,不仅要有胜任教学的专业知识,还要有广博的通用知识和宽阔的胸怀视野。"

1. 学好教育学心理学知识

著名教育家苏霍姆林斯基说:"没有扎实的心理学基础,就谈不上教育素养。"教师要善于研究学生的心理状态、变化及规律,引导学生形成健康向上的心态,这是把学生培养成"一个全面发展的人"的重要前提。教师要经常学习心理学家的最新研究成果,依据心理学知识研究教育学生的各种方法。例如,学生具有不同的认知特点、气质类型、性格脾气,教师要根据学生的不同气质类型,进行有针对性的教育。小学生形象思维发达,教师要多为小学生树立榜样,尤其是身边看得见的好榜样;初高中学生独立认知能力较强,有一定的思辨能力,教师对初高中生要勤讲道理,及时做好思想心理疏导,避免误会,解除心结。学习著名的心理学定律"罗森塔尔效应",在教育教学过程中,教师对学生充满期待。学习积极心理学,善于发现学生的优点,积极肯定,及时给予学生期待的目光、赞许的笑容、激励的语言。慢慢地,学生就会实现你期待的目标。在我们的工作中,巧妙地运用心理学、教育学知识,会使我们平凡的教育教学工作变得熠熠生辉。

2. 掌握教法学法理论和实操

教法学法理论,能够指导教师科学理性地执教,减少教学的蛮干和盲从。教师要主动用教法学法理论武装头脑,应该学习巴班斯基的教学最优化理论、布鲁姆的掌握学习理论、信息加工理论、建构主义理论、认知学习理论、动机性学习理论、学习金字塔理论等。我们也应该学习我国著名教育改革家魏书生老师的"定向、自学、讨论、答疑、自测、自结"六步课堂教学法;张富老师的"读做改比——跳摘"学习法,"每节课分读、做、改、比四步,吸收并输出,当堂即反馈,使学生通过起跳能摘到更多果实";蔡澄清先生的"点拨教学法",点要害,抓重点,拨疑难，排障碍，在教师的指导下，主要组织学生自学。[1]其他还有李吉林的情境教学、窦桂梅的主题教学、丁有宽的读写导练、龚雄飞的学本教学、邱学华的尝试教学、华应龙的化错教学，等等，这些专家名师们在科学理论指导下创造的具有中国本土特色的教法学法理论与实操，已成为托举广大教师课堂高度的宝贵基石。课堂是艺术的园地，应该百花齐放。对于众多的教学方法，教师"应当像蜜蜂一样，在教学的百花园中，到处采集于自己有用的花粉，回来以后，酿造自己课堂教学的蜜"。[2]

3. 广泛学习中外优秀文化

苏霍姆林斯基说："只有当教师的知识视野比学校教学大纲宽广得无可比拟的时候，教师才能成为教育过程真正的能手、艺术家和诗人。"世界各国优秀文化灿若星河，美不胜收，都需要我们学习借鉴。天文学、物理学、化学、地球科学、生物学、脑科学等自然科学知识，帮助我们认识自然现象以及它们发生的过程及规律；经济学、政治学、历史学、社会学、管理学、民俗学等社会科学帮助我们从价值角度看世界。

例如，我国五千年的灿烂文化宝库中有许多优秀经典，这些文化经典滋养了世代炎黄子孙。"四书""五经"和诸子百家的作品以及"二十四史"等，蕴藏着我国优秀传统文化的精髓，包含着人与自然、与社会、与自我的和谐智慧。阅读这些经典，能够厚实教师的文化底蕴，成为增长教育智慧的源头活水。

魏书生老师是广博读书的楷模。"日日自新无歇时"，魏老师经常阅读人物传记、名篇时文、报告文学、哲学著作、介绍国外教育状况的文章、介绍国外科技动态的杂志等。他不但自己读，还把很多好的内容挑选出来拿到课堂上跟学生一起读，在博闻强识中激发了学生强烈的求知欲望和浓厚的学习兴趣。魏老师为追求卓越的新时代教师做出了榜样。

---

[1] 张蕾，张彬福.语文之道[G].北京：首都师范大学出版社，2009：579.
[2] 魏书生.教学工作漫谈[M].桂林：漓江出版社，2008：2.

养成学习习惯的有效策略

著名教育家乌申斯基说:"良好的习惯乃是人在其神经系统中存放的道德资本,这个资本不断地在增值,而人在其整个一生中都享受着它的利息。"可见,习惯有多么重要。促进教师养成学习习惯的方法途径有很多,建议大家从以下几个方面修炼。

一、自我激励策略

学习习惯的培养和坚持不是一件容易的事,为了促进学习习惯的养成,有意识地用一些具体的强化措施来督促、激励自己,是很有效的策略。

1. 学以致用,体验成功

韩愈诗云:"读书患不多,思义患不明。患足己不学,既学患不行。"先贤是在告诫我们,要努力向学,而且有了学问要去用。教师的学习,更需要以"用"——改进教育教学为目的。袁卫星主编的《教育有梦》一书中,收录了陶月娟老师的《有感于〈教室,出错的地方〉》,文章记述了"学以致用"的一个典型案例。

> 陶月娟读完成尚荣老师的《教室,出错的地方》后,想到了自己课堂中不尽如人意的一个问题:有些同学总是不能积极主动地发言。于是,就在自己的班级展开讨论:教室是一个什么样的地方?

很多学生积极发表了自己的观点，但是，正如平常的课堂一样，有一部分学生仍然只是充当听众。于是陶老师继续组织讨论："对于熟悉的教室，每个同学都有自己的感受，为什么有的同学没有发言呢？"同学们列举出了一些不答题的理由，大多是不好意思答题，害怕出错或者担心被同学笑话，等等。

于是陶老师向学生介绍了书中读到的一则故事：有个中国孩子在日本上学，他日语不好，但上课发言积极。孩子的父母问他怎么不怕出错，孩子回答说："不怕，老师说，教室是出错的地方。""教室，出错的地方"，怎样来理解这句话的内涵呢？陶老师继续组织孩子们进行讨论。通过讨论，她引导孩子们认识到：在学习新知识的过程中，出错是必然的，只要有认识就会有错误。错误更接近于学生的认知水平，错误更能客观地反映学生的学习特点。没有错误就无所谓正确。出错是正常的，不出错才是不正常的。错误也是一种资源，它能给老师的教和学生的学带来无穷的启示。

自从那次讨论之后，"教室，出错的地方"这一理念给了学生更多的勇气，让每一位学生不再害怕出错，珍惜每一次发言机会。全新的理念带来了充满生命活力的课堂。[1]

陶月娟老师把学习收获运用到自己的教学实际中，给教育教学带来了可喜的改变，让她在工作中体验到了成功的喜悦和学习的价值。

我们在读书的时候，在听讲座的时候，在观摩别人的课堂和教育活动的时候，在和同行进行交流的时候，就会有某个点对我们有所触动，及时把它们运用到工作中，经常会带来一个个惊喜。

更有很多智慧的教师，本身就是抱着改进工作的明确目的而去学习的，这样学习更容易感受到学以致用的成功激励。

---

[1] 袁卫星.教育有梦[G].福州：福建教育出版社，2010：55-56.

河北省特级教师高启山，曾说自己是"为了提升工作效益而读书"的。他不但通过读书解决了小学生作文没话可写、作文教学从内容入手的认识与训练、阅读教学中理解语言训练思维等多个疑难问题，还总结了通过读书来解决问题的可资借鉴的有效方法。[1] 同是河北省特级教师的王健，钟情于孙双金老师的"情智课堂"，听他的讲座，读他的著作。于是，在王健自己的课堂上就多了许多新点子。孩子们每天快乐地学习语文，享受语文。王健老师自己也享受着与学生一起成长的幸福，而且在全国教学比赛中屡屡获奖。[2]

类似以上的例子不胜枚举。于广大教师而言，把学习的收获运用到工作中，取得了明显的效果，就会带来成功感。心理学研究表明，一个人在某个方面的成功感会转化为在这个方面继续努力的内在动机和力量。因为学以致用而在教育教学中获得成功感，会使教师对学习产生新的期待、向往和追求，这样的良性循环，逐渐就会养成学习的习惯。

2. 制定具体可行的学习计划

爱学习的人总是自带驱动。给自己制定详细的学习计划表，在时间安排上，注明学期、月、周、日，写出每天的具体学习内容，既体现出一个学期学习计划的整体性，又体现出计划的具体可行性，严格执行计划，无一天例外，即使有了其他新工作事项，也能及时适当调整，安排好轻重缓急的事务，确保落实当天的学习计划。这样，每天学习一点点，时间久了，学习自然成为习惯了。比如为了实现当天的学习计划，有学习习惯的教师会在出差乘车途中读几分钟随身携带的好书，用手机及时记下自己的学习感悟和收获。如果某一个阶段学习计划完成得好，不妨给自己一点小奖励，兴奋一下心情，对学习习惯的巩固也大有好处。

---

[1] 刘绍辉.播洒书香——百位名师谈阅读[G].石家庄：河北教育出版社，2016：129-131.
[2] 刘绍辉.播洒书香——百位名师谈阅读[G].石家庄：河北教育出版社，2016：35.

3. 给自己写提示贴

教师教书育人，每天要备课，上课，处理作业，找学生谈心，组织班级活动，等等，一忙起来，有时竟忘记了吃饭，安排的学习任务偶被忘记也属正常。可如果回到家时，一进门，看到门边墙上彩色的提示贴，提醒自己，今天应该学习哪个内容了，就会大大降低学习被中断、学习计划被打乱的可能性。当然，这个提示贴还可以贴在家中的写字台上或电脑边上；亦可以放在床头枕边，早晨醒来，第一眼看到的就是关于学习的提示，从而起到强化提醒的作用。总之，提示贴要选择那些你每天必去且容易看到的地方为宜。

二、"成果"逆推策略

"成果逆推"也可以算是任务驱动的一种方式。

1. 要善于接受有挑战性的任务

教师要善于迎接挑战，比如讲一堂好课，做一个专题报告，进行经验分享介绍，撰写优质的教育教学案例、活动设计、教学反思、教学随笔、工作日记、工作总结、论文、教育叙事，甚至做课题、写报告、著书立说等。教师要积极参加各种比赛，积极完成上级部门或学校布置的任务。即便没有外在任务，也必须有计划地给自己设定一些有挑战性的目标去努力探索。为了取得成果，为了追求更高质量，一定会反过来倒逼自己去学习。

2. 用成果倒逼自己学习发展

很多教师运用"成果"逆推式学习，取得了显著效果，他们的做法为广大教师提供了方法示范引领，他们是教师学习的榜样。

为了完成关于"初中作文有效教学"读书报告，河北省特级教师冯翠红一个暑假读了七本专著，还有杂志上的近百篇文章。她不仅仅对作文教学有了更充分的认识，报告做得很成功，连带对整个语文教学都有了很多新的理解和思考。2011年，为了到省外给同一批骨干教师连续做7天培训——讲课讲座,冯老师用了近十个7天来做准备:阅读语文教学理论专著,对自己积累的很多原始材料进行梳理、归纳、提升,以增加其高度和深度;对于自己体验不深、积累较少的方面,除了读名师著作之外,虚心向身边优秀的语文教师请教。如饥似渴地学习,帮助冯翠红出色地完成了培训任务,而且仿佛自己的语文教学底蕴一下子丰厚了许多。

唐山市名师送教活动,是全市教师期盼的盛大"节日"。为了高标准高质量完成讲课和专题讲座任务,不辜负领导的信任和老师们的期盼,名师们在准备的过程中都会不断地学习、研磨。在他人眼里,玉田县孙彩文老师的教学设计已经很好了,可她自己仍然不满意,反复打磨,精益求精。晚上十点多钟,就教学设计中的一个环节,孙老师与省外的一位教研人员电话交流研讨了近一个小时,直至修改满意才迟迟睡去。中学数学正高级教师高玲玲,为给广大教师送去更接地气、更适合初中师生口味的数学课,曾做过深入调研,查阅了大量资料。

正是因为这样的追求和学习精神,每次送教的课例和讲座稿都成为精品。上述名师的做法均属于成果逆推式学习。越是初为名师,这种学习的愿望就越迫切,学习的体验越深刻,学习带来的效果也越显著。

近几年,参加唐山市教师读书行动"读书征文"比赛和成果编辑活动的名师们,都能明显地感觉到在"成果"逆推中不断学习带来的收获。原来这本书读得比较粗浅,为了写出好文就要深入地读,细致地读,反复地读;读到别人写的征文,为了能互相交流修改,为了编辑质量更高,就需要去读一读他文中提到的那本书。在这样的读书中,学习的收获也在不断增加着。

所以,创造"成果"逆推的机会,是促进教师养成学习习惯的一种极为有效的方式。

三、环境约束策略

荀子在《劝学》中说:"蓬生麻中,不扶自直;白沙在涅,与之俱黑……居必择乡,游必就士,所以防邪辟而近中正也。"意思是蓬草这种植物,如果生长在笔直的麻林之中,不用你去扶它,它自然也能挺立住,而且会长得越来越正,越来越直;洁白的沙混进黑土里,也会一样变黑……所以,居住要选择好的环境,交朋友要选择有道德的人。这跟我们很熟悉的"近朱者赤,近墨者黑"是同样的道理。所以,对于教师养成学习的习惯而言,创造、寻找和拥有良好的学习环境就显得非常重要。

1. 分享交流深入学

为了养成学习习惯,教师要寻找一切机会,积极分享交流。分享交流,好处很多。"学习金字塔"理论告诉我们,不同的学习方式,两周以后平均学习保持率大不相同:听别人讲——5%,用眼阅读——10%,声音、图片——20%,示范——30%,小组讨论——50%,演示——75%,讲给别人听、教授他人——90%。从这个角度讲,分享交流可以极大促进我们对所学内容牢固掌握。从另一个角度说,对所学内容的理解是否正确,认识是否全面,分享交流可以启发思辨,很多思想、理论、方法等是需要在思维的碰撞中越辩越明的。第三个好处,萧伯纳曾说:"你有一个苹果,我有一个苹果,我们相互交换苹果,每人仍然只有一个苹果。然而,你有一种思想,我有一种思想,我们彼此交换思想,那我们将同时拥有两种思想。"在分享交流的过程中,大家互相学习,互相启发,理解更深入了,眼界更开阔了。

就教师学习而言,分享交流的方式非常丰富,如参加学习沙龙、专题研讨会、读书报告会……在这样的交流中,可以作为主发言人,有专门预定的时间进行较长的发言;也可以现场互动,如随机点评、补充说明、即兴拓展等。参加过大规模的读书报告会后,很多人的共识是:真正能体现读书多与少,读得深与浅的环节,不是主发言人,而是如群星闪烁般的互动发言。因为主发言人的内容是事先准备好的,而互动发言是现场生成的,它是发言者调动自己的读书积累和学养底蕴,针对主发言人的报告而进行的质疑、补充、点评和更多的思考。精彩的互动发言，一两分钟或三言两语，往往起到画龙点睛的作用，会给人带来眼前一亮的感觉。

分享交流还有书面的形式。如参加各种类型的征文竞赛，在微信、QQ等自媒体或学习平台上推文，在纸质报刊、杂志上发表文章，都会起到很好的分享交流的作用，从而促进教师进行深度学习。

2. 加入学习共同体

随着学习型社会的日益构建，各种类的学习共同体纷纷涌现。寻找合适的团队，加入某个或某些学习共同体，会使教师的学习环境得到显著优化，从而促使学习习惯顺利养成。

唐山名师团队是一个庞大的学习共同体。名师们一起参加高端培训，在培训中一起听讲座，一起参观名校；名师们一起引领教师读书，一起写读书征文，一起参加线上研讨，一起欣赏或冥思苦对每日一联，一起由衷地为每日一文、每日一格、每日一典、每日一溜、每日新闻早餐点赞，一起参加"清风雅韵"诵读，并为它的影响力深深骄傲；名师们还一起送教，在精挑细选地填报送课内容后，便是用尽浑身解数打磨准备，等待"选餐"结果，每年一度的名师送教活动，就是唐山教育最盛大的"名师阅兵式"，在昂扬激越的主旋律下，略带一点紧张忐忑；名师们还一起做课题，一起搞研究，一起反思总结编撰成果……这么多个"一起"，便成为一个强大的学习共同体的缔结纽带和成长沃土。在这个学习共同体中，大家有共同的目标，一致的追求，遵守共同的规则，甚至形成了渐趋一致的价值取向和兴趣爱好，在一种强烈的归属感、认同感以及从彼此身上得到的尊重感中，促进并实现了全体成员的共同成长。拥有这样的学习共同体，是每一位名师的幸运和幸福。

每一位名师都是一颗"希望的种子"，他们又组建、主持自己的名师工作室，带领教师们开展各种研修活动，影响辐射到各个县区的各个学校。每一个名师工作室又成为一个新的学习共同体，这样的学习共同体可以为很多教师提供良好的学习环境。

其他如各种读书会、文学社、课题组、教研组等，都可以建设成学习共同体。教师作为成年学习者常常会面临一些困难，除了学习之外，还会伴随着很多来自工作和家庭的双重压力，要妥善解决学习与工作、家庭之间的冲突。也正是由于上述困难，很多教师不能将学习坚持到底，从而不能持久拥有良好学习习惯。加入了学习共同体，教师不仅从专业知识、专业技能、专业理念等方面获得提升，还可以获得人际支持。学习共同体中的教师，彼此交流各自的经验感受，相互提建议。通过这种人际沟通，体验到彼此的接纳和支持，从而增加克服困难、投入学习的动力，最终达到"抱团取暖"的效果，形成学习的习惯。

3. 借助外力监督自己

为了促进自己坚持学习，借助外力监督也很重要。学就"大声说出来"，是一种争取外力监督的好方法。

把自己想学习、要学习的打算告诉志同道合的朋友，并请他们监督，这是最直接的"大声说出来"；把某项需要长期坚持学习的计划公布于众、发到朋友圈或转发到合适的群里，这也是"大声说出来"；在学习的过程中及时反馈学习的结果或效果，比如现在常用的各种打卡——练字打卡、朗诵打卡、英语单词记背打卡……这些也是"大声说出来"；把自己的学习安排及具体落实情况告诉给学生，这种"大声说出来"更具价值，既起到了让学生监督的作用，又是对学生最具有说服力的身教。

唐山名师冯翠红，在刚上班的时候，为了整治学生不认真完成作业的问题，宣布自己跟学生一样每天完成作业。前一天把作业内容公布给学生，第二天要通过学生的检查——或背诵，或写读书笔记，或写作文……一年之后，不仅学生们完成作业的状态令人欣慰，学习成绩令人刮目相看，她自己的专业也得到了飞跃式的提升，而且成为学生心中最敬佩的老师。

这就是"学就大声说出来"的力量。全国特级教师王君青春语文名师工作室的成员，每到元旦前后都要写前一年的回顾、新一年的展望，并把这些在公众号上推送出来。这既是一种成长的规划，也是"学就大声说出来"的一种方式。之后，工作室的成员们互相鼓励、互相督促、互相带动，为坚持学习、坚持研究、实现成长互相助力助威，这也是青春语文工作室的教师们能够实现快速成长的重要因素之一。"学就大声说出来"，不仅是对自己的一种督促、激励，也是对别人的一种感召。

四、课题带动策略

研究，是最好的学习。徐世贵《新课程与教师专业能力的提升》一书中说："教师如果能把枯燥乏味的教育教学工作，转化为其乐无穷的研究工作，这将是教师人生的一大幸事。"

1. 课题研究使学习内容更聚焦

研究创新，使周而复始的教育教学工作不再是今天重复着昨天的故事，而是让教师充满了期待，期待研究能够深化已有的认知，破解困惑的难题。研究创新本身也是一件激动人心的事，使教师找到工作中的价值感，从而使"自我实现"的心理需要得到满足。这种价值感以及新发现、新体验的惊喜，就是一旦投入到教育教学研究之中，教师便会感到其乐无穷的重要原因。而教育教学研究，永远是和学习密不可分的。一个教师沉浸于研究的乐趣中时，学习便会自然而然地落到实处。

课题研究是教师研究创新中内容更聚焦、主题更鲜明的一种形式。为做好课题研究工作，教师需要围绕课题进行大量的主题式学习，积极研习相关理论，这种学习积极性是教师基于解决教育教学实际问题的需要而产生的，因此，在课题带动下的学习，教师理解得会更深刻，运用起来会更灵活。实践证明：课题带动下的学习实践，特别有助于教师转变教学理念，提高教学理论水平和教学实践能力，使教师在专业成长的道路上呈现跨越式发展。

问题即课题，研究即学习。在教育教学工作中，把自己遇到的问题作为课题，围绕课题，深入学习研究，大胆探索实践，于是曾经的问题会迎刃而解。可以说，在课题引领下的目标明确、有计划、有组织的学习交流，是促进教师走向卓越的不可或缺的一环。

2.课题带动促学习更深入

课题带动下的学习，不但使学习内容更聚焦，而且将学习、思考、运用紧密结合起来，使之较一般的学习更趋于深入。

河北省正高级教师刘梅香在主持省"十二五"科研课题"初中语文现代文阅读教学中培养学生质疑能力调查研究"中，带领课题组开展了主题阅读，共同学习《全日制义务教育语文课程标准（2011年版）》《教学工作漫谈》《中学语文教学》《语文教学通讯》《中学语文教学参考》《教师博览》等书刊。

课题组教师重读《论语》，用孔子的学生子夏提出的"博学而笃志，切问而近思"的观点，激励学生"深问"。学习宋代哲学家陆九渊的主张"为学患无疑，疑则有进，小疑则小进，大疑则大进"，鼓励学生敢于质疑。阅读陶行知五言律诗《每事问》"发明千千万，起点是一问。禽兽不如人，过在不会问。智者问得巧，愚者问得笨。人力胜天工，只在每事问"引导学生善于质疑。课题组成员先后研读了戴汝潜主编的《魏书生中学语文教学改革实践研究》，孙绍振的《名作细读》，张蕾、林雨风主编的《中国语文人》，张蕾、张彬福主编的《语文之道》，以及余映潮、赵谦翔、胡明道、王君等老师的"名师讲语文"系列著作。

实践证明：围绕课题深入学习相关理论，并应用于实践，立足本土课堂，及时总结每节课中朴素而闪光的教学经验，能够促进教师在教书育人的路上稳健快速成长。

无论是一线普通教师，还是名师大咖们的研究成果，都需要站在巨人的肩膀上，在学习前人成果的基础上，根据自己个性鲜明的创新实践积淀而成。特级教师王君老师，年轻的时候学习黎见明先生的"导读"

理论、文兰森先生的"导创"理论、龚春燕先生的"创新学习",使自己的教育教学扎下了深深的根基。余映潮老师的"板块教学法"启迪了大江南北无数的青年教师,他却毫不讳言地说,对"课文作文"的研究是在读胡明道老师的书的时候受到了启迪。肖家芸的"语文活动式教学",是在师从蔡澄清老师参加"中学语文点拨式教学法"实验的基础上不断超越自我而获得的成果。

研究和学习是一对孪生兄弟。为了研究而进行的学习,是极具实效的"深度学习"。热衷研究,本身就蕴含着可贵的学习动机。

五、择善而从策略

子曰:"三人行,必有我师焉,择其善者而从之,其不善者而改之。"向身边的同事学习,向学生学习,会使教师的学习更具实用性和针对性。

1. 观课研课,实战中学

观课,就是课堂观察,即"通过观察对课堂的运行状况进行记录、分析和研究,并在此基础上谋求学生课堂学习的改善、促进教师发展的专业活动"[1]。它是教师日常专业生活必不可少的组成部分,是教师专业学习的重要内容。观课之前,教师要设想如果自己讲这一课,会怎样教,边听边有个对比,便于课后反思研讨。

在观课过程中,教师要找准学习点认真观察和记录,并在课堂观察后写一些研究型反思,在这样的课堂观察学习中,潜移默化地提高教师的课堂教学水平。

浙江省余杭高级中学彭小妹老师观察了吴老师一节家常课,彭老师的观察点是"教师的感染力",并把当堂记录下来的教学细节和反思跟别的老师研讨之后,总结出了在上课时教师应注意的一些教学细节:

---

[1] 沈毅,崔允漷. 课堂观察走向专业的听评课 [G]. 上海:华东师范大学出版社,2008:74.

有意识地始终面带微笑，用饱含激情的眼光关注学生；

关注学生的学习情绪，有意识地跟学生开玩笑活跃气氛；

多用表情、眼神、手势和肢体语言辅助课堂教学；

有意识地注意讲课时语调高低变化、语速快慢变化、使用重音，通过这些变化达到强调重点、提醒注意、吸引兴趣的目的；

多用黑板画辅助讲解，黑板画注意色彩丰富，保留一定时间给学生留下深刻印象；

讲解知识点时注意语言准确，通过打比喻、举例子帮助学生理解；[1]

……

相信，这样的观课收获不仅仅对彭老师和她的同事们大有启发，读过的人都会学有所获。

课堂观察是教师专业学习的极其重要途径。在教师自主备课、上课的基础上，再去通过课堂观察学习其他老师的讲课优点，在教材处理、教学环节安排、激发学生学习积极性等方面取长补短，这样就会使教师的成长实现跨越式进步。正因为如此，有更多的教师在自身强烈的学习欲望驱动下，他们会自觉主动地去听课学习。

河北唐山一中校长王卫国，讲述了他观课研课的学习经历："我从教前六年，认真听组内老教师的课，尤其是师傅鲁东升老师的课，我每节都要去听，哪怕是实验课也要去听，这样坚持听了三年，基本构架了高中物理的知识结构。之后，又听了物理组长特级教师刘汉臣老师的课，坚持了三年之后，对习题编制、教学机制等有了一定的理解。这六年的"描红"，辛苦而有意义，为我整个教学生涯打

---

[1] 沈毅，崔允漷. 课堂观察走向专业的听评课[G]. 上海：华东师范大学出版社，2008：46.

下了厚实的基础。"[1]

教师长期积极主动观课研课学习,再加上自己认真实践,这种学习路径,能极快提高教师自身的课堂教学真本领。

2. 教学相长,师生共进

教学相长,是中国教育理论最大的金矿。课堂上,学生在学,教师在教导学生的过程中,同样是一种学习。"教然后知困","知困然后能自强也",找到自己不懂或不够好的地方,然后才能鞭策自己更加努力地学习改进。课堂是师生共同成长的地方。教师的"教"引领学生的"学",学生的"学"促进教师的"教",二者相辅相成。在师生民主、平等、和谐的交流中,学生的新颖观点和思维角度常常点燃教师思维的火花,会给教师带来很多的启发,使教与学的智慧生成更加精彩。《论语》中记录了我国伟大教育家孔子向其弟子学习的经典案例。

子夏问曰:"'巧笑倩兮,美目盼兮,素以为绚兮。'何谓也?"
子曰:"绘事后素。"
曰:"礼后乎?"
子曰:"起予者商也!始可与言《诗》已矣。"

——(《论语·八佾》)

子夏问老师:"'轻盈的笑脸多美呀,黑白分明的眼睛多媚呀,好像在洁白的质地上画着美丽的图案呀。'这是什么意思呢?"显然,这里子夏问的不是这三句诗的字面意思,而是问这三句诗蕴含的深意。孔子说:"先有白色底子,然后在上面画画。"子夏说:"这么说礼仪是在有了仁德之心之后才产生的了?"孔子说:"卜商启发了我啊!可以和你讨论《诗经》了。"孔子认为:"人的相貌一定要长得好看,然后再化妆修饰,才

---

[1] 王卫国. 科研,让我永远是一件正在加工的艺术品[J]. 新课程评论,2020(10).

更美丽，就如同绘画，一定要有素的画布，然后再加上各种颜色，即素在前而绚在后。"听了老师的回答后，子夏触类旁通，联想到了"礼"与"仁义"的关系，提出"礼"后于"仁义"，即内在品质先于礼，"礼"以"仁义"等道德修养为基础。作为老师，孔子受到了学生子夏的启发，当场立刻对子夏予以表扬。

战国末年著名唯物主义思想家荀况在《劝学》中写道："学不可以已。青，取之于蓝而青于蓝；冰，水为之而寒于水。"用青与蓝、冰与水的关系来比喻学生如果能用功研究学问，不停地努力学习，就可以比他的老师更有成就。"道之所存，师之所存"，以能者为师。

在师生交往中，学生们为人处世的做法和思想观点也常常会给教师带来启发。比如：一位班主任来到教室，看到黑板上还写有上一节的讲课内容，他就满脸怒气，大声嚷道："今天的黑板怎么还不擦？"话音刚落，一位男生走到老师跟前，不紧不慢地温和地跟老师说明了理由。老师听后，觉得自己真应该向这位学生学习：遇事冷静不急躁，更不能在全体学生面前轻易发怒。事后，这位教师说："是这位学生冷静温和的态度深深教育了我，启发我今后要加强自己的性情修炼。"

著名教育家陶行知说："我们要跟小孩子学习，不愿向小孩子学习的人，不配做小孩的先生。"[1] 过去，"教师一讲到底"的课堂教学中，教师是课堂信息源，一味输出；今天，课堂是师生信息的转换台，是师生民主平等双向交流的园地。在这个园地中，师生共学共进，共同体会教学相长特有的乐趣。

柏拉图说："一个民族只有最优秀的公民才有资格当老师。"所以，我们必须树立终身学习的理念，养成良好的学习习惯，让学习成为一种优雅的生活方式，成为一种基本的职业习惯，成为塑造有大境界、大情怀、大担当、大学问、大作为的"大先生"的基本路径。学习如登山，

---

[1] 江苏省陶行知研究会，南京晓庄师范学校.陶行知文集(修订本)[G].南京：江苏教育出版社，2008：973.

不畏劳苦，才能登上顶峰；学习如掘井，坚持不懈，才能拓展新知；学习如筑垒，日积月累，才能聚沙成塔；学习如酿蜜，博采众长，才能酿出佳蜜。让我们与学习为友吧！久而久之，我们一定能成为柏拉图所说的那个有资格当教师的"最优秀的公民"！

第四章 哲学的修养

怎么看？怎么教？怎么活？
这个世界每天都在向我们诘问。

哲学是美好生活的向导。离开人生，哲学是空洞的；离开哲学，人生是盲目的。作为"教育人的人"——教师，又该怎样思考这一哲学的问题，该有怎样的哲学修养？这关乎教师自身的世界观、人生观、价值观，关乎教师树立怎样的学生观、教学观、教育观，更关乎教师能否加快专业发展，找到人生的真谛，把握教育改革的本质，享受应有的职业归属感和职业幸福感。

哲学离我们远吗

哲学离我们远吗？有人说："哲学与生活的距离就是打个饱嗝的距离！"哲学家说："哲学无大用但哲学最有用。"

直抵心灵的教育才称得上好教育，而哲学恰恰是离心灵最近的学问。乔治·F·奈勒说："那些不应用哲学去思考问题的教育工作者必然是肤浅的，一个肤浅的教育工作者，可能是好的教育工作者，也可能是坏的教育工作者——但是，好也好得有限，而坏则每况愈下[1]。"所以，教师与哲学，教师的修养与哲学的智慧，理应相辅相成、共生共荣。

一、哲学修养决定教师价值取向

从中国哲学角度看，哲学修养是对修身、齐家、治国、平天下这样一种成为大写的人的追求。孟子认为"仁义礼智根于心"，《大学》中把三纲领、八条目归结到一句话就是"壹是皆以修身为本"。王阳明则认为自我的修养就是遵从自己的良知，将良知付诸实践。

从西方哲学的角度看，哲学修养就是"爱智"，是对智慧的无条件的热爱。无论苏格拉底的"认识你自己"，还是柏拉图的"通过人的不断回忆来获得理性生活"，都间接反映出古希腊时期的哲学家对智慧的热爱、对人的理性价值的追求。

综合分析中西方哲学思想和教师职业的特点，我们认为，教师的哲

---

[1] 美国学者奈勒《教育哲学导论》.

学修养是教师职业素养结构的"上层建筑",是影响教师职业信仰、价值取向和行为选择的重要因素。

"取向"的英文是 Orientation,有两层含义:一是"定位",二是"方向"。千人千面,世界上的每个人都具有独特性,都有自己的个性和风格。但是,随着人生经历的丰富,人们可以进行修正及调整(定位),然后选择自己要成为什么样的人,这就是价值取向(valueorientation)。

我们熟知的柏拉图,曾经是一位文艺青年,喜欢作诗,并且写过希腊悲剧。然而,二十岁时,在去竞赛的路上遇见苏格拉底,他听到苏格拉底在与人对话,就被苏格拉底纯熟地使用反诘法、态度从容、言语犀利、问题层出不穷、环环相扣的论证彻底折服了。他内心大为震撼,一瞬间他忽然觉悟了自己应该何去何从,于是他没有继续参加悲剧竞赛,而是转身回家把所有的文艺作品一把火烧掉。从此以后,每天只做一件事,就是上街寻找苏格拉底。因为他发现了自己应该走的路,并选择终身奉献于哲学思考的世界。

对于教师也是如此,哲学的思想会让我们清楚自己想要什么,想要成为什么样的人,想要成为什么样的教师,以及怎样去教书育人。即使面对复杂的环境,也会做到冷静、理智,不浮躁、不跟风,抓住根本,独立思考,坚守自己的信念,坚定自己的价值取向。

二、哲学修养唤醒教师自我认知

"你是谁""你从哪里来""你要到哪里去"是哲学的终极三问,也是唤起教师自我认知的灵魂之问。古希腊人曾把"能认识自己"看作是人的最高智慧,阿波罗神殿大门上也有"要认识你自己"的箴言,足见自我认知的重要。认识自己,就是要了解自己的个性和潜能,知道自己的角色,认清自己的责任,明晰自己的追求。

河北省特级教师高玲玲，她为师为人的故事，就很好地诠释了"认识你自己"。她的穿着，总是端庄、大方、得体，她说："我是老师，我有责任给孩子们传递一个信息，那就是什么是东方女性美。"作为初中数学教师，从踏上讲台的第一天起，她就经常问自己：三年的教学，我们要教给孩子们什么？我们的行动是否与我们的目标相符？孩子们会在三年后，爱上美丽的数学吗？在多年的课堂坚守中，在一次次的交流切磋中，她越来越明晰教师的初心——教书育人。在一次送教的课堂上，一个扎马尾辫的女生发言声音很小，几乎听不见，还有些结巴。高老师用爱的眼神鼓励她，顺着她的思路一点点引导、点拨。全体听课师生都在关注着她的变化，在她无声的思考中大家感受到了她突破自我的奋争。高老师耐心的引导，直到她完整地做出了解答，全场师生报以热烈的掌声。高老师激动地说："你的发言思路清晰，重点突出。我要给你一个大大的拥抱！可桌椅太密集，老师走不过去，这个拥抱我们下课再来。"下课了，一群听课的老师围着她，交流教学问题。透过人群，高老师看到马尾辫女生，她赶紧走过去："孩子，我们拥抱一下吧！"没有想到，女生说"老师，你早已拥抱了我。""哦？"高老师疑惑地看着她，她涨红的脸庞上挂了两行泪："老师，谢谢你的爱，谢谢你在课堂上一直用目光拥抱着我！"一个小小的举动，一次大大的感动，唤起教师对自我认知的思考：我是谁——我是教师；我从哪里来——教书育人的初心；我要到哪里去——走向最美的教育风景。

哲学始终致力于对真善美的追求，是对真的探求，对善的秉持，对美的崇高。哲学尊重事实和逻辑，追求至真；哲学探寻意义和价值，追求至善；哲学向往自由和创造，追求至美。具有良好哲学素养的教师，其内心一定会充满对真善美的向往，其行为也必然体现着真善美。

三、哲学修养促进教师个体成长

哲学强调质量互变规律，量变是质变的必要准备，质变依赖于量变。具有这一哲学修养的教师，会懂得在学习和实践中就必须首先做艰苦的量的积累，要脚踏实地，埋头苦干，从一点一滴做起。质变是量变的必然结果，是规律性的。具有这一哲学修养的教师，在进行量的积累时就会充满必胜的信念。劳其筋骨、苦其心志的量变过程，不是任何人都能坚持下来的，没有信念、毅力常常会半途而废。

湖北省特级教师吴又存，为了上好每一节课，给学生的心灵埋下真善美的种子，他坚持每天抽出时间收集素材，从报刊里剪贴有用的资料，按照教材内容分门别类整理。为提高自身的知识储备，他大量阅读政治、历史、文学等领域书籍并做读书笔记。27年来，他整理出40余本资料库，积攒了百余本总计2000多万字的读书笔记。为了"讲"好课，他经常一个人面对镜子声情并茂地读，用袖珍录音机独自"试讲"，讲了录，录了讲，直到满意了，再讲给学生。终于，他获得了全国教学大赛一等奖，在《中学政治教学参考》等核心期刊上发表教学论文200余篇，作为初中唯一的代表参加全国学校思想政治理论课教师座谈会，并作为优秀教师代表发言，被习近平总书记夸赞"好，你讲得好！"而熟知吴又存老师的领导和同事都说："他不是最聪明的老师，但是，他是最勤奋的、最能坚持的老师。"

教师的专业能力包括组织能力、设计能力、管理能力、评价能力、调控能力，等等。教师这些专业能力的发挥都离不开哲学思维能力。卢梭的"儿童中心论"、柏拉图的"学习就是回忆"、洛克的"白板说"和亚里士多德的"和谐教育"思想，都蕴含着丰富的哲学思想。教师提高哲学修养会在教育活动中看问题更深刻、更透彻，更能有效地把握和调控自身与教育活动中各要素的关系。

四、哲学修养瑰丽教师精神家园

哲学是美好生活的向导。哲学的使命不在于向教师提供直接技术动作和解决具体问题的方略,而在于帮助教师找到生活的真谛、目标和意义,使教师在复杂的现实生活中不会迷失方向。教师借助批判性思考,不断审视自己,追问生活的价值和意义,并由此改变生活方式,使生活过得更美好、更有意义。

哲学上对"恶"的解读是"亚心为恶"。人在心情不好、心态不对的时候就容易恶语伤人。

> 曾经有一位很不错的老师,那天,她心情不好,来了一位家长,说:"老师,我们家孩子是顺毛驴,有时您得顺着点",老师答:"我们班55个同学,毛冲哪边长的都有,我顺不过来。"家长说:"老师,您看电视上的老师……"老师:"电视上老师好,让你们孩子去电视上上去……"

一场冲突就此展开。一个本来很不错的老师,为什么会这么说话呢?因为心情,因为心态。

先处理心情,再处理事情。哲学家冯友兰先生认为,哲学的功能就在于使人成其为人,可以说哲学就是人学或仁学。老师在教育教学中,经常会遇到与家长、与学生、与同事的各种问题,要站在哲学的角度,理性处理。因为教育是以培养人为直接目的的活动,对人的关注是哲学与教育的共通之处。富有哲学素养的教师会爱护学生、尊重学生、宽容学生,会以宽广的胸怀、宽厚的慈爱对待一切学生。哲学会磨炼教师的性情,给他们带来平和、静谧、舒心的感受,激起他们对职业的忠诚和热爱,使他们拥有健康的心态,心静、心专、心宽、心远、心正、心诚、心敏、心明,不为外界的喧嚣纷乱所扰,纵使外界物欲横流,依然表现出"我自岿然不动"的哲人风范。

哲学的原意就是崇尚智慧。哲学的英文叫作PHILOSOPHY,这个字源于希腊文中的PHILIA和SOPHIA这两个字合成,原意是"爱智慧",爱慕智慧就是哲学。具有哲学修养的教师,拥有智慧,能智慧地解决矛盾,能智慧地理解生活和工作的得与失,改善自己的职业状态,使自己的心态更平和、更积极,提升自己的职业幸福。

一位老师就曾经用得与失的哲学观点,智慧地解决了学生的矛盾。一位住宿生总是自己不打水,长期喝室友打的水。室友很生气,去找老师反映。老师先给同学讲述了得与失的哲学:得与失是一对矛盾,是对立统一的,在一定条件下互相转化。然后引导同学分析,室友喝你打的水,你失去什么?而你又会得到什么?并幽默地说:若干年后,你到了室友所在的城市,你可以理直气壮地叫他:"请我吃大餐,你小子,当年是喝我的水长大的。"而反过来,如果现在不给他喝,若干年后,你到了他所在的城市,让他请你吃大餐,他就可能说:"哼,当年,你连口水都不给我喝!"这样的交谈后,同学的怒气自然就消除了。接下来,老师又用同样的哲学观点与不打水的同学交谈,也让他明确了在集体生活中应该承担的责任。

这个宿舍,从此和谐友爱。在这一过程中,老师体会到运用哲学的智慧解决问题的艺术性,也体验到了成功的喜悦。多年以后,学生依然心存感激,与老师成了一辈子的朋友,教师职业的美好在这样的故事中凸显出来。

富有哲学素养的教师才能守着心中的那片精神家园,忠于自己的职业,对知识和道德怀有一种信仰,对学生有着炽热的爱,能耐心地善待每一个学生,并相信学生能自由、充分地发展,相信教育能给人带来幸福和快乐。他们把学生的成长当成自己最大的快乐,对平凡的工作充满热爱,在付出和给予中获得内心的满足。哲学使教师在生活中拥有美好的品质和人格。这些美好的品质和人格对人们长远的自我发展具有重要的意义。哲学使教师的精神生活得到充实，更加向上、向善、向美，当他们高层次的需求得到满足时，便可以"诗意地栖息在大地上"[1]。

综上所述，教师的哲学修养就是要发展教师的个人哲学和为师哲学，让教师能用哲学的思想武装自己的头脑，努力涵养气质、陶冶性情、完善人格；能运用哲学的观点待人处世，做到为人师表、宽容大度、充满爱心；能运用哲学的智慧科学施教，实现平等尊重、因材施教、博学创新。所以，哲学离我们并不远，哲学就在我们身边。

---

[1] 德国19世纪浪漫派诗人荷尔德林的一首诗，后经海德格尔的哲学阐发.

教师应有怎样的哲学修养

教师的哲学修养是指教师在教育教学活动中利用哲学原理、哲学思维来面对或解决教育教学中的问题时自觉而持续的观念和行为,是教师的一种智慧、修为和涵养。

一、教师哲学修养"四维度"

教师的哲学修养在于四个维度:哲学智慧、哲学情怀、哲学精神、哲学境界。

1. 哲学智慧

教师的哲学智慧是教师在教育教学和生活实践中运用哲学的观点来分析问题、解决问题、应对挑战、提升自我的能力,是对哲学原理、哲学视角和哲学思想综合灵活运用的结果。

朱永新教授强调:理想的教育应该是平等的交流、民主的管理。这就要求我们要用心尊重每一个孩子,平等的对待每一个孩子,用发展的、全面的哲学智慧引导每个孩子的成长。

唐山市曹妃甸区教育局孙梦成局长分享了他初为人师的经历:那时班上有一个学习成绩最差的学生叫小建,连26个英文字母都写不全。作为班主任,对全班的同学我都一视同仁,从不因为谁成绩不好讽刺挖苦。有一次,他找到我说,"老师,我学习真不行,一点优点也没有，同学们都瞧不起我；只有你对我好，你说我怎么办？"我温和地说，"你有好多优点啊！不能只看学习，你想想，你擅长做什么？""我会垒炉子"，他兴奋地告诉我。于是，我把垒炉子的任务交给他。放学后，他带领几个同学一起干，垒的炉子有模有样，比老师垒的还好。于是，我使劲在班上夸他，让他树立信心。中考后，他找到我说想去当兵，并想在参军之前加入共青团。我当时是学校的团总支书记，我说："入团是一件很光荣和严肃的事情，你需要好好表现，多做好事，得到大家的认可才行。"于是，那个假期，小建同学天天来学校，修理桌凳，除草扫地，安装玻璃，收拾院墙，俨然是学校的一个出色的校工。新学期开始前一天，我组织由原初三团支部召开会议，学校团总支召开会议，并申报到农场团委批准，吸收他为共青团员。墨绿色的团员证发到手里的时候，他哭了！后来，小建同学真的参了军，他在部队能吃苦、敢担当，在抢险救灾中不怕牺牲，荣立一等功！在给我的信中，他说："是老师智慧的引导改变了我，给了我信心，让我学会了做人。"

2. 哲学情怀

教师的哲学情怀是指教师在教育教学活动和生活实践中形成的对世界或存在所持有的认同感、归属感、敬畏感、正义感、责任心、悲悯心、仁爱心、宽容的态度、豁达的胸怀等。卢梭哲学概念中的教师图像指出：教师是守护儿童善性的卫士，教师是提供自然教育的专业者，教师是具有正确儿童观的生命导师、教师是年轻、热情且懂得生活的学习好伙伴。所以，教师的哲学情怀与教师的价值追求、专业发展，专业境界和情感特质等方面存在相互关联，不可分割的辩证关系。高远的价值追求是教育情怀的本体性存在，超越自我的专业力量是哲学情怀的行动逻辑，矢志不渝的精神追求是哲学情怀构筑的专业境界，爱岗奉献的情感归属是哲学情怀产生的情感基石。教师终其一生的专业发展是其哲学情怀不断塑铸的过程，也是教师专业化程度不断完善和丰富的过程。康德说：有两件事物越思考就越觉得震撼和敬畏,那便是我头上的星空和我心中的道德法则。对真理的由衷敬畏,也包括对真理无限的亲近。真理与真心具有天然的默契,他们的精神内核可以随着我们用心的纯度而无限接近,直至重合。纯粹的真理之光,在心灵的世界里一定是清亮、剔透的。有哲学情怀的教师会怀着一颗敬畏之心追求并传授真理,会用"清亮、剔透"的心去尊重学生、理解学生、信任学生、关爱学生、宽容学生,对学生负责,对所有的学生一视同仁。

六一儿童节到了,唐山市名师赵春凤给每位同学写一封信,悄悄地放进了孩子们的抽屉,让孩子们感受到老师关爱她们的心意,每个孩子在拆开信件的时候,都兴奋的、幸福地笑着。家庭发生变故的孩子,她接到家中去照顾,那份真挚的关爱让孩子对老师产生了母亲的感觉,在老师的家找到了家的味道,以至于当亲人来接孩子回家的时候,孩子抱着老师的腿不肯走……这也正是顾明远老师所说的:"教师的知识魅力,人格魅力,是巨大的教育力量。"

3. 哲学精神

于漪老师说:任何一堂课,必然是教师的精神在起作用。在哲学上,人的精神,既是属于生命的,也是属于宇宙的,其核心品质体现了绝对精神的主旨。人的生命历程从根本上说,也是一场精神的修行,且以精神的丰实、提升、皈依和价值实现为终极目的,它必定要经历明觉、信仰和践行的涅槃。哲学精神是指教师出于对教育使命和自身存在意义的关切而表现出来的敢于质疑精神、批判精神、善于反思精神和创新精神,体现了教师高度的自我和自主意识。教师的哲学精神主要表现为教师对教育教学、外在生活乃至自身存在意义和存在价值自觉的反思、质疑、批判和创造。

为什么有的同学看似简单的问题却学不会?

一位老师用了这样的反思方式,组织同学们做了这样一个小游戏:请你在纸上画一个大圆,再画两个小圆,然后画一个长方形,再画一个梯形,接下来画两个长方形,最后画两个小正方形。游戏结果发现,有的孩子是简单的排布,有的同学是零散的随意排列,而有的同学却别出心裁地设计成了一个卡通小娃娃。这样的游戏,让老师明白了每个学生的思维是不同的,每个学生都是独特的,从而,他懂得了尊重差异,进行针对性的教学和指导。

因此,具有哲学精神的教师能在教育教学和生活实践中站在哲学的视角和高度,对教育现象和教学问题进行深刻思考,及时反思自己的从教行为,准确地把握教育所面临的问题,揭示其中深层次的矛盾,敢于质疑、敢于批判、敢于创新,并能引领学生开拓创新,激发学生的创造热情,挖掘学生潜在的创造才能。

河北省特级教师解忠良从创客实践到创客教育的实践探索过程,生动地诠释了教师的哲学精神。他独创了"两段六环节"信息技术教育教学中学生创新培养模式,提出一切学习都是从模仿开始的,信息技术具有实践性、可操作性、趣味性等特点。学生容易从模仿一个信息技术作品入手,通过模仿,在实践中达到熟练的程度,熟能生巧,在熟练中领悟作品的精髓,通过学习模仿的作品,从而内化为自己的学习成果,完成学习阶段的内容。针对已经领悟的作品,对其进行反思,找出其中的不足,利用已有的知识结构,进行研究,改正其不足,从而创造出创新的作品。这个过程中,他引导学生敢于质疑、敢于批判、细心反思,大大激发了学生的创作激情和潜能。他创造性地提出了学校"普惠式创客教育"的教育主张,在全校开设普及性的创客课程,实现了学校三级梯队创新人才培养机制:在七年级以常规课形式,面向全体开设创客、机器人、开源电子、无人机、3D打印等课程;

做好创客教育的普及性教学；学生中对这些方面感兴趣的参加学校的第二课堂兴趣小组……"普惠式创客教育"，真正普惠了所有的学生。

哲学的精神带来解老师自身的成功，更助力了学生的成长。正如于漪所说："教师的生命，是在学生身上延续的，教师的价值，是在学生身上实现的。"

4. 哲学境界

冯友兰先生说，人不一定应当是宗教的，但他一定应该是哲学的。哲学可以帮助我们觉解人生，成为我们应该成为的人，让我们活出人生的天地境界。按照冯友兰先生的说法，人生境界可以分为自然境界、功利境界、道德境界、天地境界四种。所谓"自然境界"就是按着"本能"或"社会的风俗习惯"去做事。而对于所做的，则并无觉解，或不甚觉解。这样，他所做的事，对于他就没有意义，或很少意义。超越"自然境界"，意识到为自己做各种事，这就是"功利境界"。超越一己的私欲或私利，意识到人是社会的存在，每个人都是社会的一员，并由这种"觉解"而为社会的利益做各种事，使自己所做的各种事都有利于他的道德意义，这就是人生的"道德境界"。超越道德境界，意识到自己是宇宙的一员，并为宇宙的利益而做各种事，这就是"天地境界"。这四种境界中，自然境界、功利境界的人，是人现在就是的人；道德境界、天地境界的人，是人应该成为的人。前两种境界为平常的实然境界，有待提高；后两种境界为超常的应然境界，值得追求。顾明远老师说教师的成长有三个境界：第一个境界是对教育、对教师职业的正确理解；第二个境界是修炼；第三个境界是收获。

人生的天地境界、教师成长的三重境界就是教师的哲学境界，是教师在追求其人生意义的过程中所要达到的崇高的精神境界。具有哲学境界的教师能超越自然境界和功利境界，达到道德境界和天地境界，就能够拥有"根植于内心的修养，无须提醒的自觉，以约束为前提的自由，为他人着想的善良"。[1]

二、教师哲学修养策略"四性"

1. 超越性

教师哲学修养的超越性是指具有哲学修养的教师面对教育教学和生活实践中的各种问题能站得更高、看得更远，能运用自己的哲学智慧、哲学情怀、哲学精神、哲学境界实现自己的教育追求，完成自己崇尚的教育使命。

比如，初中教师面对的是一群处于青春期的孩子，有着特殊的生理和心理特征，这就决定教师要用智慧的爱去感召他们。

  河北省特级教师王福会讲述了自己这样的一次经历：在一次考试中，考场上很静，这时一位同学突然涨红了脸，呼地站起来，说："老师，他们在抄。"紧接着我就看见了另外几位同学的表情变得很不自然，其中，也有老师眼中的佼佼者。我当时真有些不知所措，把他们当众揪出来"晾干"吗？一定会伤害了他们的自尊心，轻描淡写地说两句吗？似乎又没什么用。这个时候，就是需要智慧的时候。稍做镇定之后，我说了这样一段话："同学们，关于这件事，我不想多说，只想送给大家一段话：无知，好比是一块空地，我们可以在上面任意的播种，而虚假，就是一片长满杂草的荒地，必须把草锄净，才能耕种。好了，继续答题吧。"接下来的时间，不仅没有人作弊了，而且，我收到了一张特殊的答卷，就是我前面提到的佼佼者，她在最后一道题上这样写道："老师，我先要对您说声谢谢，今天，我真的吓坏了，我以为，这下我在同学们心目中的形象彻底完了，我以为您一定会让我站出来的，没想到，您用这样的方式既教育了我们，又保护了我们。今天，我的成绩是不真实的，但，我

---

[1] 梁晓声在绍兴文理学院讲课的时候讲到的.

保证，下次我会给您一张，不是，是很多很多张学习的以及人生的完美的答卷！"

正是哲学这门学科的特性决定具有哲学修养的教师在分析问题和解决问题时，能够有更高的站位，更理性的思维，能够"高瞻远瞩"。能够着眼于学生的终身发展，而不局限于解决眼前的问题。用哲学的智慧和情怀爱我们的学生，让良药不再苦口，让忠言不再逆耳。

2. 创新性

马克思主义唯物论在尊重客观规律的基础上，充分发挥人的主观能动性，把解放思想和实事求是统一起来，强调与时俱进，开拓创新。唯物辩证法也充分肯定了辩证否定在事物发展中的作用，要求我们树立创新意识。

教师哲学修养的创新性，是指具有哲学修养的教师能够在自己的教育工作中不断地突破、不断出新，具有发展自我、超越自我、突破自我的精神，具有自我批判、自我反思、自我超越的能力。

一名幼儿园的小朋友，怎么都认不清数字，家长愁得不知如何是好。孩子的姨奶奶是一位老师，一位具有哲学思维的老师。她没有采用传统的认数字的方法，而是拿来一副扑克牌，跟孩子玩起了"小驴拉车"的游戏，孩子开心的将相同模样的扑克牌收起来。这样反复的强化游戏，孩子很快就学会了数字，而且能发现扑克牌的6和9从不同的方向看是反着的。

"小驴拉车"就是一种创新的教学，尊重了孩子认识事物的客观规律，又发挥了教师的主观能动性。

3. 预见性

哲学永远是先知先觉的。教师哲学修养的预见性，是指具有哲学修养的教师能够认识从教和生活实践中的各种矛盾运动，把握其内在的发展规律和发展趋势，能准确预判发展的方向和发展态势，并能有针对性和目的性地采取相应的措施、方法来解决所面对的教育教学或生活问题。

> 河北省特级教师谢爱芹曾经遇到过这样一名高二的学生：在一次上完课后，他说有事和老师说，说的事情竟然是他不想上学了，理由是太没劲了。他那颓废的样子很让人心疼，而哲学的思维也让谢老师预见到摆事实、讲道理、苦口婆心的诲人不倦，是不会有效果的。于是，她没有急着教训他，只是问了他一个问题，"你玩过打滑梯吗？"他说："玩过呀。""那你就思考一个问题吧：打滑梯和你，明天答复我。"他当时很不解地看着谢老师。第二天早上，他就找谢老师说："老师，我懂了，我已经上了11年多的学了，已经爬着台阶到滑梯顶部了，而现在，我却要滑下去，一切就将归零了，又回到起点了，我对不起自己，我知道怎么做了。"谢老师笑了，并送给他一句汪国真的话："到远方去，熟悉的地方没有景色"。

如今，这个孩子已经上了大学，每次提起这件事。他总说，老师的话是艺术。我想，是哲学思维的预见性让谢老师学会用艺术来表达自己对学生的爱。

4. 浸润性

教师哲学修养的浸润性，是指哲学修养与教师的教育教学和实践活动相伴相随，时刻在发挥着作用。哲学比其他任何学科都更具浸润性，而且是悄无声息地浸润。

比如，苏格拉底的为学态度：自我反省和沉思、有教无类、尊重差异的态度都在潜移默化地影响着教师的教学行为。

> 吴正宪老师在一次讲座中，用了数学课上的一个案例，题目：妈妈上午10：00将车停放在地下车库，下午2：00离开，地下停车每小时5元，妈妈要交多少元停车费？这样的一个小小的计算题，

却非常明显地折射出学生思维的差异，一个孩子列出好几个算式，有的孩子画出数轴，有的孩子画小闹钟，有一个孩子则非常形象的做了一幅画：妈妈的汽车开着大灯、冒着尾气进入口，间隔四个小时，又开着大灯冒着尾气到出口……

面对如此的差异，我们怎能不进行反思，怎能不进行研究？不同的情况差别对待，不同的学生不同的教法，才能让每一只鸟儿都能栖息在自己够得着的树枝上。

把握好"度",是教改成败的关键

教育教学改革往往容易犯忽左忽右的毛病。在实践中,左也容易,右也容易,难的是把握好"度"。这就要求教师审时度势,根据不同的阶段、条件、目标,确定不同的改革路径和步骤,拿捏好"火候"。只有从实际出发,按照教育教学规律办事,做到适时、适度,才能取得预期的改革效果。

一、不要"谈分色变"

常听一些家长交流:"你家孩子考多少分?""不知道啊!现在老师都不告诉分数了。"如今很多人"谈分色变",非常敏感,好像考试和分数与素质教育格格不入,好像谈论分数就是应试教育,就会伤害学生的自尊心。可是,现实里能躲开分数吗?初中升高中有分数线,高中升大学也有分数线。无论评价体系怎么改革,分数仍然是评价学生学习成绩的重要标尺。强调素质教育,绝不是不要分数,更不是不要成绩。只是要改革评价的方法、制度,趋利避害。尤其是在当前中考、高考的指挥棒下,我们为何不可以光明正大地说分数呢?高分低能的现象的确存在,也必须尽力避免。但不能因为出现了这样的情况,就对计分这种评价方法全盘否定。有很多老师说:"分数在他们学校是不允许公示的,只能用等级代替分数。"那等级怎样确定呢?老师回答:"根据分数,给予A、B、C、D的评价。"既然等级是根据分数评价的,说明还是不可能完全摆脱分数这把尺子，只不过是变一种方式呈现分数罢了。当然，在小学阶段适当对评价结果予以模糊化，避免过细的区分度，尤其是禁止依分数不断地给学生排名次，是十分必要的。这里，关键看教师们如何对评价意义定位，重要的是如何正确运用评价结果，使评价形成正确导向，真正有利于学生核心素养的提升、学生的身心健康和终身发展。

在具体的教育教学实践中，教师时常发出"要不要分数""要什么样的分数""怎么要分数"的时代教育之问。到底应该怎样对待分数？全国政协委员、江苏省锡山高级中学校长唐江澎在回答记者提问时表示：

"学生没有分数，就过不了今天的高考，但孩子只有分数，恐怕也赢不了未来的大考。一个学校没有升学率，就没有高考竞争力，但教育只关注升学率，国家恐怕也没有核心竞争力。分数是重要的，但分数不是教育的全部内容，更不是教育的根本目标。"

这其实就是告诉我们：要分数，而不唯分数；要分数，不能片面追求分数！

这就需要我们把握好"度"！需要我们正确面对教育教学和管理实践中的一系列选择，诸如，素质与应试、主体与主导、启发与灌输、表扬与批评、继承与创新、主动与被动、个体与群体、天性与规矩、人文与科学、长与远、快与慢、收与放、对与错……而教育的复杂性是十分突出的，往往并不是非此即彼，这正如在具体教育实践中很难把素质教育与应试教育截然分开一样。正确与错误就像一枚硬币的两面，真理前进一步，哪怕是一小步，也有可能成为谬误。如何把握和处理好这些关系，就需要我们善用哲学智慧。

在现实中，确有老师因为学生分数低，就横眉冷对，甚至为了达到追分数的目的而"过度""任性"。比如，超过正常限度的罚站、反复抄写，强制做不适的动作或者姿势等。有的还将成绩差的学生在榜单中剔除，打入"另册"。

教育是有尺度的。尺度得当，教师乐教，学生愿学，师生碰撞会生成最美的教育之花。尺度不当，或简单粗暴，抑或随意放任，或溺爱娇惯，抑或打骂惩罚，学生遭到排挤、歧视，可能会导致厌学、辍学，甚至破罐破摔，或将滑向违法犯罪的深渊。我们推行素质教育，并不是不要分数，关键是如何促进学生全面发展，为学生终身发展负责。我们要谨记习近平总书记在2021年3月6日看望参加全国政协会议的医药卫生界教育界委员时的讲话精神，提醒自己也告诉我们的学生，分数只是一时之得！我们都要从学生的一生着眼，要分数，但不能只看分数，不能过于注重分数。

有些人在实施素质教育中茫茫然，忽左忽右，甚至把搞素质教育与提高学生学习成绩对立起来，这与唯物辩证法背道而驰。在高考刺痛南京之后，更多的有识之士开始审视如何把握好这一尺度。学习成绩并非只是应试教育的东西，提高学生的学习成绩也应该是素质教育的基本要义。

把握教育教学改革的本质，关键在于把握好"度"。比如，把握好启发与灌输的"度"，发挥学生主体作用与教师的主导作用的"度"，表扬与批评的"度"，收与放的"度"，天性与规矩的"度"，个体与群体的"度"，继承与创新的"度"，长与远的"度"，快与慢的"度"，热情与冷静的"度"……教育使人获得最大的解放，然而解放不是放纵和全然放手。运用爱与智慧之学，才能让教师抓住根本宗旨，才有可能推出适合时代要求，适合学生特点的教育，才能使那些我们又爱又"恨"的孩子，收获能够适应终身发展和社会发展需要的必备品格和关键能力。也只有这样，身为教师的我们才能在教学之海中自在遨游。

二、别指望"千生一面"

"夫物之不齐,物之情也。"[1] 意思是物品千差万别,这是客观情形,自然规律。一棵树上,找不到完全相同的树叶;一片沙漠中,找不到完全一样的沙粒。学生,作为成长中的个体,也是拥有多元智力的鲜活的生命,他们的言语——语言智力、逻辑——数理智力、视觉——空间关系智力、音乐——节奏智力、身体——运动智力、人际交往智力、自我反省智力、自然观察者智力和存在智力[2] 均有不同。每个学生都有自己的优势智力领域,每个人都可以是适合自己智力特点、学习类型和发展方向的可塑性人才。教师应该面向全体,但更重要的是要尊重个体。千生千面,不应该用一把尺子一量到底。

一事物之所以区别于其他事物是因为其内在的规定性。世界上的事物之所以千差万别,是因为各种事物内部的矛盾有其特殊性,不同事物有不同的矛盾,同一事物在不同阶段具有不同的特点,同一矛盾的不同方面也各具特色,所以,大千世界才如此丰富多彩。我们只有遵循这万事万物的规律和道理,顺应之,才能"对症下药""量体裁衣"。在校园里、在课堂上,教师必须以开放、包容的心态接纳和理解"不一样"。无论是数理化成绩优异的学生,还是史地政成绩突出的学生,无论是有体育天分的学生,还是那些擅长音乐和美术的学生,乃至喜欢劳动的学生,我们都应该给予他们同样的尊重、鼓励和帮助,为他们创造多种多样的展现各种智能的情境,提供适合他们个体成长的教育,激发他们潜在的智能,把他们培养成为不同类型的人才。所以,学校教育的全部秘密,就应该是把学生的个性视为财富。不同的学生是不同的书,老师要学会读懂他们。教师的高妙在于,能够把学生某一方面的潜能发现、发展出来,并能让学生把成功感受迁移到其他方面,让学生获得成长的自信,发展的动力。

要读懂学生,需要老师充分发挥主观能动性。因为本质往往隐藏在

---

[1] 出自《孟子·滕文公上》.

[2] 霍华德·加德纳教授的多元智力理论.

事物内部，其外在表现的现象也是多方面的，有本质的也有非本质的，本质的决定着事物的质，而非本质的则不影响事物的质。善用哲学智慧，发掘学生"不一样"，并接纳和加以引导，将成就学生的一生。这里所说的引导，就是教学应着眼于学生的最近发展区，为学生提供带有难度的内容，调动学生的积极性，发挥其潜能，超越其最近发展区而达到下一发展阶段的水平，然后在此基础上进行下一个发展区的发展。

  唐山开滦一中2019届毕业生刘启龙，在中学期间曾多次获得河北省中学生田径运动会和河北省青少年田径锦标赛跳高、跨栏冠军，也曾代表河北省参加全国中学生运动会，后被浙江大学特招录取。是他的教练马磊老师读懂了他的身体——运动智力，是他的家长和班主任尊重个性、尊重天性，让刘启龙在他的运动智力方面长足发展。

  在2021年武昌首义学院五四表彰大会上作为优秀学生代表发言的唐雨扬同学，所带团支部被推荐到全国参选样板活力团支部。她是开滦一中2018届高中毕业生，在中学阶段，是部美美老师发现和培养了她的言语——语言智力，用心呵护表扬，唐雨扬一路过关斩将，屡获殊荣。

每朵花都有盛开的理由。恩格斯在《自然辩证法》中写道："地球上的最美的花朵——思维着的精神"。巧用哲学智慧，努力发掘、尊重和引导孩子们的多元智能，地球上最美的花朵终将结出丰美的果实，作为园丁的我们必将迎来千姿百态、姹紫嫣红的满园春色。

三、忌"东施效颦"

《庄子·天运》中有一个典故"东施效颦"，东施看见了村中的一个长得很美的人皱着眉头，捂着胸口走在村子中，很漂亮，于是也如此，却遭人嫌弃。东施只知道皱着眉头会很美，却不知道美背后的真正原因。

后人用来比喻模仿别人，不但模仿不好，反而出丑。这个故事启发我们不要一味地模仿别人，要知道别人为什么这样做，这样做好在哪里。不然，最终只会画虎不成反类犬，成为笑话。

还记得多年前，很多学校去学"杜郎口"教学模式，回来后，把教室四周都装上了黑板，衡量课堂教学效果的重要尺度也变成了学生发言率和学生发言时间。甚至在有些地方，课堂上已经不再让老师有话语权了。在课堂上，教师"一言堂"，忽视学生主体作用的发挥，肯定是不对的；但是，借口突出学生的主体作用，让教师的主导作用缺位，也同样失去了教育的灵魂。

近些年，教育教学改革十分活跃，各种教学法像走马灯[1]一样层出不穷，从江苏洋思教学法，到河北学案——配餐制，从山东杜郎口教学法，到美式翻转课堂风靡全国，各式各样的教学方法是你唱罢来我登场，各领风骚一两年。在美好而虚幻的理念下，孩子们被"先进"的教育理念裹挟。新教育所向披靡——唯独不敢与"分数"和"升学"过招[2]。之所以这些"新颖"的教学方法难有生命力，难以落地生根、推广开来，就在于多地、多校只是机械地照搬照抄，没有领会改革的精神实质，没有采取适合自己的独特的方法路径，甚至出现了合作即是"合坐"，主动即是"乱动"、课堂成为"乱堂"的尴尬局面。

我国要建设创新型国家，需要培养学生的创新意识、实践能力，但是，指望得到那种包治百病的教学模式是不可能的。教育改革发展有其内在规律性，不可忽左忽右；更不可邯郸学步，东施效颦。橘生淮南是橘，橘生淮北则为枳。不同的时期，基于不同的发展阶段；不同的地域，基于不同的地方实际；不同的学校，基于不同师生的个体特征，应该有不同的教改之路和教学模式。

适宜的才是最好的教育。适宜不同时期、适宜不同地域、适宜不同阶段、适宜不同师生的特点和需求，才是最好的教育。我们学习马克思

---

[1] 李老师讲最真教育.

[2] 郑新蓉：见多了"先进理念"，我更加喜欢这些"老理儿".

主义普遍原理，但是机械的学、照搬照抄的学就犯了"本本主义"的错误。以马克思列宁主义基本理论与中国革命具体实践相结合的毛泽东思想为指导，中国共产党人领导中国人民取得了新民主主义革命的胜利。以马克思列宁主义基本理论与中国建设具体实践相结合的中国特色社会主义理论为指导，中国共产党人领导中国人民在实现中华民族伟大复兴的路上正在奋勇前进。脱离中国实际，再好的理论也将成为无源之水、无本之木。我们的教育教学更是如此，要一切依时间、地点、条件为转移。

教师哲学修养的修炼法则

教师的哲学素养不仅深刻影响教师的实践能力和水平,还关系教师的职业幸福。新时代,教师想要拥有自己独特的教育视角和"私人定制"的教育方法,必须注重哲学修养,必须掌握相应的教育哲学理念和方法,提升用哲学思想指导教育教学实践的能力。

一、哲学之舟载你自在教书

1. 回望初心,守住立德树人使命之根本

教书育人是指教师关心爱护学生,在传授专业知识的同时,言传身教,引导学生寻找自己生命的意义,实现人生应有的价值追求,塑造自身完美的人格。教书是教学生学习功课,育人则是对受教育者进行德育、智育、体育、美育等多方面的教育、培养。《国家中长期教育改革和发展规划纲要(2010-2020年)》中指出,"育人为本、德育为先"是实施教育的主导思想。育人为本是教育的生命和灵魂,是教育的本质要求和价值诉求。[1] 在教书育人这个复杂的事物中,我们要抓住育人这一主要矛盾的主要方面,因为它关乎我们教育事业的兴衰成败,关系着我们中国特色社会主义教育事业举什么旗、走什么路的方向问题。

但不可否认的是,在现有教师群体中,依然存在着"走着走着,就

---

[1]《国家中长期教育改革和发展规划纲要(2010-2020年)》.

忘记了为什么出发"的现状，有的教师教书二三十载，守住了教学成绩，强调了专业知识，但却忽视了教育的本质，模糊了授课与育人的关系，没有将立德树人这一学校的根本任务贯穿教育教学全过程，没有将德育放在首位。教师应自觉将思政教育融入各类课程，充分认识"课程思政"的时代价值，强化思想理论教育和价值引领，因为它不是游离于课程之外的附加内容，而是所有专业课程必备的、内化的基本内容。

　　有一名乡镇学校的女生，形象好，气质佳，还参加过全国的模特大赛。这样耀眼的她，在同学们面前也表现的高高在上，一副盛气凌人的样子，甚至对那些相貌平平的同学讽刺挖苦。语文老师发现了问题，她悄悄地塞给女生一张小纸条卞之琳的小诗送给你：你在桥上看风景，看风景的人也在看你。女生并无反应，第二天，又送一张小纸条，写道：我们每个人的一言一行，一举一动都会进入别人的眼睛，都会成为别人眼中的风景，都会装饰别人的梦。第三天，老师收到了女生回复的纸条：老师，感谢您诗意的提醒，我会改变自己，我会成为别人眼中美丽的风景，扮靓自己和她人的梦……这样的文字交流，无声却传情。女生从此发生了非常大的转变。这位老师，为我们诠释了"课程思政"的美！

党的教育方针是：德智体美劳全面发展。德，是第一位。当发现学生在品行上出现了小问题，所有学科的教师都应该进行及时的教育和引导。按照习近平总书记在全国教育大会上的讲话精神，新时代学校要坚持中国特色社会主义教育发展道路；新时代教师要不忘育人初心，把立德树人融入思想道德教育、文化知识教育、社会实践教育各环节。只有这样，身为教师的我们才能完成立德树人的使命。

2. 唤醒智慧，成为呵护学生心灵的雕刻师

"教育意味着一棵树摇动另一棵树，一朵云推动另一朵云，一个灵魂唤醒另一个灵魂。"早在20世纪50年代，德国存在主义哲学家雅思贝

尔斯就在其专著《什么是教育》中对教育做了这样生动的诠释。教育本应该是唤醒而不是灌输，是呵护而不是苛责。当教室里只剩下授课教师在神采飞扬的唱独角戏时，当教与学的过程完全被教师只手遮天时，当学生对老师充满抵触和厌倦时，无数弱小的灵魂就有可能在灌输中萎靡，在苛责中凋败。

倍感委屈的老师大多会拿出"分数、名次、名校"的藩篱来为自己开脱，拿出"恨铁不成钢""哀其不幸怒其不争"为自己辩解。《吕氏春秋·博志》有说"全则必缺，极则必反。"这句话的意思是：太全了就一定要缺，事物发展到了顶点，就会向相反的方面转化，这也就是唯物辩证法常说的"相反相成"和"相辅相成"。唯物辩证法告诉我们，矛盾就是对立统一。矛盾着的双方既包含着相互排斥、相互分离的"对立"属性，也包含着相互吸引、相互联结的"统一"趋势。矛盾着的双方在一定条件下相互依存，依据一定的条件相互转化。当我们想保持事物质的稳定性的时候，矛盾双方力量的此消彼长就必须在量变阶段，否则，统一体将会破裂。"师者，传道授业解惑也"，如果课堂成了单纯的知识灌输场，老师就起不到答疑解惑的作用了。"严师出高徒"，如果把"严"演变为老师的"一言堂"，师徒关系也将倾覆，师也将不能再被尊为师了。

> 一位老师曾谈过这样一个经历：2000年教过的那位张姓学生是我永远的痛。当时身为班主任的我，颐指气使的不接受他的诚恳道歉，武断地把他定在了成心为恶的耻辱柱上。时至今日，我依然很想俯下身去聆听他心底的声音，很想亲手打开他心中或许已经郁结很久的那个心结，并送上我迟到的歉意和祝福。

把握教育的本质，从灌输走向唤醒，从苛责走向呵护，需要教育智慧。唤醒教育智慧，教师就要像古希腊哲学家苏格拉底先生所说的那样成为"精神上的助产士，帮助别人产生他们自己的思想。"掌握教育智慧，教师需要多一分耐心，多一分激励，多一分关爱。面对那些我们又爱又"恨"的孩子，老师要做的就是要全面分析孩子身上的优缺点，一方面正视缺点，防微杜渐，防止事物向更坏的方面转化；另一方面要积极利用和创造有利条件，结合教育规律和个人成长规律，有针对性地对受教育者施加积极的影响，使事物向好的方面转化；这样才能达到预期的目的。所以，给孩子最好的教育是：让孩子看到远方的树，为孩子种下幸福生活能力的种子！像雅思贝尔斯说的那样，一个灵魂唤醒另一个灵魂。让我们用自己的言传身教、以身作则去呵护和唤醒一颗颗幼小的种子，用自己的真实行动来慢慢影响它们，让它们生根发芽、枝繁叶茂。只有成为这样的呵护学生心灵的雕刻师，我们才能成为学生生命中的贵人。

3. 正视自我，在自我反思中不断成长

哲学是一门给人智慧、使人聪明的学问，是指导人们生活得更好的艺术。学习哲学，能让人从认识自我开始，更好地认识自然、认识社会，认识人与自然界、人类社会的关系，进而处理好与周围的人与事的关系，从而提升自我，成就自我。

战国时期思想家韩非《扁鹊见蔡桓公》一文，讲述了蔡桓公讳疾忌医，最后病入骨髓、体痛致死的寓言故事。意在告诫世人应该勇于正视现实，直面自己身上的不足，及早采取救治措施。现实生活中，很多人对自己的认知有失偏颇，潜意识里总是把自己身上的优点放大，忽略自身的缺点和不足。了解哲学的人知道，任何事物都有既相互对立又相互统一的双方，我们看问题坚持全面的观点，才能全面把握事物。坚持一分为二的观点，客观评价自己的优点，承认自己的缺点，才能悦纳自己，尊重他人，成为集体中和谐的一分子。

学生阿然，喜欢和数字打交道，选科分班自然学了理科，高考以优异的成绩考取了某重点大学的土木工程专业。但是，毕业十年后的2020年6月，他才在一家私企，谋得一个从事大数据有关的临时工作。父母至今引以为憾，因为，是他们为孩子选择了当时最火的土木工程专业，却没有正视孩子的喜好和自身的长板短板。好在荒废了十载光阴后，阿然自己找到了"最爱"，他说，搞土木不是我长项，与数字为伍，在与数字对话中我才能找寻到生命的价值和活着的意义。

金无足赤，人无完人。正视不足，用己之长，建功立业的典范不胜枚举。篮球巨星姚明发挥了他最大的优势，并朝着这个方向发展，最终成为世界篮坛一颗耀眼的明星。内地功夫演员吴京毕业于北京体育大学，曾获得全国武术比赛精英赛枪术、对练冠军，凭借自身功夫打入演艺圈，功成名就。

正视自我，要反思自我，丰富自我，才能提升自我。曾子是中国古代克己以成仁的典范。"吾日三省吾身"传唱至今，每天他多次反省自己："替别人做事有没有尽心竭力，和朋友交往有没有诚信，传给别人的知识有没有亲身实践过？"我们身边也不缺少这样的典范：

> 丰南区杨家泊小学校长王健在不到36岁就当上了当时唐山市最年轻的河北省特级教师，但她从未停止前行的脚步。在她青春的修炼手册上，不断用长板补短板，带着真诚、朝气与活力，陆续开办并推广了乡村读书系列活动，让无数乡村教师和学生受惠。开滦一中陈玉龙，在不到四十岁的年龄已经是河北省特级教师，每天依然看见他在勤勉耕耘，比照前辈的成功查找自己的不足。他们是不断学习，激励自己，并取得成功的典范！

在这个过程中，无论是古代先贤，还是现代初获成功的青年，他们都充分发挥了自身的主观能动性，朝着自己的人生目标砥砺前行，丰富认知，不断提升，超越自己，成就了卓越。

提升自我，意味着成长。对于一个社会人，没有成长意味着与社会脱节。对于一个教师，没有成长就意味着不能胜任讲台。没有成长就意味着在岗位竞聘、职称晋级的时候遭到淘汰。对于即将给付学生的一碗水，教师的成长就是意味着教师应该经常问问自己，我水桶里的水是否充足并且常新。在审视自我的过程中，广博吸纳，取他人之长补自己之短，成就最好的自己。

　　王健和陈玉龙在我身边的朋友中不见得是最聪明的，但却是最勤奋的，他们热爱学习，自加压力，不断成长，而比他们聪明的许多人却忽略成长。像不断精进自己、持续成长的王健、陈玉龙这样的人，才会走得更远、站得更高、收获更多。

　　有人说，成长的过程就是破茧为蝶。在这个过程中，我们每个人都经历了反思、提升的数个轮回，从风华正茂到鬓染白霜，三尺讲台的每一季都见证了我们的超越和提升。让成长伴我们一生，当回首往事时，一定不会因碌碌无为而羞愧，因虚度年华而悔恨！

二、哲学之舟载你自在管理

1. 构建强大意志，助力学生超越自我

　　孙中山先生在《建国方略·孙文学说》中说："吾心信其可行，则移山填海之难，终有成功之日；吾心信其不可行，则反掌折枝之易，亦无收效之期也。"意思是说，如果人的内心相信事情可以成功，则移山填海的难事也能做成；相反，如果内心不相信其可行，那么即使是易如反掌的事也会很难做成。习近平总书记在中国科学院第十九次院士大会的讲话中引用了这一经典名句，他用这一精辟论述点燃了创新发展的动力引擎。

　　马克思主义哲学强调物质决定作用的同时，也重视意识对物质的能动作用，特别重视意识对人体生理活动起调节和控制作用。当你下决心想做成某一件事情的时候，意识会调动你全身的要素忘我且全然地投入，

它就会帮助你抵制一切负面信念的干扰，心理学称之为意志力，人们要获得成功必须要有意志力作保证。亚圣孟子说："天将降大任于斯人也，必先苦其心志，劳其筋骨，饿其体肤，空乏其身，行拂乱其所为，所以动心忍性，曾益其所不能。"这段话，生动地说明了意志力的重要性。要想实现自己的理想，达到自己的目的，需要具有坚强的意志、勇敢顽强的精神，这样才能克服前进道路上的一切困难，这就是意志的强大作用。

新东方英语创始人俞敏洪，曾两次高考落榜，之后却执着地考上了北大，又打造出新东方。考上北大，他凭借的是他内心激发的巨大力量；打造新东方，更是离不开他的目的性、计划性、自觉选择性和主动创造性。

因为意志和信念足够强大，困难和阻力就望而却步。倘若俞敏洪当时调动全身的意念是去抱怨，抱怨自己命不如人，抱怨家庭出身不好，那他就不可能创造出这样的个人传奇。

人的思维、理念、意志力在助推事物发展中发挥着至关重要的作用，恰当发挥其能动作用，确实会收到"人定胜天"的奇效。

开滦一中2020年高考理科状元阿臣，在高一入学时的成绩仅仅排在年级二百多名。但他经过三年的努力，高考时却一跃成为学校的理科状元，而且一路赶超，把一众唐山的学子抛在身后。他之所以能取得如此骄人的成绩，除了归功于他端正的学习态度，勤勉踏实的学习风格，刻苦用功并执着高效的学习智慧，更要归功于他胜不骄败不馁的学习毅力和勇气。这样的毅力和勇气激发了他内心深处的巨大潜能，创造了他美好青春年华的精彩。

但是，意志力薄弱的人，则会受身边不良因素的影响，习惯性的被他人所左右。霸王项羽，兵败的原因很多，但失败之后他意志丧失，逃避现实,才是他不能重整旗鼓,卷土重来的内在原因!

很喜欢用"苔花如米小,也学牡丹开"和师生共勉。很多时候,我们不是不行,而是没有去做,没有去坚持。很多事情,我们再多一点执着,多一分努力,或许成功就在眼前。让学生和我们一起明白,真正的勇敢,是即便低到尘埃里,也要学苔藓开出花来。不管起点如何,只要不抛弃、不放弃,我们都能像阿臣同学一样,迎来风雨之后的美丽彩虹,化茧成蝶,成就人生梦想。

2. 正确归因,助推学生健康成长

不为失败找理由,只为成功找办法!这应该成为新时代教师的共同行为习惯。

毛主席在1937年8月出版的《矛盾论》中说,事物发展的根本原因,不是在事物的外部而是在事物的内部,在于事物内部的矛盾性。外因是变化的条件,内因是变化的根据,外因通过内因而起作用。鸡蛋因得适当的温度而孵化为小鸡,但温度不能使石头孵为小鸡,因为二者的根本是不同的。人的发展也一样。美国心理学家伯纳德·韦纳把人们对行为成败原因的分析,归纳为六个原因:能力、努力、任务难度、运气、身心状态、其他因素。韦纳等人认为,人的个性差异和成败经验、人对前次成就的归因、个人的期望、情绪和努力程度等,均影响着他的归因,影响到他对下一次成就行为的期望、情绪和努力程度,对成就行为有很大的影响。所以,要进步、求发展,我们必须有刀刃向内的勇气,敢于剖析,正确归因。

有些人在遇到问题时,习惯性地找各种借口为自己辩解、开脱、推诿,而不是从自己身上找原因、直面问题、勇敢承担。人一旦有这样的习惯,就容易变得盲目、狭隘、固执、偏激,也不太可能会有成长。真正优秀的人,很少会为自己找借口,他们往往更愿意反思如何变得更好。当我们班级在量化评比中失利时,我们的关注点应该在哪?我曾看见一位班主任带着班委堵到了年级检查纪律的学生的教室门口,无论有怎样的争辩和纠缠,这位老师已先输一筹。有的人,凡事找外因,十年都是一个样子；有的人出事找内因，每天都是新样子。面对班级的量化成绩，班主任老师最该有的样子应该是带着班委会成员坐下来，审视一下本班班科任联席制下的问责制制度是否规范，班干部队伍素质是否过硬，学生的日目标、周目标、阶段目标的要求是否合理，班级的奖惩制度的制定和实施是否规范，等等。而不是将班级量化考核落后的原因归于年级检查学生的不公、任课教师水平不高、学生素质太差，等等。试想，倘若科任老师也说成绩不好是因为班级纪律不好、管理欠佳，学生则说是因为老师教得不好、管得不到位呢？都从外部找原因，造就的就是一个畸形的怪罪链！在这个畸形的怪罪链上，每个人都在找借口逃避责任，那这个班级的量化评比可能真的是很难再迎头赶上了。所以，将责任归为外因，因为与己无关，高高挂起，结果是人很难成功，事很难办成。

在每个人的成长历程中，或多或少会遇到挫折、失意，有人曾说，唯有自我度化，才能越过黑暗。在黑暗中找寻力量，外界的所有事物和外力援助，其实都帮不了自己；只有自己顿悟之后，才能感受到不一样的力量与光明！

教师发展，贵在有正确归因的勇气，自揭伤疤，才能更好地实现自我完善和发展。当班级学生成绩落后时，我们可以反思教学目标设定是否合理，反思教学过程是否得当，反思学生自主学习的学习策略和努力程度是否与教师指导不当有关，反思课堂沉闷乏味、学生不爱听的教师原因，等等。做好课堂反思，注重内因的作用，增强教师发展的内驱力，找到改进的办法，去改变它，并引以为戒，不再重蹈覆辙，教师才能更好地实现自身的成长。

3. 善用知行合一，践行责任担当

"知行合一"是明代思想家王守仁先生提出来的关于道德修养、道德实践方面的哲学命题。他认为，认识事物的道理与在现实中运用此道理，是密不可分的。知行是一个功夫的两面，知中有行，行中有知，二者不能分离，也没有先后。与行相分离的知，不是真知，而是妄想；与知相分离的行，不是笃行，而是冥行。他一方面强调道德意识的自觉性，在知上下功夫，另一方面也重视道德的实践性，在行上见成效。王阳明所讲的"知行"关系，从现代扩展的意义而言就是理论与实践的关系，所谓"知行合一"，就是理论与实践相统一。

习近平总书记说，当今的中国正处在近代以来最好的发展时期，世界正处于百年未有之大变局，我们比历史上任何时期都更接近中华民族伟大复兴的目标，比历史上任何时期都更有信心、有能力实现这个目标。新时代的人民教师承担着继往开来的神圣教育职责，在知上下功夫，就要牢记为党育人、为国育才的使命担当。要认真学懂、弄通习近平新时代中国特色社会主义思想，坚守与践行"四个自信"重要理念，对社会主义核心价值观要发自心底的肯定，用新时代中国特色社会主义思想铸魂育人。教师要在心中扎下爱国情、强国志的根，才能在学生心中开花结果。我们要培养社会主义建设者和接班人，教师自己就要信仰坚定，才能有效引导学生真学、真懂、真信、真用。

在行上见成效，就是学以致用。将新时代中国特色社会主义思想贯穿教育教学始终，在为党育人、为国育才的舞台上，传播知识、传播思想、传播真理，经受住各种诱惑与考验，成为塑造学生品格、品行、品味的"大先生"。

陶行知先生说："人生为一大事而来，做一大事而去。"在一定意义上道出了"人活着的真正价值在于创造价值，在于对社会的责任和贡献。"这一如何实现人生价值的命题。孟子"达则兼济天下""独乐乐不如众乐乐"，范仲淹"先天下之忧而忧，后天下之乐而乐。"这是古代封建王朝文人和士大夫的担当。为社会发展和人类进步事业作贡献，这是中国共产党党员和一切进步人士的担当。身患重病、身体还未痊愈主动就申请去新疆支教的唐山市师范学院附属小学张雅静老师；夜里照顾生病住院的亲人，白天坚持上课的开滦一中荣蕾老师、侯圆圆老师；危险来临，把学生护在身后的开滦一中孙凤民老师，等等，是他们用行动演绎了什么是新时代教师肩上的责任和担当。

三、哲学之舟载你自在生活

1. 阳光心态，笑对人生写芳华

生活中，假如我们每个人都能忍一时之痛，正确对待失败和曲折，也许都能获得令人羡慕的芳华。《史记·越王勾践世家》记载，越国兵败，越王勾践被抓到吴国，作为吴王人质，受尽吴王羞辱。返回越国后，每天睡在坚硬的木柴上，在门上吊一颗苦胆，以每天在吃饭和睡觉前品尝一下苦胆的方式，告诫自己不要忘记洗刷自己在吴国当囚徒的耻辱，不要忘记报仇雪恨。经过十年的发愤图强，越王亲自率领军队，击败吴国，一雪前耻。"汉初三杰"之一的韩信，很小的时候因失去了父母，经常受到周围人的歧视和冷遇，他当着众人的面，从那个市井屠夫的裤裆下钻了过去。"胯下受辱"这样的羞辱放在当今依然令人无法忍受，但在当时一向看重个人名誉的封建社会，无论是勾践还是韩信都选择了隐忍。因为韩信熟知秦律"杀人者死，伤人者刑"，按照当时一向轻罪重罚的律法，他自然难逃一死，因为勾践知道倘若他让吴王感觉出他有一丝异心，必将复国无望。他们接受苦难，选择忍隐，才有了之后震古烁今的成就。后世千古传诵这些故事，无非是在提醒世人要在危机中选择冷静，在紧要处懂得权衡。

开滦一中2005届毕业生阿梅，出生在农村，父母皆因病丧失劳动能力，靠着左邻右舍的接济，姐弟俩由年迈的爷爷抚养长大。面对生活的艰困，阿梅没有选择颓废和放弃，没有抱怨和纠结。苦难给了她羁绊，也给了她坚韧。苦难给了他磨难，也给了她成长。怀着积极乐观的阳光心态，在多位爱心人士资助下，她完成了高中学业，之后她读完了大学，考上了研究生。现在，有了满意的工作和幸福的家庭。她说她吃过的苦头，她走过的那段灰暗的年少岁月，磨炼的是她的意志，沉淀下来的是生活智慧，为她迎来的是以后更加芬芳的人生。

阿梅的故事告诉我们：艰困并不可怕，能直面困难，收获经历苦难之后的那一份感悟，是人一生最宝贵的财富。

但是，并不是所有的人都能具有这样阳光心态的。在教师队伍中，有一些人，经常牢骚满腹，抱怨自己的努力和成绩不被认可，甚至误以为领导和同事"不安好心"，排挤、打压或者诋毁自己。因为得不到表扬，评不上优秀，进不了职称，涨不了工资，就怨声载道。有的人认为，自己没评上，就是不公平，自己评上了，就是早应该。这样的思维，这样的"常戚戚"状态，必然导致心理的负能量越来越多，怨气越来越重，心中的阴霾遮盖了生活中的阳光，不仅影响了身心健康，也影响人际交往，陷入社交和个人发展的"黑洞"。

人的痛苦往往源于过度的比较和计较。

> 老王年终奖拿了1万元，左右一打听，办公室其他人年终奖却只有1千元，老王心中是按捺不住狂喜。
>
> 老王年终奖拿了1万元，左右一打听，办公室其他人年终奖也是1万元，心头不免掠过一丝失望。
>
> 老王年终奖拿了1万元，左右一打听，办公室其他人年终奖都拿了1.2万元。老王心中郁闷，一整天都感觉像压着一块石头。
>
> 老王年终奖拿了1万元，左右一打听，办公室其他人年终奖都拿了5万元。老王一听，肺都要气炸了……

同样数目的年终奖，在不同的环境下却给老王造成了截然不同的感受。因为很多人的快乐，在很多时候，并不缘于自己，而在于和别人的比较。这种狭隘、短视、自私的计较，不仅浪费了自己的精力，带坏了自己的情绪，也使自己变得卑微与渺小。正所谓，世上本无事，庸人自扰之。

从哲学上讲，物质决定意识，意识是物质的反映。我们应该承认别人对我们的评价，一般都会滞后于我们的行动。我们应该培养自己这样的心态，只要付出就一定会有回报；不要指望别人的认可有那么多、那么及时；在功过面前要看淡一些，要宽容一些。我们必须学会推功揽过，而不争功诿过。以这样的心态对待工作、对待集体、对待他人，才会收获一路的灿烂阳光。

2. 学会取舍，成己达人展胸怀

著名哲学家王阳明先生说：人须有为己之心，方能克己；能克己，方能成己。为己，是对自己有一个清晰的自我认知；成己即一个人想要成为自己，就一定懂得克制自己。克制自己，就是要自我约束。因为人的性格中有阳光面，也有阴暗面；有物性也有人性；有与食欲、性欲有关的自私、放纵、贪婪、野蛮、残忍，也有与社会、文化有关的仁、义、礼、智、信。克制自己就是要抑制性格中阴暗的一面，抵达积极阳光的一面。阳明先生从科举失意到步入仕途，从谪贬龙场到龙场悟道，从平定叛乱到立院讲学，直至后来的出任两广总督，57年的人生轨迹就是对他从为己到克己，再到成己的心学理念的最好诠释。

"克己"离不开"知进退"。公元前207年，汉高祖刘邦率领大军攻入咸阳后，并没有马上开始豪华的王宫生活，而是还军霸上。废除严苛的秦律并约法三章：杀人者要处死，伤人者要抵罪，盗窃者也要判罪。这三项法律被广为宣传之后深得民心，刘邦也因此得到了百姓的信任、拥护和支持，最后取得天下，建立了西汉王朝。相反，项羽沽名钓誉放刘邦跑路、败走乌江时，有船不渡宁可自刎，不知进也不知退，千古之下，仅留下一声轻叹。同样结局的还有明末农民起义领袖——闯王李自成，他勇猛有识略，潼关战败，仅率十余人，次年还能东山再起，但在攻克北京，推翻明王朝之后，却犯了胜利时骄傲的错误，逼反吴三桂，满洲贵族入关，败退出北京。

生活中，我们也经常需要在进与退、取与舍之间权衡，能克己，知进退，其实是人生中最难的修行。正如王阳明所说："一起一伏，一进一退，自是工夫节次。"成功者懂得什么叫尊重而不越界；什么叫恰如其分；知道在鱼和熊掌不可兼得的时候，舍鱼或舍熊掌；意识到自己的局限和缺陷时，能尝试做出改变；功成名就时不得意忘形，落魄失意时不黯然神伤；与人交往时不谄媚、不轻视，把握分寸，谨守进退之道。某电影女主角因电影大卖而圈粉无数，但据说原定女主并不是她，原定女主因为在开拍前一天加片酬被撤，才成就了临时救场的该女演员。人生处处都是选择题，选择是否出演需要取舍，做学问也是如此。面对婚姻、爱情也要有取舍，实现人生价值更要有取舍……舍弃鲜花的绚丽，才能得到果实的香甜；舍弃黑夜的温馨，才能得到朝日的明艳。必要的舍弃是为了更好地获得，这是一种为人处世中的大智慧。能克己，知进退，学会取舍，你才能成就美好人生。

3. 善于思辨，多维转换显智慧

记者采访硬笔书法家张文举时问道："你认为一个人走向成功，最重要的条件是什么？"张文举答："一个人能否取得成功，理想很重要，勇气很重要，毅力很重要。但更重要的是，人生路上要懂得变通，更要懂得转弯！"张文举先生在将近30岁时的变通，是听从了编辑老师的鼓励和建议，放弃了坚持了十几年的作家梦，开始练习硬笔书法，并找到了书法的快乐，也从此成就了他的书法梦。张文举先生懂得变通，将文学梦转入硬笔书法梦，最终成为硬笔书法家。很多并没有从小就学美术、音乐、体育的孩子，转学特长之后，在高考中就取得了不错的成绩。

> 开滦一中2020届高中毕业生阿博，发现自己在绘画方面的天赋，转而开始学习绘画，最后以美术成绩河北省前三的优异成绩考取了北京某重点大学。阿博接受自己在单纯文化课上的不足，改为发展自己在美术方面的天赋，开启了成功之门，也成就了不一样的人生。

有人会说，我们从小接受的教育是不轻言放弃，要想实现自己的梦想，需要坚持。半途而废，注定只有失败。诚然，方向正确的前提下，要想达成所愿是需要持续发力的。但并不是每个人都是智者，每个人对自己的定位都准确。在人生的某个拐点，当发现如何坚持都不可能成功时，我们就应该学会变通。

  1957年获诺贝尔物理学奖的杨振宁，他曾一心要做一个成功的实验，但他每每都没有成功，受到嘲笑后，他也意识到自己确实不适合做实验，经过千百次的反省后，决定放弃，去追求其他的梦想。于是，他取得了成功，成了举世闻名的物理学家。

  投笔从戎的东汉军事家、外交家班超，弃医从文、唤醒沉睡、麻木国人的鲁迅；出生于绅商小康之家却投身人民革命的新中国开国大将谭政……"变则通，通则久。"懂得变通，才能成就智慧人生。

在无路可走时学会变通，在遭遇障碍时寻找转机，人生会有另一番机遇。因为我们从小接受的教育里包括思辨的哲学思想，万事万物皆有矛盾，"一把钥匙开一把锁"才是正确解决矛盾之道。认准方向后的坚持，和置之死地后的变通，都是处世的智慧。不懂得变通的人，撞破南墙也不回头的执拗或许只能让人一事无成。

变通需要智慧，转弯需要勇气。我们要学会审时度势，具体问题具体分析，根据不断变化的实际，区分哪些是我们能够改变的，哪些是我们不能改变的。不能改变的，我们学会适应，坦然接受，学会在不同的环境中成长。对于那些能够改变的，找准时机，于恰当处转弯，抓住时机实现飞跃。

"人间皆芳草，悟道是哲学。"让我们搭乘哲学之舟，认清自我，超越自我，唤醒智慧，巧用智慧，审时度势，卓然脱俗，成就完美人生！

第五章 研究的精神

> 夫教育之真理无穷,能发明之则常新,不能发明之则常旧。有发明之力者虽旧必新,无发明之力者虽新必旧。故新教育之所以新,旧教育之所以旧,亦视其发明能力之如何耳。
> ——陶行知

我们站到讲台上、身处校园中,有一个永恒的主题:变化!因为,我们要面对每天都在成长的学生,每天都不同的教育课题,每天都在变化的教学内容……那么,如何迎接新挑战,胜任新变化?如果我们只是简单的重复,"以不变应万变",势必会陷入被动;久而久之,就会形成职业倦怠,甚至走向职业枯竭的危险境地。要胜任教学,追求卓越,提升职业成就感和幸福感,我们必须开启研究之旅。特别是面对新时代、新使命、新征程,教师必须把培养研究精神、养成研究习惯、学习研究方法、提升研究能力、收获研究成果,作为职业追求,让教育生涯因研究卓尔不凡!

研究，是新时代教师的重要职业属性

研究，是最好的工作。唐代诗人李山甫在《古石砚》中说："波浪因文起，尘埃为废侵。凭君更研究，何啻直千金。"可见，在古人眼中"研究"的精神比黄金还要宝贵。随着时代的发展，教育的目标、环境、方法等因素在加速发展变化，研究的重要性就更为凸显。作为一名教师，面对工作中时刻存在的挑战，怎样看待教育教学中的研究？如何理解研究是新时代教师重要的职业属性？

一、研究，提升教师胜任之力

1. 研究是教师职业的特有属性

教师，不是简单重复性的职业，是专业性非常强、挑战性非常强、无时无刻不需要思考、研究的职业。从事研究是教师的基本职业属性。教师要研究新时代教育的"真相、本质和规律"，针对教育对象、环境、目标的变化，研究科学的策略，做创新性的教育，满足教育过程和教育结果的时代化要求，通过研究促进自身的专业发展。

2. 拿起研究的武器，教师才能适应教育现代化的要求

科学技术的迅猛发展，催生人们生活、生产和思维方式发生着巨变。知识更新的周期更是不断缩短，一名本科毕业的大学生所积累的知识基本上在5年之后就被折旧。有研究表明，人类信息总量翻一番，目前只需73天！因此，在新时代的背景下，教与学正在发生深刻变革，多渠道

的信息来源，海量知识扑面而来，视频教学、网上学习，处处都能实现。这就为校园中的我们提出了严峻的挑战，应对挑战的重要途径就是拿起研究的武器。

2019年2月，中共中央、国务院印发《中国教育现代化2035》，明确提出"到2035年，总体实现教育现代化，迈入教育强国行列，推动我国成为学习大国、人力资源强国和人才强国。"国家的强大需要人才的涌现、创新型人才的培养，教师要"树立改革创新意识，踊跃投身教育创新实践"，做一位研究型教师是教育现代化的迫切要求。

3. 研究是教师提升职业自信的基本保障

教师要做研究者，通过不断研究实现专业发展，在研究过程中提升从教本领，在瞬息万变的世界和飞速发展的教育中，形成自己的"实践自信"。随着研究的深入，对教育实践中的热点、难点问题，不断取得成功，从"让学生满意、自己心安"，逐渐发展到"让学校骄傲，让历史铭记"[1]，对自己发展的希望不断攀升，从而获得实践自信、理念自信、方法自信、发展自信，让教师的职业生活因研究而自信满满。

二、研究，是教师走向卓越之桥

1. 造就研究型教师，是国家教师发展战略

2010年7月29日，国家中长期教育改革和发展规划纲要工作小组办公室发文《国家中长期教育改革和发展规划纲要（2010-2020年）》，要求各地"创造有利条件，鼓励教师和校长在实践中大胆探索，创新教育思想、教育模式和教育方法，形成教学特色和办学风格，造就一批教育家"；"创新人事管理和薪酬分配方式，引导教师潜心教学科研，鼓励中青年优秀教师脱颖而出。"纲要中提出了教师走向卓越的基本途径"探索、创新"。2018年1月20日，《中共中央国务院关于全面深化新时代教师队伍建设改革的意见》明确对教师职业的要求：造就党和人民满意

---

[1] 朱永新著. 大教育书系 致教师. 武汉：长江文艺出版社，2015.08.

的高素质、专业化、创新型教师队伍。国家对教师队伍建设目标的要求定位了三个关键词：高素质、专业化、创新型。教师要通过不断的研究从容胜任教学，继而形成自己的教学主张、教学风格，立志成为教育家型的教师。

2. 走向卓越，成为学生学习的典范

墨子云："志不强者智不达。"做教师，要给自己确立成长方向：要成为学生学习的典范。只有善于研究的教师，才会对学生的成长产生重要的影响，真正成为学生成长的引路人。只有善于研究的教师，才能在实践中创新，形成自己独有的教育主张和教学风格，成为卓越教师。

新时代，教师通过做教育教学研究，形成研究意识、研究精神、创新能力，更好地运用"研究的规律"去指导学生。教师坚持做日常的研究，久而久之能养成用"研究"范式去思考问题的习惯，形成深沉、宁静又睿智的人格魅力。教师将自己的研究过程、成果，以日常教学的言行去影响学生，甚至是和学生一起研究要解决的问题，不断实现新的成长，收获研究后的成功喜悦，用这样的言传身教成为学生的楷模。

3. 善于研究，应成为教师的基本职业精神

朱永新教授认为："理想的教师，应该是一个追求卓越、富有创新精神的教师。"圣人孔子，十五岁立志要做学问，三十岁确立人生信条，研究不辍；到五十岁，才真正把握了"天道"；六十岁有"坚定不移，谁说什么，自己都不会在乎"的人身信条；七十岁时，达到"依照规律，从心所欲的做事情"的境界。孔子穷尽一生的精力，追求"做一个具有仁爱之心的人，培养一批具有仁爱之心的人"的目标，做到"人不知不愠"。他一生追求"天下大同"的天道，在做学问（做人）上成为中国历朝历代公认的典范。

纵观教育史上的教育名家，都是从非常普通的老师，通过研究走向新的高度。"陶行知的一生，进行了很多创新试验。设立试验乡村师范学校，进行乡村教育改造和乡村社会改造的试验，在试验中形成了独具中国特色的'生活教育'理论，提出了著名的'生活即教育''社会即学

校''教学做合一'的三大命题。同时,还进行了'中心小学'的试验,认为中心小学是母亲,师范学校是儿子,中心小学是师范学校的试验中心。1932年,他又设立了山海工学团,作为一种新的教育组织,进行试验,而后把它推向全国……系统的教育试验为他探索适合中国国情的教育提供了科学依据"[1]。

魏书生从民办教师开始做研究。上语文课,他研究如何教学生学习语文;做班主任,他研究如何管理,促进学生自主成长;做领导,他研究如何管理,成就师生。教育家吕叔湘这样评价:"他(魏书生)立志献身教育事业,有一种忘我精神,这不是一般人所能做到的,也不是一般教育家都能做到的。"

于漪老师一辈子都在反思中研究:"我不断地反思,我一辈子上的课,有多少是上在黑板上的,有多少是教到学生心中的。"她认真研究和创造自己的语文教学方法,追求"带着生活露水的鲜花、学生容易和教师交融的课堂"。华东师范大学夏建国以于漪教师为例谈,新时代卓越教师的特征:"于漪之所以能荣获'人民教育家'等称号,跟她在教师生涯中注重学习和研究是分不开的,敢于直面问题、孜孜寻求解决之道。争做研究型教师,善于在学习和实践中发现问题,运用科学的方法进行研究,创造性地推动教育教学实践,并以一流教育造就卓越教师。"[2]

被公认为现代教育家型校长的李镇西,从1982年毕业到现在一直坚持做教学研究。他说"对教师专业成长,我的体会是四个不停,不停地实践、不停地思考、不停地阅读、不停地写作。记住这四点,坚持五年想不成功都十分困难。"

李镇西对教师要不停地思考进行阐释:带着一颗思考的大脑从事每一天平凡的工作,就是教育科研;而把难题当课题,则是最好的教育科研。他是这么说的,也是这么做的。

---

[1] 何瑞芝. 陶行知论教师成为教育研究者 [J]. 中国教师,2006.

[2] 吴康宁. 教育研究应研究什么样的"问题"——兼谈"真"问题的判断标准 [J]. 教育研究,2002,(第11期).

这样的学者型、教育家型卓越教师很多：顾明远、李吉林、朱小曼、霍懋征、窦桂梅……一辈又一辈，他们都是将追求和研究教育发展作为生命的重要构成部分，在教育发展中，他们的研究精神影响了一代代学生，一代代教师。

三、研究，是教师的幸福之路

研究才能给教师源源不断的归属感、成就感、超越感。苏霍姆林斯基告诫我们："如果你想让教师的劳动能够给教师一些乐趣，使天天上课不至于变成一种单调乏味的义务，那你就应当引导每一位教师走上从事研究这条幸福的道路上来。""教育研究不仅在于教师发现并研究了教育过程中到目前为止尚未被人注意的某个方面，而且在于这种研究能从根本上改变教师对自己劳动的看法。创造性研究能使教师不再把教育工作看作同一些事情的单调乏味的重复，看作每天在各个年级里千篇一律地讲课和复习巩固，等等，而是永远常新的、独一无二的创造活动。"[1]

教师做教育研究的过程是不断进行新挑战的过程，不断攻坚克难，从而带来工作方式、教学方法、师生关系的变化。研究使教师的工作效率事半功倍，而教师在解决新问题、开展创造性工作的同时，每天的生活都是"崭新"的，充满收获的愉快。教师在教学中的研究，在研究中教学，才是"真教育"，才能使教育教学更有深度，更有针对性，更有新意，更有意义。

《论语·学而》开篇讲"学而时习之，不亦乐乎？有朋自远方来，不亦说乎？"所谓"习"讲的是做学问；所谓"有朋自远方来"讲的是"交流"。从教师的角度来理解，教师做关于"如何教育学生、为未来培养人才"的研究，每每有所收获，自然是非常快乐的；经常与同伴、专家就关于教育的问题对话，进行思想碰撞，学术切磋，生活自然也是快乐的。

---

[1][苏]苏霍姆林斯基著，蔡汀、王义高、祖晶主编《苏霍姆林斯基选集（五卷本）》，第4卷，第670页．

做研究型的教师，在研究中增长才干，发展自己，就好比一棵大树能够不断长出新的枝芽，使生命繁茂，是教师职业生活的活力所在、幸福之源。教师通过探究未知、不断创新、锲而不舍、追求卓越，从而不断超越自我，才能以发展谋幸福。

选准教育教学中的"真问题"

通过对基层学校教师"教育研究"状况调研,发现一些教师对研究有一些偏颇认识,有的老师认为教育研究就是做课题,很多老师的研究存在课题"大而空""无的放矢"的情形。出现这样的问题,究其根源是部分教师"为研究而研究",所做的研究不是自己亟待解决的真问题。研究者没有相关的实践研究基础和理性认知,只是为了完成做课题的任务而做课题。

一、认识"真问题"

一线教师做教育教学研究,到底应该解决什么样的问题?华东师范大学吴康宁先生提出了"真问题"的观点:"一个'好的'研究问题,对于教育理论的发展或教育实践的改善,对于研究者自身的发展来说,都是'真'问题。""真问题是(与自己和公众都密切相关的)教育理论的发展或教育实践的改善迫切需要去解释与解决的。"[1]

"真问题"是教师自己的教育教学实践中发生的真实问题现象。教师的教学实践是在通过有目的的教学行为,来实现自己预期的"学生学习效果"——我这样去教、引导学生这样去学,帮助学生达成预期的发展和提高的目的。但是,在具体教学实践中,有目的的教学行为,未必

---

[1] 吴康宁. 教育研究应研究什么样的"问题"——兼谈"真"问题的判断标准[J]. 教育研究, 2002,(第11期).

一定能够达成自己对学生学习效果的期待。不同的老师，在具体教学实践中，对学生学习效果的预期、采取的有目的的教学行为方式（包括行为、态度、突发事件处理的方式和态度等）各不相同，每个教师在教学中遇到的矛盾的特征也会不相同。"教与学的行为和态度"与"学生学习效果现状"具有一定的"对应性联系"，合适的行为和态度，能够出现好的学习效果。不合适的行为态度，预期效果达成度会降低，甚至会产生负效应。

"真"问题，一般指的是教师发现了"教学中真实的低效或者负效应"的现象之后，分析出来的、影响学生学习效果最重要的"不合适的教和不合适的学的行为、不合适的师生心理状态、不合适的学习内容与不合适的呈现方式、外界负面干扰"等因素，这些真实教学实践中影响了目标有效或者高效达成的因素，就是教学实践中的"真"问题。[1]

那么如何准确选择真问题呢？

二、认真发现，主动知困

陶行知先生说："行动生困难，困难生疑问，疑问生假设，假设生试验，试验生断语，断语又生了行动，如此演进于无穷。"[2] 做教育教学研究，需要教育者有主动知困的意识——不断对教育实践进行深入的思考，不断感受教育希望与教育现状的冲突，从教育实践的各个角度去发现困惑和矛盾所在。

1. 主动发现课堂中的困惑和矛盾

教师如何主动发现课堂教学中的困惑和矛盾？建议从这几个维度进行：课程标准规定与教材编排的关系的理解矛盾与困惑；教师的教与学生的学之间的矛盾与困惑；教育教学理论在实践中运用效果的问题；学科教学的难点、重点如何突破；高效学习、深度学习模式的探索；学生

---

[1] 高启山. 从教育实践发现真问题 [J]. 中国教育报（007），2010.07.16.
[2] 陶行知.《陶行知文集》[M]. 南京：江苏人民出版社，1981.

特长的培养策略；教育评价改革的路径与载体；如何有效实施轻负担、高质效等。这些问题会出现在日常教学中，需要我的边实践、边研究。

现代学者提出，"死记硬背对未来的公民或者劳动力而言，将越来越没有用处"，人们"可以随时随地不受限制地获取大量信息""我们越来越习惯于把信息的获取交给电子设备来做，而将更多的注意点放在信息应用和新事物的创造上"[1]。随着教学环境的变化，我们培养的学生要适应"未来变化"的社会，教师过去的经历、现在正在沿用的传统教育方法与未来教育变革间必然出现矛盾，很多现实的矛盾在课堂中会不断出现。

2. 主动发现学生管理过程中的困惑与矛盾

班级建设过程中，教师可以从如下几个维度去深入反思，发现问题：班级活动现状与希望达成目标的矛盾与困惑；班级人际关系状况的现实与希望达成目标的矛盾与困惑；家庭教育、社会教育与学校教育协调统一状况的矛盾与困惑；"学做人"与"应试"教育之间的矛盾与困惑；"传统要求"与时代发展不能很好适应的矛盾与困惑；学困生的转化；教育惩戒实施的具体策略等。

比如，教师如何面对学生生活中的很多"琐事"：同学之间为了体现"友谊"，频繁过生日，互相赠送礼物，甚至到外面聚餐。如何评价这种现象呢？这虽然是同学间表达情谊的一种方式，但如果情况愈演愈烈，就会导致铺张浪费，也会造成家庭条件不好的学生非常为难，还会有其他负作用。那么，老师该如何应对？这是一个重要和现实的研究课题。

对于学校管理者，需要从全校的学生管理实践、教师队伍建设、学生生活等领域去发现问题。不管是哪一个层面、负责哪一个领域的教师，只要主动发现存在的矛盾和困惑，就能深入研究探索，寻求有效路径。否则，远离教育实践中的问题，"为了研究而研究"，就会导致教育"研究"的目标模糊，成为"伪研究"，对"胜任、走向卓越、提高幸福指数"无益。

---

[1] [美] 伊恩. 朱克斯. 未来教育简史. 教育科学出版社，2020.7.

三、寻根探源，找准症结

"生命自觉不仅使人在外部实践中具有主动性，而且对自我的成长具有主动性。这种主动性体现在个体不再依靠他人来指点自己的生命成长，而是不断地进行自我追问，这种追问本身就是一种内省、反思"。[1]

1. 善于"追问"

追问，就是"探个究竟"，搞清楚真相。在教育教学实践中，教师要针对教学目标、教学内容、倡导的教学方法去"追问"：追问"真相、本质和规律"。包括"什么意思、为什么这样安排（或要求），怎么做？"在追问过程中，教师就能发现"真问题"。

如：学生在初中阶段要学习小学已接触过的三角形内角和的知识。小学阶段，学生们通过动手操作：测量、裁剪、折叠，从特殊到一般来验证三角形的内角和是180°，到了初中阶段教师要如何进行教学设计呢？

初中的课堂上，当老师刚刚开始教学时，往往会出现学生集体脱口而出：三角形的内角和是180°，于是课堂就会很"尴尬"。教师如果认为学生已经掌握了这一知识，从而开展后继习题的教学，就很有可能使学生错过初中阶段最重要的推理能力培养关键时期。因此教师要针对学生的回答，进行追问式的设计：180°是怎样得到的？进而可以引导学生在同一平面内找到一个点，使三角形的三个内角顶点都汇聚到这一点。这个点的选取可以在这个三角形的顶点处、边上、内部和外部，这样的追问真正促使学生进行三角形内角和的探索。同时学习了新知识演绎推理，与小学所学的方法就有了不同，在知识逻辑上实现不同学段学习三角形内角和的变化和提升。这样的教学设计重点，要求教师注重发现学生学习中存在的真问题，面对学生似乎是已经会了的知识，进行苏格拉底的"助产婆"式追

---

[1] 仲玉凤. 论教师专业发展的生命自觉：理想样态与现实分析 [D]. 南京师范大学，2015.03.

问，寻求新的答案。

2. 批判性反思

刘可钦先生说："教师需要逐步养成教后反思的习惯，带着研究意识从事教学，才能从一个单纯的教者转化为一个自觉的研究者、主动的实践者、严肃的反思者……教师要用专业的眼光来看待日常教学。教师要成为研究者，首先要有敏感的问题意识。能不能提出具有研究价值的、有意思的问题，本身就是教师研究意识、问题意识的反映。"[1]

教师在教育实践中，总会遇到"教学目标达成期待"与"目标达成实际"的冲突，会在教育教学过程中感觉到不如意、不畅快、不舒服。一个项目的结束，教师静下心来进行回顾，对过程进行"批判性反思"：教学中有哪些因素可能导致教育实践过程出现不满意的情形？我这样做科学合理吗？学生这样的表现科学合理吗？如果教师不能清晰的厘清问题，就继续思考：为什么不能很好地落实？该怎么去落实？

下面是特级教师高启山和教师对课堂进行反思的一个案例。

"信息技术融合教学"活动中，某老师以"现代教育技术在语文教学中的运用"为目的，进行课堂教学。上课地点是计算机教室。学生机是典型的"对面安装模式"，学生面对面坐在一排排计算机面前，一个个兴奋不已；老师在讲台前面也是信心百倍。

镜头一：查看网页了解作者。

"下面，我们双击课件，打开首页，看一下'点击作者'这个栏目，具体了解一下本诗的作者。"老师提出要求。

我站到了学生身后，仔细看他们操作。显然，一部分学生对网页并不十分熟悉，好半天，学生才打开了"作者"栏目。网页中，

---

[1] 刘可钦. 刘可钦与主体教育. 北京师范大学出版社，2006.

关于李白的介绍大概600多字，细细阅读的时候才发现，其中"迁居、供奉、不能见容于权贵"等词语学生并不理解。大约3分钟过后，老师要学生停下来，提问"从作者介绍中了解到了什么？"没有一个人回答问题。倒是后面有学生说：老师，我还没找到网页呢。老师让学生快速地再看一遍。再问，还是没人回答。老师苦笑了一下："资料介绍的是不是'李白被流放夜郎中途遇赦呀？'"学生齐答：是！

镜头二：查资料，看图片，认识三峡沿途美好景色对李白心情的影响。

"李白的心情什么样？"老师问。"高兴！""愉快！"同学回答。

老师又说："为什么这样高兴呢？好，下面，我们来看一些关于三峡景色的资料，通过阅读这些资料，来进一步体会李白为什么这么高兴。"

学生又开始点击网页，读资料，看图片。相关的资料很长，两个栏目，2000多字。学生大约读了8分钟时间后，老师开始引导学生讨论：通过刚才阅读网上的资料，你们感到三峡的景色怎么样？

"很美！"

"好，那么，李白为什么心情那么高兴呢？"

"因为看到沿途景色很美丽，所以心情很高兴！"

"好，我们朗读这首诗，注意把李白高兴的心情读出来！"

……

认识偏差——用个性化学习的方式来实施整齐划一的学习。

网络学习，"可以做到大规模的学习，同时又可以做到想学什么学什么。甚至于学生都可以打开计算机在家里学习，不用到学校里面去向老师请教。"[1] 网络学习应照顾到每个人的学习水平（包括速

---

[1] 金忠明.衡山夜话.华东师范大学出版社，2002.

度）差异和兴趣差异。实现这种个性化，计算机网络的每一个学习终端都有一个操作平台，每一个学生都有能力、有条件自主地选择对话对象或者与计算机文本对话。但是，就本课而言，无论是课件、四年级学生的实际操作能力还是教学组织，都没有为实现"个性化学习"提供必要的条件。况且，这节课利用计算机网络，并不是在实现个性化，而仍然是"整齐划一的学习"——计算机中的资料，无非也就是"字典、图片、纸质资料"的代用品而已。

通过对上面两个教学镜头的分析，不难发现"对信息技术使用的认识偏差、因为网络丢下了语文的根本"，是教师教学中出现的"真问题"。

3. 请专家和同伴会诊

教师专业成长的三要素包括：自我反思、同伴互助、专家引领。在实践中，教师在"自我反思、发现问题"的环节中，为了"发现有价值的真问题"、为了找到真实的、重要的问题成因，很多时候需要"同伴互助"和"专家引领"。

作为同伴和专家，能够帮助教师更具针对性的发现问题、反思问题。从旁观者和专业的角度对教师教育过程和学生的学习结果进行观察、质疑和批判，从而促进教师进行深入的思考。这里的同伴，既包括本区域内的教师，也可以是区域外的同行；既可以是线下的老师，也可以是线上的朋友。教育活动结束，通过不同渠道把相关情况传递给"志同道合者"，请他们帮忙分析研究，从而集思广益，更好地去发现教育实践的"真问题"，找到问题的真实成因和相应的对策。

如，针对"学生随意往白墙上踩脚印"的现象进行问题分析。学生为什么这么做？华东师范大学德育博士黄向阳几语道破其中的症结所在：学校德育存在针对问题"堵"而不"疏"的情况，规则是外在规定的，而不是学生作为主体制定的。如学生在玩游戏时，非常遵守规则，因为游戏的规则是他们自己制定、认同的，谁不遵守规则，就没人跟他玩！学生不遵守规则，是因为规则不是他自己制定和认同的。挑战规则，寻找刺激，又是学生的天性……其实"学生随意往白墙上踩脚印"的情况告诉我们：应当让学生作为主体来参与制定规则，让学生作为主体来主动维护"墙面洁净"。

随着数字时代的到来，"求助他人诊断自己教学实践的问题和症结"的"人"，已经完全可以从"现实的对话"走向"媒体对话""与书对话"，尤其是与比较权威的书籍、文献资料进行主题对话。教师将自己的思考、实践与高水平的同伴、专家的教学实践与思考进行对照，通过比较分析，会更便捷地提升自己发现问题、寻找问题症结的水平，更快的提升自己的研究能力。

四、从可以改变的地方开始行动

吴康宁先生认为："同研究者现有能力之间相去甚远的问题乃是'无望'的问题，研究者不可能对'无望'的问题作出'合理的'解答，研究者只能进行他有相应能力基础并因此能运用必要研究方法的研究。明知无情而强为，明知无能而勉为，这就逼得研究者不得不说大话、说假话、说空话。"[1]

在具体的研究实践中，问题的出现会受到多方面因素的制约，希望的实现也会受到多方面因素的阻滞，而教师个体或者团队，总有一些问题在一定时期不能解决。因此，教师的行动研究，应该选择从"可以改变"的地方开始做起——从自己力所能及的地方着手。"可以改变"是"真问题"的另外一个特征，即"自己有能力"做出改变的课题。

赵明仁先生把一线教师的行动研究分为三个层次，"技术的、慎思的、解放的"。[2] 教师依据自己的实际水平和研究条件，来选择、确定自己"可以解决"的问题来做研究，才能使教育研究"真实发生并且保证研究效果"，让希望不断变成现实，并不断增进自信。

---

[1] 吴康宁.教育研究应研究什么样的"问题"——兼谈"真"问题的判断标准 [J].教育研究，2002，(第11期).

[2] 赵明仁，王嘉毅.教育行动研究的类型分析 [J].高等教育研究，2009，30(02).

1. 最初选择做"技术的"

最初选择研究解决的问题，一般是能找到"拿过来就用的方法"，能依法基本解决的问题。这类问题（矛盾和困惑）的性质和问题的解决策略具有很强的普适性。很多问题，在教师自我发现前，别人已经很好地解决了，有可以借鉴的现成理论和经验。教师遇到相同问题，学习相关的理论、经验，然后依照执行，就可以解决问题。

这类行动研究有一定的"自我强制性"，不管教师是否理解问题的解决方法，只要参照他人的经验，按照已给出的规律去解决问题即可。在问题解决的研究中，要"一丝不苟"的贯彻倡导的理论，在"模仿别人解决问题的方法和过程"去改进自己的研究和实践。

由于教师还没有完全、透彻地理解某些教学理念与方式，这种研究是一种类似"照猫画虎"式的教学研究改进。教师通过不断地反思自己的教学情境：到底发生了什么，如何发生的，我如何才能更好地把新的理念准确地体现出来？在教学中尝试新的做法。虽然这种做法具有一定的局限性，但对于入职不久的老师来讲，无疑是一种有效的接受"新理念、新经验"的重要途径。很多青年教师在这样的成长过程中实现了快速提升。

案例："仿课"仿出的课堂教学能手

作为"国家校本教研实验区"，唐山市丰润区积极探索"如何让每一位教师快速、直接得到专家引领"的问题。他们的一项做法就是"仿课"——新教师选定课题，然后寻找"按照课程改革的理念来执教的名师示范课例"（课堂实录或者课堂录像），按照"名师"的教学思路去上课，连课堂语言都允许搬进自己的课堂。一次不成功，再来第二次、第三次……他们用这样的方式，帮助很多教师解决了"新的教学理念进入教师头脑、在课堂上落实"的问题。而经过多次这样的活动之后，很多教师由此起步，开始研究自己所仿课的名师，研究他们的教育思想，研究他们的教学艺术风格，最终成为区域内的教学能手。

2. 逐渐选择"慎思的"

这类问题，是指虽然有了一定的解决经验，但并没有很好解决或完全解决的问题。对这类问题的研究，需要找到相关的经验，分析他人是针对问题成因的哪些因素来展开研究并探索问题解决策略。研究过程中，教师需要从不同角度对研究成果进行综合分析，针对自己所遇到问题实际做出调整，从而比较好地解决自己遇到的问题。

相比较第一层次的问题研究，这类问题的解决需要教师思考："厘清问题成因要素之间的关系""厘清多种经验对问题系统解决的关系""将经验分类对应""理解经验背后的规律"等。这类问题的研究有一定的创新性，需要教师具备比较成熟的"文献价值判别、选择、针对问题实际系统化、依照规律将方法个性化"等能力。教师从事这类问题的研究，有助于其快速从"新手"走向"能手"。

特级教师高启山老师讲述过刚入职时的一次研究经历：

> 担任小学语文教学时，每次辛辛苦苦地为学生改作文，或提出修改意见，但是，经常出现一些学生到交下一次作文时，仍然动都没动。怎么会这样呢？
>
> 他在班上狠狠地批评过几个学生，并在放学后，把他们留下来，"看着"他们修改。然而，这样的办法并不见效。一段时间以后，还是有些学生不改——忘记了，很多学生只改字词（错误），而老师指出的素材问题、中心问题、句段问题等，他们还是不改，特别是批上"重写"字样的作文——仍不会改。
>
> ……
>
> 难道这问题就没办法解决了？困惑了一段时间以后，他忽然想起了上学时为班主任写总结的经历。班主任曾布置他为班级写工作总结。

为了能写好班级工作总结，他从父亲的资料袋里翻出了父亲写过的总结，一篇一篇地看，"研究"父亲怎么开头，怎么结尾，怎么列提纲，怎么写内容。继而班主任在他的初稿上面提出问题，告诉他该怎样改。如"哪里要写得具体些、怎样写具体"等。改了第一次，还有第二次，第三次……就这样，这份工作总结，他一共改了7遍，终于合格了……

他从写总结的故事中得到了启示。对了，为什么不让学生多改几次再抄写呢？让他们改到没有了一个错别字、一个病句。

于是，一文多改的教学方法产生了。他让学生准备了一个草稿本，写完之后，先交草稿，学生必须按照老师的要求，对草稿进行修改。改后，他再看，对文章提出进一步的细致要求，学生再按照他的要求细改。改后，认为自己的作文改得差不多了，又布置学生把自己的作文交给同桌的同学。让同桌挑毛病，然后，自己再修改。自己不会改的，让同桌帮助。这样，由原来的老师连批带改，变成了老师批学生改，互批互改。

这样的做法，果真收到了实效。学生"不改作文"的问题解决了，而且，写作水平能很快得以提高——转年他教第二个"毕业班"，参加区域内统考，班里42名学生，有26名得了一类文的高分。

高老师做的研究属于赵明仁先生所说的"慎思的"这一类。其实，学生不去按"批语"及时修改的问题，原因是多方面的，有学生对作文的兴趣、观察能力、学习习惯、对老师的态度等诸多因素。但是，高老师当时还不知道去解决这些问题，他想到的只是在教学实践中"怎么解决'修改'的问题"，让学生通过修改来提升作文水平，而且，他的实践研究获得了成功。这个案例告诉我们，一线老师进行教学研究，创造性地解决教育实践中的问题时，需要注意如下几点：

第一，为保证研究能够成功，要从实践中选择自己最关心、感觉到最困惑的小问题——高老师的案例中,"学生不依照批语修改习作",相对于"培养学生习作能力""培养学生语文素养"等课题,就要小很多。也正因为小,对于当时没有任何研究经验的高老师来讲,他才能在短短的一段时间内就研究解决。

第二,在能力和水平达不到的时候,可以选择一个问题诸多因素当中的一部分,从局部着眼,持续研究。跟高老师聊他的作文教学研究经历时,他说他用了几年时间,逐步解决的是"修改习作"问题中"修改行为落实、修改习惯、习作兴趣、对老师的态度"等一个又一个的局部问题。

第三,要注重行动实践。教师做研究更多的是进行行动研究——通过研究,改变教育教学行为实践方式,改变学生的学习行为实践,从而提高学生的学习效益。

3. 最终选择"解放的"

教师在教育教学实践中,还会遇到目前还没有人员做过研究、或没有人完全解决的问题,发现这类问题还没有系统解决的研究成果,同时存在着他人的研究成果不具备普适性的情况。这类问题的解决就具有创新性,能够填补教育教学理论与实践空白,提升问题解决的新高度,这种类型的问题就是"解放的"[1]。随着自身专业水平的提升,教师要善于发现这类问题。在研究过程中,通过查阅文献资料,运用有关理论的研究成果,循着教育的基本规律进行创新改造,做出他人没有做出的假设,尝试进行不同的实践改进。这类问题解决,需要教师有比较高的理论修养以及分析问题、解决问题的能力,具备从非本类问题解决成果中找到可以嫁接、组合、改进的能力,对问题成因、教育理论、问题解决策略系统等全面把握的能力。

教师在教育教学研究中,要坚持理论联系实际,对问题的解决提出个性化的理解,并付诸实践,形成问题解决策略,这就是一种"解放的"

---

[1] 赵明仁,王嘉毅. 教育行动研究的类型分析 [J]. 高等教育研究,2009.30(02).

行动研究。教师做"解放的"研究,在理论和实践上都能取得独特角度的突破,形成自己独特的认识和观点。

任何有重要价值的课题研究,只要是在理论和实践上有所突破,形成自己个性化教育主张的行动研究,都属于"解放的"。从新手的"一丝不苟执行",到因为实际而寻求适应和变化,再到批判解放,我们坚持着研究的行动,会形成自己独到的见解,会一路收获,一路成长,乃至成为有思想的教育家型教师。

通过研究行动，实现自我超越

研究是提升教师素养的一条重要途径。发现、解决教育教学及其管理过程中的问题，是教育研究的目标。教师在进行研究的过程中，从"发现问题"开始，在"更新自我的行动过程"中完成自我超越。为此，需要教师在研究实践中特别注意以下问题。

一、科学选用方法，扎实走好研究过程每一个环节

进行教育科学研究的方法很多，文献研究法、抽样调查法、实验法、观察法、数据分析法、行动研究法、个案研究法、叙事研究法、经验总结法、历史研究法、统计分析法、实验研究法……[1]我们需要针对研究的具体内容和环节，选取合适的方法，并综合运用，确保研究方法能够有效地促进我们的研究实施。

通过各种媒介，尤其是通过网络，学会搜索、快速搜索、精准搜索，是当今教师应具备的重要专业能力，也是教师研究的重要路径。

1. 用文献法研究，站在先人的肩膀上前行

文献法是教师进行研究时必须使用的基本方法。任何一项研究活动，都必须首先从大量的文献查阅开始，没有足够的文献阅读做基础，就不可能实现对先人的继承，更谈不上创新和研究，甚至会犯"坐井观天"的错误。

---

[1] 曾天山. 教育研究方法的适用性[J]. 新教育，2010.04.

（1）文献查阅的过程

文献查阅有一个基本的流程，如下图[1]。

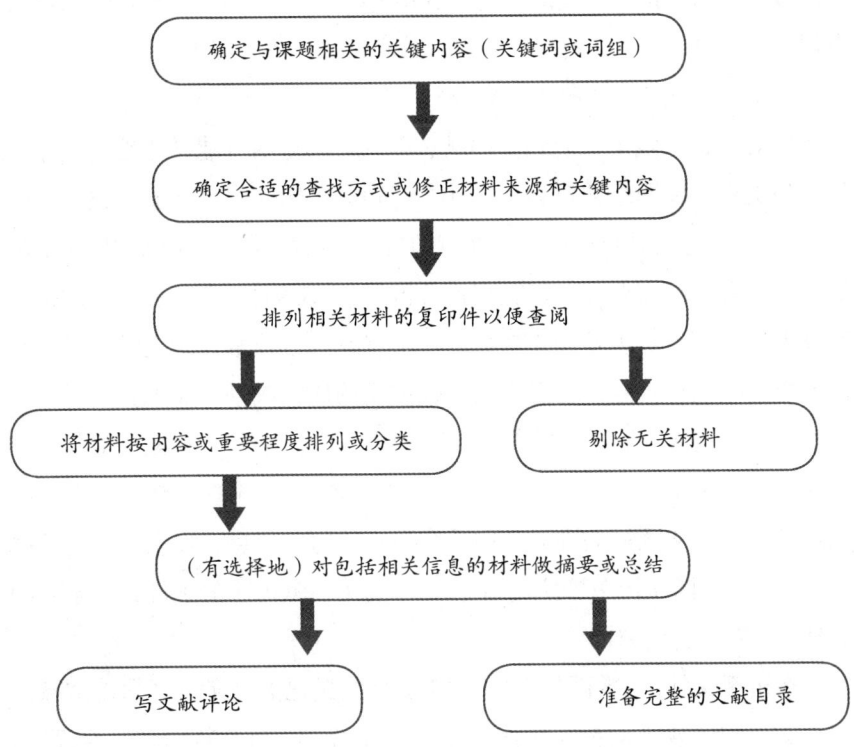

图5.1 文献查阅的基本流程

（2）文献查阅的三个基本途径

教师在进行文献查阅时，通常有三个基本途径：图书馆、只读光盘、网络。[2]现在各地的图书馆馆藏丰富，诸如报纸、期刊、专著、百科全书、索引等，当一名教师置身于图书馆进行文献查阅时，一定会有"如蜜蜂采蜜"般的愉悦。对于只读光盘，数据库如"人大复印资料"，光盘如

---

[1] [美]威廉威尔斯曼著，袁振国译.教育研究方法导论[M].北京：教育科学出版社，2000:67.

[2] 廖丽芳主编.当代教师的必修课：研究性学习[M].长春：东北师范大学出版社，2010.5.

"百科全书"等，实现了资源的共享。网络中有庞大的信息来源，我们利用网站的搜索引擎可以迅速地检索到所需要的资源。各种有价值的专业公众号也起到了很好的辅助功能。利用手机、电脑等多种终端进行查阅，方便快捷。只要输入关键字，海量的信息即刻出现在眼前。

（3）详尽地"对文献进行研究"

针对教育实践中所遇到的问题、困惑，先是尽可能详尽地搜索相关研究的文献。以网络搜索为例：如在"知网"输入"自己要研究内容的关键词"，浏览文献目录，点击文献题目，查看简介。如果感觉本次文献目录中没有自己需要的，那就更换关键词，或叠加几个关键词，从自己研究内容所涵盖的重要词语选择，再次查看自己搜索到的文献目录，点击单个文献题目查看，有选择的下载相关的研究成果。如查找"写作学习整合信息"这个学习项目资料，如搜索"整合信息"，搜索到的内容大多为"信息技术"和"企业管理"；搜索"整合"，出现"涉及整合"的信息量很大，从题目上难于辨别哪个是有价值的信息；搜索关键词"整合 写作"，两个词语中间加了空格，限制了文献内容的条件，搜索到的文献就比较适合研究需要。

在运用文献法进行研究时，常常需要借助已有文献的"参考文献"。如论文的脚注或文面都会标注清楚的研究参考文献。特别是一些硕士、博士的论文、研究报告、专著，参考文献的信息量更加丰富。我们可以借助所读文献作者的"推荐"实现精准搜索。如果我们过去对某些专家学者的研究有所了解，可以在搜索栏内选择"作者"，精准查找关于这位作者的研究成果，在目录中选择自己认为有价值的信息去下载。

（4）用文献资料进行研究

教师在做研究的过程中，需要借助前人的足迹走出新的道路。在借鉴他人文献时，要了解"哪些文献的作者已经对我们要解决的问题做过研究、研究成果是怎样的（包括理论成果和实践经验），再确认前人是否对自己要解决的问题进行过研究；如果没有进行过研究或者没有对问题的各个要素完全进行研究，就需要我们选择与研究关系密切的成果做出系统的要点摘要、梳理、归类、评价（是否对自己的研究有价值、怎样的价值）"。对已有的研究的了解，要尽可能地"详尽"，目的是防止"别人已经做了，自己还要花费精力和财力去研究"，同时为自己进一步做研究，做充分的理论和实践参考。如果已有成果并没有对自己所遇到的问题进行全部解决或者没有很好地解决，可以将理论提出的一般性抽象规律演绎为一般的实践做法；可以将不同侧面研究解决问题的方法，综合成为一个整体，进行问题解决的假设、做可行性论证。

一般地，中小学教师做一个课题论证，有效参考文献至少要搜索40篇（本）以上，尽可能全的涵盖对这个问题研究密切相关的理论、各角度的实践探索研究成果。

2. 用"研究性学习"方式进行阅读分析

运用文献研究法制定改进计划的时候，需要"用研究性学习方式"[1]阅读，对文献的观点进行提炼、比较、重新排序、组合，并结合自己的实际形成自己的观点。

"用研究性学习的方式"阅读，原则是先有问题，然后去读书。阅读文献的过程中，读者从多个提取的信息中选择与自己的问题解决相关的信息，尝试对各种信息进行综合、加工，把倡导的理论变成自己教学行为实践所采用的理论，对原来的观念、行为策略进行修正和创新，改变实践行为，进行问题解决，针对实践的效果对所读的内容进行创新性思考，提出自己的主张。

3. 用"移植、嫁接"来实现创新

"移植、嫁接"是创新的基本方法，是一种创造性思维的方式。科学的"移植、嫁接"能够创造性地解决以前没有解决的问题。这里的"移植、嫁接"，是将解决共性问题的"规律方法"，从一种情形"移植和嫁接"到另一种原本毫不相干的"情形之上"。比如，医院通过5G高清晰通信方式来会诊；我们将这种方法移植到课堂上可以远程"授课""远

---

[1] 高启山. 研究性学习：教师专业发展的有效方式 [J]. 教育实践与研究，2003.05.

程研讨";教室安装上高清晰摄像头(嫁接),专家就能够远程听课、指导。《嫁接十一学校——六位教育者的寻变之旅》一书,叙述了六位校长的教育生涯因十一学校而改变。他们到北京十一学校参观学习后,被其教育生态深深打动,于是在教育改革路上进行"移植、嫁接"式的教改。通过深入研究北京十一学校的创新优势,在嫁接的过程中充分考虑"兼容性",以及嫁接后的"成活率",避免"排异",嫁接后进行"科学管理",于是,十一学校的模式在不同地域成功的成长起来。[1]

"创新"并不难,关键在于我们能在错综复杂、眼花缭乱的事件中找到相关的必然联系。一位特级教师曾提出:不要"陷在"教育图书当中,可以多看一点科学家们的故事、著作,或许对做研究有一些启示。这位特级教师的话告诉我们:其他领域的研究成果或成功经历,可以启示我们创造性地解决本领域问题,可以"移植、嫁接"过来。

4. 用好经验总结法

老师们从事的研究主要是在理论指导下的实践研究。要在自己的教育实践中找问题,探究方法,形成理性思考和规律性认识。善于通过教学随笔、课后反思、教育叙事等案例研究,进行经验总结,寻找教育教学规律,创新教育教学方法。

教育叙事让教师成长足迹更清晰。朱永新教授曾说"中小学教师搞教育科研,就是应该从记录教育现象、记录自己的思考、记录自己的感受开始,把一串串'珍珠'串起来,那就是一根非常美丽的项链。"教师记录教育现象、记录思考、记录感受的过程就是进行教育叙事。教育叙事从内容上看,种类很多,如教育工作叙事、教学工作叙事、管理工作叙事、个人成长叙事等。无论是哪种叙事,重要的是要叙述有意义、真实的事件、故事。[2] 教师通过叙事使自己和他人得到及时反思、改进。

---

[1] 李斌. 改变世界,以教育的方式:北京十一学校变革启示录 [M]. 上海教育出版社,2020.8.
[2] 唐巨南. 优秀教师的必备要素. 国家行政学院出版社,2012.10.

唐山市名师杨慧莹在执教《孔乙己》一文后，针对有效提问、有效理答，做了不同的教学尝试，写下教学工作叙事。

在执教《孔乙己》一文时，借鉴余映潮老师的设计，在教学的不同阶段共提了三个主问题：说说孔乙己与"酒"、说说孔乙己与"偷"、评说孔乙己。这样新颖的三个主问题一下子把学生从通常的读文、积累字词、分段的老套中吸引过来，而且也让课堂立体化了。说它立体化，是因为这些问题没有唯一的答案，学生思考的角度很多、空间很广，具有极大的求异性和包容性。这样的主问题完全形成了一条教学的线索，第一层次是从身份、外貌角度对孔乙己的直观认识，第二层次是从习惯、性格、命运层面对孔乙己进一步认识，第三层次从人物塑造、典型性上深入认识。在这样的主问题牵引下，学生发言的细腻出乎教师的意料，热烈的程度更让老师吃惊，课堂上思想火花到处迸发的情景绝非肢解式的分析、答问式的串讲所能比拟。课文教学在这样的有效提问中，将读、写、听、说、思融为一体，学生回答与教师点拨相映生辉，生动活泼的立体双向交流的课堂教学结构精彩呈现。

经验总结的过程也是反思的过程，是对成功做法以及失败原因的剖析，进而形成规律性认识的过程。李镇西说"同样两个大学毕业生分到学校工作，同样兢兢业业地上班。三年后，其中一个无甚进步，最多就是所教学生考上了高一级学校，而另一位教师却硕果累累，什么原因呢？原因就在于前者每一天的兢兢业业都是盲目且麻木地工作，他表面上工作了三年，其实只工作了一天，因为他每天都在重复昨天的故事；而后者则的的确确工作了三年，他每一天都带着一颗思考的大脑在工作。"[1] 这就是教师反思的力量。教师的反思，能促进教师在总结经验中正

---

[1] 唐巨南. 优秀教师的必备要素. 国家行政学院出版社，2012. 10.

确认识自己、提升自己。教师通过反思对已经发生的实践活动进行回顾和思考，促进教育能力的提升。教师的反思包括：课堂教学反思、学生发展反思、教育现象反思、教育观念反思、专业水平反思、个人成长反思等[1]。

河北省特级教师王福会在读了朱永新教师的《我的教育理想》后写了一篇教育反思案例。

朱教授强调，理想的教育应该是平等的交流、民主的管理。这句话让我陷入了沉思：一天中午，我在学校门口检查学生胸卡，突然，保安叫我，说一名女生把别人的胸卡带进来给没有胸卡的同学，想蒙混出校门，态度还不好。我走过去，很平和地对那名女生说："你叫什么名字？"谁知道，她突然提高八度的嗓音喊道："你凭什么要知道我叫什么名字？"我说："我是老师，你是学生，你犯错误了，我怎么就不能知道你的名字？""我就不告诉你。你们老师不就是问名字，然后告诉班主任，让班主任骂我们，然后班主任告诉家长，家长再骂我们吗？"看，她对我们的套路已经非常熟悉了。接下来的时间，任我怎么说，她始终也没有告诉我她的名字，僵持了好长时间，弄得我非常窝火。还好后来在其他同事的解围下，这件事得到了解决，她也和我道歉了。事后，很多人都说她真拧，我觉得也的确是拧。可是，在读了朱教授的这本书后，我反思，难道我不拧吗？首先，朱教授说的师生平等我做到了吗？我上去就问她的名字，很明显就是一种老师在上的审问的姿态，一副得理不饶人甚至是咄咄逼人的架势。如果我的第一句话是"你能和我说说是怎么回事吗"，是不是就不会触动她那根敏感的怕挨骂的神经呢？很明显，她是因为怕挨骂，所以先把自己变成了一只刺猬。第二，朱教授所强调的民主我做到了吗？我为什么一定要知道她的名字呢？我

---

[1] 玲珑.成功教师全攻略.万卷出版公司，2014.3.

的目的是想教育她，而不是知道她的名字啊！我为什么不能民主地退一步呢？可见，她拧，我也拧啊！"重视心灵的沟通，建立起温馨的对话场景"——真的应该谨记朱教授的点醒，遇到问题，不要把学生逼到墙角，用民主、平等的沟通方式让学生明白道理。

5. 学会统计分析法，用数据说话

要提升教育教学的科学性，需要注重用数字说话。做教育教学研究，想说明问题的"普遍性"、方法的"可信度"，往往需要用"统计分析法"。在使用"统计分析法"的过程中，要注意调查样本的代表性，数据的科学性。如"问卷调查法"，为了对一个群体的某种倾向来做分析，了解问题的普遍性、代表性，根据研究问题设计调查问卷，确定调查对象，用数据统计法来帮助完成调查。在研究过程中，要考虑研究结果是否对同类群体、同类问题的解决都有效？我们需要"观察、测评"，获得有代表性的数据，对这些数据进行统计、归纳和分析，从而来验证研究的"信度和效度"，得出正确的结论。

二、从学生那里学习"如何教"

教学相长！不了解学生就不可能有成功的教师，同样，不研究学生的学习也不可能有成功的教育研究。《学记》云："知其心，然后能救其失也。教也者，长善而救其失者也。"意思是必须了解学生的心性，才能矫正学生的缺点。教育的作用就在于发挥学生的优点，改正学生的缺点。"知其心"说的就是了解学生的好坏和喜好。这是教学实践需遵从的原则，教育行动研究就是教学实践，自然要遵循这个原则。

做教育教学研究要了解学生，一个好的老师，一辈子都在研究学生。孟子说："大人先生者不失赤子之心"；孙云晓先生出版过一本专著《向孩子学习》。在大师们的眼中，孩子最宝贵的品质是永远以新奇和纯真面对这个世界，生机勃勃，以至"无所不知，无所不能"。值得大人们学习。我们是教师，更需要向学生学习，这样我们才能保持童心、好奇心、探究心，做好教育研究。

三、注重寻求专家指导

也许我们的行动计划非常周密，也许我们有着锲而不舍的精神，不惧任何困难，也许我们有着"我担大任，宁苦心志、饿体肤"的准备，但是，广大一线教师毕竟不是专业研究者，往往缺少足够的理论知识和科研素养，视野也受到一定的局限，必须注重专家的引领。

1. 如何才能得到专家的指导

一方面，我们可以通过"主题搜索"的方式，在网络上去寻找专家对同类问题研究的文献。在研究行动产生困惑、迷茫之际，通过阅读他们的研究成果，来帮助自己打开一扇天窗。一位不行，两位，两位不行，找第三位。当然，要确保所用文献和作者的权威性。

另一方面，我们可以主动联系专家，请他们给予指导。本区域有所成就的教育专家、名师、特级教师、研究人员，可以通过行政部门来邀请；外地的专家、学者，也可以通过举办有影响力的活动邀请专家到现场来考察，进行针对性的实践指导。还可以通过现代媒体、与专家建立联系，主动求教。

丰润区新军屯镇河洩溜小学是一个地处偏远且规模很小的农村小学。校长杨秀军针对自己学校所研究的"采撷四季"的课题研究，主动发邮件与华东师范大学的崔允漷老师联系，就问题求助。崔允漷了解了河洩溜小学的研究情况，便推荐杨校长与叶澜教授的"新基础教育""四季"专题研究专家组成员进行了互动联系，从而得到了华东师范大学教授的针对性指导。

2. 把专家引进到教师的行动中来

把专家引进到教师的行动中来，属于"高校与中小学合作共建"的一部分。目前，国内很多地区都在开展"共建活动"。这种共建共享，更多的是地方行政指令性的"共建共享"。我们这里说的"引进"，指的是学校或者研究团队能借力借势的"引进",从而实现"项目共建"。[1]

专家进入团队,会成为这个项目研究的指导者、参与者、合作者。从最初的开题到研究报告的撰写,研究的全过程都应该征得专家的指导。这样就实现了从理论到实践,从确定研究主题、研究内容到选择研究方法,从研究过程到成果整理,从研究精神到研究文化,都得到专家的多层面指导,帮助团队成员实现快速提升。

特级教师李怀源在跃华学校做研究的故事,能够给我们很多思考。

李怀源引进专家做"单元整组教学研究"

2006年深秋,山东德州跃华学校迎来了一场盛会——跃华小学"语文单元整组教学"研究成果展示会。全国各地几百名教师前来观摩了活动。这次活动,人民教育出版社的语文教育专家崔峦来了,小学语文研究室的王林来了,刘芬来了,《课程教材教学》编辑部的郭利萍来了,年过半百的台湾师铎奖获得者李玉贵也来了。这些专家不单纯是来观摩活动的。崔峦作了报告,李玉贵还讲了一堂三年级的语文课。

因为这几位专家都是这个团队的成员,是两三年前特聘的"单元整组教学"的团队指导专家。单元整组教学,就是在他们的帮助下才做到今天!"为了做这个课题,李怀源跑北京多少次,非常详细地向崔老介绍自己的思考和研究,感动了崔老,于是崔老变成了这个课题组的指导专家!崔老不辞辛苦,经常到校调研这个项目的开展情况,随时通过各种方式来帮助指导。

四、学会团队合作

华东师范大学崔允漷教授说:"社会关系的核心是人与人之间的合作

---

[1] 王璠. 大中小学合作的"U-A-T-S"模式研究 [D]. 山西大学,2018.

关系，而且这种合作关系又必须建立在社会实践的基础之上。合作寓于人的具体实践，人类社会的形成与发展离不开人与人之间的合作，人类只有通过合作才能获得发展与进步，没有合作，人类将无法生存。"[1]

教师在行动研究中，很多问题解决会因为"个体的视野和思路、精力，问题解决所涉及的领域"而受到限制。好的研究效益需要具有合作意识、合作精神，发挥团队的优势，攻坚克难，最终实现行动研究目标。

1. 组建项目团队，合理分担任务

"具体到工作情景中，合作指为了成功地完成工作中复杂的相互关联的任务，个体愿意贡献自己的努力和承担应尽的义务。"[2]

一个行动研究项目，因为涉及的因素很多，必然要组成团队，从多个角度来完成研究任务。这就需要根据团队教师的实际情况，按照"学段、学科、子项目"等条件进行合理分工，明确各自的责任，从而保证研究行动在更大范围、更多角度展开，最终促进团队每一个成员的专业水平同步提升。针对组建项目团队，可以参考如下建议。

（1）共同愿景

"共同愿景"是指所有成员有着共同的行动目标。当相似的愿景建立起时，组织中的全体成员都拥有一个共有的目标，团队成员都会为了实现渴望的目标而主动配合协作、追求卓越，会激发成员真正的信念、行动意愿和投入参与，而不只是行政力量上的服从。

（2）成员构成的"异质性"

教师专业发展共同体的构成成员应保持适度的异质性。如教师年龄、学科背景、个体专长等各有差异，保证团队合作发展时集体智慧的多样性。

（3）深度会谈

"深度会谈"有着巨大潜力——当人们处在集体中深度会谈时，比

---

[1] 崔允漷等. 论指向专业发展的教师合作[J]. 教育研究，2008.06.
[2] 崔允漷等. 论指向专业发展的教师合作[J]. 教育研究，2008.06.

个人单独思考时具有更大的智慧、悟性和洞察力。[1]

本着共同学习的目的，共同体成员以深度会谈为基本的交流方式，每个成员的生命彼此感应，思想彼此碰撞，共同解决难题，共享资源和成果。共同体成员之间的合作关系是平等的，他们在民主、轻松的氛围中积极袒露自己的教育思想和教学困惑，这是通往深层智慧的途径。教师群体能够接触到更大的"知识共享系统"，而这个知识共享系统单靠个人是难以完成的。它意味着教师群体从多个不同的角度探索复杂、困难的问题，从而超越教师个人的理解力。这将引发教师的自由探索，使集体智慧的深层经历和思想浮出水面，同时又能超越个人观点。

2. 善于找同伴进行话题研讨

这里的同伴，是指对某个问题研究有共同兴趣的组织群体。或是同校（组）教师，或是因共同关注某个问题而组合起来的同仁。教师个体在进行研究行动的过程中，主动发起话题；关注者自愿展开讨论、辩论，各抒己见；话题发起者，分享各位同仁的思考，并且尝试从他人的角度来思考问题，使自己的研究能够从更丰富的视角来展开。教师通过同伴互助，进行自我更新，实现自我研究中的突破。现在的网络媒体，为群体研究提供了大大便利。教师可以通过微信平台，组建研究社区，吸收志趣相合的教师组建研究共同体。

3. 热诚地为他人当助手

周娜老师在硕士论文中说："同伴互助给教师们提供了共同面对教室内外棘手问题的机会，它减少或是消除教师独自面对这些问题时的孤立、忧虑或恐惧，同伴教师在这样的环境中会逐渐形成交流、信任与支持的互助气氛，这对于改善教师专业发展环境有着潜移默化的效果。"[2] "每个人都能热诚地为他人当助手"，是一个团队优秀的文化体现。他在做研究，成果或与我无关，但我能热诚地为他当助手，这对双方却是大有裨益的。

---

[1] 罗琼.教育类教师专业发展共同体实践研究[D].山西师范大学，2015.

[2] 周娜.基于教师专业发展的教师同伴互助研究[D].首都师范大学，2013.

4. 主动沟通，部门之间有效协作

很多时候，问题解决绝不单纯是"行动者自身行为改变"就能够做到的，还需要多方面、多部门的协调配合与支持帮助。这就需要行动者主动与其他部门进行沟通，使他们能够为行动研究顺利进行提供各方面的条件保证。

《礼记·大学》云："苟日新，日日新，又日新。"新时代教育呼唤教师拿起研究这把金钥匙，创造人民满意的高质量教育。每位教师都应当以研究的精神，创造性地工作，在研究中自我觉醒，实现超越，收获成果、追求卓越，享受无尽的职业幸福。

第六章 写作的能力

人生要追求三大境界:
立德,立功,立言。

教师的专业发展，必须依赖专业写作。因为教师是一个创造型的职业，每天都会遇到新的挑战，需要终身学习和探究。面对日新月异的时代，更要求教师必须在工作中思考，在思考中创新，在创新中写作，在写作中发展。

古今中外的教育家，不是因为他们成了教育家之后才去写作，而是因为他们持续不断地写作，才成了教育家。

写作，助推教师发展的力量

写作是新时代教师专业发展的必修课，也是教师追求卓越的强大动力和基本路径。教师应该在阅读中汲取营养，在实践中积累经验，在创新中寻求突破，在写作中反思提升。要随时记录自己认知或教育行为的点滴变化，通过写作深化理性思考，由外而内，由碎片到系统。坚持持久，便能写出朱永新教授所说的"教师的自我教育史"。

一、什么也不能拯救你，除了写作

教师是塑造灵魂的职业，是永恒的思想者。写作是教师雕琢生命的利器，是通往思想密林的幽径。教师通过写作，倾吐教育生命的芬芳，开启生命在场的教育生活。

写作是教师心灵成长的源泉，是教师潜在能量的激发。作为教师，写作无疑是让我们塑造自己灵魂的一座桥梁。

苏霍姆林斯基、陶行知等教育家，用文字记录了一个个教育故事，阐述了一个个教育真理，成为引领无数教育工作者的经典箴言。这些教育名家的成长经历告诉我们，他们是靠着十几年、几十年的写作才完成了对自身生命的雕琢。例如全国特级教师李镇西，潜心研究教育，写自己看到的教育现状，写自己心中理想的教育，记录教育实验中的每一个坚实的脚印。他的文字，无不让读者感受到作为教育工作者的那份激情与热爱。他的公众号"镇西茶馆"就像是一件被精心雕琢的教育工艺品，每一期都会给人以生命的启迪。清华附小的窦桂梅校长，热爱阅读，潜心课改，专心写作。她将自己的每节课写成课堂实录，她用一封封热情的信来感化自己的学子，她创新提出"让学生站在正中央"的教育理念，边实践边创作，一部部绽放了生命精彩的专著也成为个人成长的见证。《第56号教室的奇迹》一书的作者雷夫，用真心经营着自己的班级，热爱着自己的学生，用朴实却很真实的文字，记录自己的教育痕迹。这本精心记录的热销书，也成了雷夫生命绽放的花朵。

二、写作伴生教师专业发展

写作不仅是教师专业发展的一项重要能力，也是每一位教师在成长历程中的宝贵财富。用文字记录自己工作的经验、得失、感悟，带着思考去研究教育教学中的问题，逐步形成自己的思想和教学风格；甚至在不断地写作中去记录自身成长的路径、教学智慧，成就自身，促进自我可持续发展。

基于教师发展的专业写作更为深刻的意义在于审视自己的生命，让自己活得精彩，为自己的生命留下"痕迹"。这种"痕迹"具有"立言"的性质和"不朽"的可能。

写作，使教师成为一棵更加有思想的苇草。

1. 工作之需——不会写作就不会工作

教师不善于写作，会是怎样？每天匆匆忙忙，从事着同样的工作，备课、上课、批阅作业，教育学生，家校沟通。人生没有精彩，自身没有动力。特别是重复性的工作，何谈热爱和激情？与此同时，写作也绝不仅是文科教师的事情，而是所有教师一生应有的责任和追求。

写作，能让教育工作者拥有一颗匠心，更好地潜心工作。央视纪录片中有一个栏目叫《大国工匠》，提到工匠精神，首先提到的就是一颗匠心，一颗热爱的心。作为教师，琐碎细致的工作中，也需要有工匠精神。一个有效的方式就是写作，记录自己精彩的课堂，记录自己可爱的学生，记录自己多彩的生活，记录对支撑自己教育行为的信念的拷问，记录自己不断走向"教育新家乡"的曲折和欣喜。文字里有成功有喜悦，有问题也有困惑。因为有了写作，我们不仅能有效克服职业倦怠，也会找到自己存在的价值，让自己更快更好地走上专业发展之路。

2. 研究之需——不会写作就不会研究

教师成长，需要反思，需要研究。反思，是对自己思想的沉淀与锤炼。教师职业的特殊性，决定了成长带来的挑战性，没有一成不变的学生，没有一成不变的教育事件，因此，教师更需要在成长的路上学会反思。华东师大叶澜教授曾经说过：一个教师写一辈子教案不一定成为名师，如果一个教师写三年反思就可能成为名师。这就告诉教师，成长中最重要的一步是坚持写反思。

"青春语文"首倡者王君就是一个善于在反思中成长的名师。平凡的她却有着强大的自律性和反思精神，坚持每天记录自己工作的点滴，有的是班主任工作的反思，有的是课堂教学问题的思考。正是这种边思考边写作的习惯陪伴她一路成长为名师、特级教师，从小乡村走向大都市。而她的这些反思也积累成厚厚的专著：《王君与青春语文》《一路修行做班主任》《一路修行做老师》《班主任：青春万岁——王君带班之道》《教育与幸福生活》。这些书籍不仅让王君自己尝到了教师写作的甜头，也成为引领一批批青年教师快速成长的航标灯。如今的王君老师却没有因这些荣誉而止步，每天仍坚持反思、写作，这已经成为她的生活方式。用她自己的话说，写作就是生活的一部分。

曾子曰：吾日三省吾身。作为教师，我们每天都在自然的反思，反思自己的言行、反思自己的教育思想、反思自己与学生的关系。但是，仅仅停留在"思"，对工作的改进和自己的提升是不够的。我们需要针对教育中的问题、契机和思考点，将反思的过程记录下来，才会使成长之路扎实而丰盈。许多教师坚持写每日教育故事，而在这些教育故事的不断积累中，教育经验和思想就会自然生成；还有许多教师从问题入手，边写反思边研究，并以课题的形式来推动，这样的反思更具有了研究价值，教师个体的成长也逐渐走向从普通教师到优秀教师，再到教育家型教师的转变。

青年教师王娜在《反思中成长》一文中有这样的叙述：

今天，又是一次失败的尝试，这节课又拖堂了，不仅没讲完，学生的一个问题我也没有接上。仔细分析，我找到了症结所在——时间掌控。每节课的40分钟，我容易前松后紧，总是开始不着急，后面到了重要内容却没有时间，只要是课堂上学生一激动讨论，宝贵的时间就流走了。

课后，我陷入了深深的反思中，也翻开了《一看就会的课堂设计》一书。书中的时间记录法使我深受启发。我结合着学校教研中提到的微格教研法，开始在自己的课堂上实验，记录自己的课堂每个环节所用时间。每次录下自己的课，并不断地比较思考。这样，半个月下来，我终于学会了把握课堂的节奏，较好地完成了教学目标。而在这一次次反思中，我也找到了自己努力的方向。

案例中王娜老师入职刚刚半年，就能够坚持用写作来促进自身成长，不仅提高了工作效率，也让自身的成长更有目标、更有力量。

3.发展之需——善于写作将更加卓越

朱永新教授在《我的教育理想》中提道：你从今天开始就写教育日记，做一个有心人，认真总结教育的得与失。一件事情，今天成功了，是怎么做的、有什么体会、有什么感受？今天发生了一个矛盾，是怎么解决的？今天遇到了一个挫折，又有什么样的感受？你把这些原封不动地记录下来。几年以后，将那些最精彩的东西选编出来，就是最精彩的书。[1]

的确，正像朱永新教授所描述的那样，写作可以让一位教师找到自己发展的方向和路径，并能将自己的成长经历记录下来，这是非常有意义、有价值的。

在我们的教师队伍里，有着太多在教育教学中快速成长、走向卓越的案例，他们也拥有着一个共同的特质，就是善于写作，在写作中发展和创新。

特级教师王健在写作中不断找到适合自己的发展之路。她自幼喜爱文学创作，走上讲台后便选择了教语文，也更多了用文字记录教育生活的日子。成为特级教师后，她又勇于挑战，回到一所乡村学校做校长。面对各种困难，如何突破，她仍然坚定原来的发展方式。王健在一次以"乡村学校的发展之路在何方"为题的交流会中分享道：

> 作为一名乡村小学的校长，一时间我找不到努力的方向，后来结合学校的发展现状，我们选择了读书和写作齐步走的师生成长路径。老师和学生读更多的书，写更多的读书感言，写更多的成长故事，我也不例外。
>
> 于是，有了这份安静，我的笔端不断发现新大陆：我用书信和师生沟通，引领新教师专业成长；我尝试编写绘本故事，为孩子们的童年勾勒美好的画卷；同时，我还开设自己名师工作室的公众号，记录读书心得和行走故事，成为学校用笔尖行走的领路人。时间久了，越来越多的老师愿意和我一起写。我的《乡村教育必须实现的三个转型》一文也在《河北教育》上发表，《立足"小"，彰显"活"，打造乡村师生成长共同体模式》一文在《中国教师》发表，其中师生一起在写作中成长的做法也成为许多乡村学校学习的典型。

---

[1] 朱永新. 我的教育理想 [M]. 北京：中国人民大学出版社，2012.

不难看出，王健老师在写作中找到了适合自身发展及引领乡村师生共同发展的最好路径。无论是教师的读书写作，还是为学生创作绘本、童书。这些都是作为教师不断发展、走向专业、更加卓越的成长方式。

三、写作是教师幸福之"源"

写作是一种生命发展的内在需求。教师职业的专业化、创造性，决定着教师写作的重要意义，也为写作提供了广阔天地。在与文字对话的过程中，教师也实现了生命的自我审视、修炼、升华，不断追寻并走向幸福的彼岸。

1. 站得更高——与先贤对话，与大师相会

写作可以实现跟大师相会，跟先贤相会，向专家学习，在实践中去领悟它的高尚、可贵之处。写作的意义在于它的创新，这也是实现创新的保障。写作让教师站在巨人的肩膀上拥有了看世界的眼光和独特的思考。

当下许多教师抱怨自己的工作一成不变，每天就像保姆看孩子一样，无聊、无趣、无奈。的确，教师这一职业是平凡的，平凡的就像一日三餐；教师的职业也很无聊，和无知的孩子打交道，还要每天重复那些"1+1等于几"的没有高智商含量的题目，何谈精彩与幸福？要改变这种工作状态，这就需要教师改变自己的思考方式。最好的转变方式就是坚持阅读和写作。它能让一位教师站在更高的角度去获得职业存在感。大量的阅读教育教学书籍，我们会发现这些平凡中也透着科学道理。把那些看似无聊的小事写下来，把一节节看似平常的课堂记录下来，我们会逐渐发现，教育教学是一门高深且高明的艺术，而从事这种艺术工作，是一种有别于其他职业的特殊幸福。教师更是雕琢这份艺术、享受这份幸福的创造者、参与者、分享者。

此外，向名师、教育专家学习的过程中，记录自己的观点和思考，更是站在巨人的肩膀上行走。"我思故我在、我手写我心"就是不断印证

着教师写作的意义——让教师站得更高，成为一位真正新视界的思考者，去欣赏更多更美的教育风景。

2. 想得更深——改变教师的思考方式

语文名师管建刚在《不做教书匠》中说："思想起源于实践，形成于思考，而思考的最好方式就是写作。写作是思想的磨刀石，写作是教师是否具有思考力的外显性标志。"[1]

朱永新教授也谈到"写，仅仅是一种形式，以写带动的是阅读、是思考、是实践。阅读滋养底气，思考带来灵气，实践造就名气。写，是一种思考的形式，把看到的、想到的，经过自己的加工，经过自己的创造，不断的努力前行，就会取得更大的进步。所以，写作是一种心底里流淌出的文字的精灵，是丰富的情感，是思想的火花"[2]。

写作的过程就是思考的过程。教师在写作中必须将自己的实践和理论结合在一起，必须不断去阅读书本中有价值的东西来丰富自己的写作内容，必须经常向有经验的人请教来支撑起自己写作的观点。在这样的写作过程中，无形中也使教师的思考方式发生了根本性的变化，成为一个真正的思考者。

张文质老师是一个在写作中不断思考的教育人。他擅长写作，并不断在写作中去思考、探寻教育的真谛。《教育的勇气——张文质和青年教师的谈话》这本书就是他在2017年"优培"微信上讲的60天的课程记录，围绕的主题都是教师的专业成长和生命成长。细细品读，便能感受到写作对于教师思维方式的转变。

"我今天有一个看法，就是在小学阶段，老师从知识的角度是教不坏学生的，哪怕教错了，哪怕什么都没教，哪怕老师自己也很无知，也是不会教坏学生的，因为学生今后还有很多学习的机会，很多纠错的机会，很多自我改善的机会。最可怕的可能是有一些老师限制孩子的阅读，剥夺孩子阅读的权利，或者不断地通过考试，以检测的方式，让孩子的

---

[1] 管建刚. 不做教书匠 [M]. 福建：福建教育出版社，2006.

[2] 朱永新. 朱永新教育小语 [M]. 福建：福建教育出版社，2013.

阅读热情都丧失了，这才是最可悲的。"[1] 这段文字就是张老师在不断追问教学的本质是什么？

在对于教师专业成长中，张老师也有这样的思考："一个越有职业素养，越有生命自觉的人，无论他在什么样的处境里，他都更容易获得这种自主感，获得对生存处境的洞察力。也可以这么说吧，他总有某种独特的工具，能够帮助到他。因为人更重要的是靠自己的精神去生活，靠自己的专业素养去生活，靠自己对生命的愿景去生活。"[2] 张文质老师的教育思想，恰恰是用自己的写作来进行与内心的对话，与同仁的分享，与实践的印证。

没有思维就没有写作，教师在写作的过程中不断实现"以写促读""以写清思""以写引思"，持续的写作也必将带给教师思维方式的转变。

3. 走得更远——带给教师新的行走状态

写作的人是文字的魔术师，写作的人是智慧的思想者，写作的人是历史的创造者。

郭元祥老师在《教师的20项修炼》中提道："对教师而言，写作并非纯粹的创作，而是一种教育的生活方式。"[3]

许多渴望快速成长的教师也尝到了写作路上的芬芳。特级教师张祖庆成为自由教育人后成立了一个"谷里书院"，诚招热爱教育与写作的老师加入。这些志同道合的人在一起，每天一篇文章，在群内分享。他们将每一个平凡琐碎的教育故事、教学案例作为研究的宝藏，反复推敲、咬文嚼字、总结提炼。写作已经成为许多优秀团队成长历练的最佳方案。写作的生活状态让更多的教师不仅做好了本职工作，并逐步走进名师、特级教师、教育家的优秀队伍中。是写作，让平凡的教师之路不断拓宽、走得更远；是写作，让教师在前进的过程中不断领

---

[1] 张文质. 教育的勇气 [M]. 武汉：长江文艺出版社，2017：24.
[2] 张文质. 教育的勇气 [M]. 武汉：长江文艺出版社，2017：103.
[3] 郭元祥. 教师的20项修炼 [M]. 上海：华东师范大学出版社，2008.

略到曼妙、别样的风情。

4. 活得更美——改善教师职业生命样态

俄国大文豪托尔斯泰认为:"一个人只有在他每次蘸墨水时都在墨水瓶里留下自己的血肉,才应该进行写作。"写作会改变教师的生命样态,提升教师职业归属感、幸福感。

写作可以实现教师一直在工作,一直在收割,自然改变教师的心理状态、工作状态、生活状态。写作让教师的生命充盈着一种获得感、自豪感和不断增长的内生动力,通过在写作中与人交往、交流,也能更多地收获人际交往的乐趣,倾听与倾诉的乐趣,成果分享的乐趣,自我提高的乐趣。

善于在写作中成长的教师,实现了在为自己生命意义的持续构建中,打下了多彩的生命底色。

朱永新教授在《给教师的信》一书中写道:"要想写得精彩,关键是要活得精彩、做得精彩。所以,写书事实上就是记录自己的生活,书写自己的生命。"[1]许多教师在不断地记录教育叙事中享受着教育工作的真实、真诚、真爱;还有一些在写作中更有思想的教师发表文章、著书立说,快速成长为名师、教育专家,成就了自己辉煌的事业。

写作是教师走向教育自由王国的必然途径。山东特级教师郑立平在《优秀教师成长之道》一书中提道:"一个教师如果不及时记录自己的教育生活、学习思考、感悟心得、问题困惑,到最后只能是两手空空、碌碌无为、肤浅苍白。写作让教师自己的教育生活留下痕迹。"[2]这些写作的痕迹,将串起教师人生精美的项链,让简单的生活熠熠闪光。

河北省特级教师孙彩文在一篇教育叙事中曾写道:

我是有福气的人。

---

[1] 朱永新.给教师的信[M].上海:华东师范大学出版社,2020.
[2] 郑立平,贺华义.优秀教师成长之道[M].陕西:陕西师范大学出版总社有限公司,2012.

在TATEAL叙事群上线的第一时间，便与Ora、Issa、阿珺、妮妮、BOBO随缘相遇。我的直觉告诉我，Ora将为我们在2011年10月全国"勇气更新"活动上带来精彩讲座，会后与我简短对话，记录内地基础教育现状的香港大学教授。她是国际教育专家，我，教育末端的农村小学教育行走人，有缘与她相遇，真是福气。清晰记得，开场晚宴，面对22个国家的教育专家，她用英语致辞，澄静清明的眼神，清瘦健朗的韵姿，流畅精短的发言，抚摸生命底处的温柔。翌日讲座ppt，是她自己的专著封面做背景，葱绿的大树生命鼎盛、充盈向上。

在这充满激情的文字中，我们看到是教师的职业写作，让孙老师，一位农村基层教师看到了人生最美的风景，遇到了志同道合的知己，更重要的是，一篇篇教育叙事，构建了彼此生命的意义，更找到了自身实现的价值。教师写作，让我们的教育生活更美好！

教师应该写什么，怎么写

世事洞明皆学问，人情练达即文章。[1]

教师要练就一双慧眼，提升自己的洞察力，通过写作习惯，生成写作需要，提升写作能力。教师要善于在日常的、平凡的教育生活中，发现写作的题材。其实生活中不是没写的，是我们还不具备那样的慧眼。

一、随笔叙事，记录每一个思考瞬间

随笔，就是随时随地写作。但是对于教师而言，写随笔，自觉不自觉，必然会带有职业特有的烙印。教师随笔，最简单的门槛，就是记录问题开始。教育管理中的各种问题，虽然令很多教师头痛，但也是一个亟待挖掘的巨大宝藏。它是我们教师写作的起点和源点。

提及写作，第一要"敢写"，第二要"会写"。大家固有的思维习惯是"先有写作需要，写作能力，再养成写作习惯"，其实可以倒过来，不管成色、结果如何，先要大量地写，写的过程就是提高的过程。

1.随时发现、随时记录教育教学上的问题，思考解决之法

当今的时代，是教育改革的时代，围绕新课程标准，面对新教材，我们要有敏锐的目光，不断发现教育教学上的问题，并进行反思，及时拿出自己的应对方法，提升教学的有效性。

---

[1] 曹雪芹.红楼梦[M].人民文学出版社，第五回.

每一位教师，发现的更多问题，应该来自我们的专业学科教学。因为任何一位教师，都会在自己的专业学科领域上花费毕生的精力。认真严谨的教师在每天反复的备课、授课、听课中，会不断发现问题、提出问题，思索本专业领域的各个知识点如何教得更加有效。投身科研的教师，会随时记录下课堂上发生的问题，以备将来自己撰写论文或者研究课题时使用。

在专业学科教学中，备课资料中的疑惑问题，教学参考、教材上和自己认知思考的不同之处，教学设计中的引导语、问题设计、师生问答、板书设计等，课堂教学中随机生成的问题和收获，教学过后的总结反思提升，学生提出的问题等，都是我们随笔写作不同角度的有效来源。

优秀教师都有善于发现、敏于思考、勤于动笔的好习惯。王卫国老师在他的文章中真实记录了发现教育生活中的"黄金"的过程。

> 而我们时下的课堂，仍是教师主宰，教师站在讲台上滔滔不绝的传授知识，反反复复地机械刷题，效率不高，效能低下，使我们培养的学生成为考试的机器、分数的奴隶。为改变这种现状，激发学生学习的主动性，我们需要让学生成为课堂的主人，站在课堂正中央，真正地实现课堂向学堂的转变。
>
> 要实现这一转变，我们在行动层面需要知晓：一节课是由目标、内容、实施、评价等四个要素构成的，因此，我们在推进课堂向学堂转变过程中，必须关注这四个要素，要做到目标清晰，内容精准，实施高效，评价及时。为此，我们要做到以下六点：一是目标厘定，二是内容精准，三是教学定位，四是问题驱动，五是即时反馈，六是角色认同。[1]

---

[1] 王卫国.让我们的"课堂"成为"学堂"[G].唐山：唐山一中，2019：5-7.

教师只有用心去观察，去思考教育教学，才会不断发现问题，才会不断提出新的改进方法，提升教育教学水平。纵观教育发展史，就是在这样循环往复的过程中，不断向前发展，不断获得新的景观。

2. 随时发现、随时记录学生成长足迹，促进培养学生健全人格

每一位教师，做不做班主任工作，都需要管理学生，并在和学生的谈话交流中，了解学生的思想动态，逐渐走进学生内心深处，不仅有利于促进培养学生健全人格，而且通过记录，分类储备和梳理，提升自己管理学生的水平。

王君老师是一位非常出色的班主任。我们一起看一看她记录的和学生的故事《国旗下的笑声》。

>这天，我生气了。
>
>陶韬、龙天河、余秋帆、刘晗，这几个是我想都没有想就确定下来的升旗手。因为这几个孩子平时表现优秀、行为严谨、落落大方。但是，偏偏就是这几个孩子，在升旗仪式时不严肃，在台上嬉笑，被学生处主任严厉批评了。
>
>我们的孩子，怎么会糊涂到居然认为升旗都不是重要的事情呢？
>
>那天早上在班上，我的情绪有些激动，我慷慨激昂地讲了很久……
>
>我心里很痛，觉得我们的教育很失败。
>
>我自己也很失败。[1]

学生的问题，需要随时随地去发现思考，更需要教师不急不躁，智慧温情地处理。良好的师生关系，有助于培养学生健全的人格，提升教师的职业幸福。

---

[1] 王君. 班主任，青春万岁——王君带班之道[M]. 北京. 中国轻工业出版社，2013：162-163.

随笔，就是随时随地记录下教育生活中每一个触动你思考的瞬间。记录的文字，就是一笔宝贵财富。记录的过程，就是成长蜕变提升的过程。记录的问题，更加珍贵，将成为我们研究性写作的起点。除了教育教学随笔，许多教师喜欢记录自己教育教学中的故事，这就是教育叙事的原型，要提升教育叙事的专业水平，还要了解叙事性写作的几个要素。

3. 选准叙事的切入点

题目越小，切入点越小，故事案例就越深刻，也更加具有研究价值。关于对自己课堂进行某个专题的反思，关于自己课堂实录的某个环节的剖析，甚至关于对一个特殊孩子的持续性观察和个案分析研究，都是教师日常教育叙事非常有价值的选题。比如新教育团队的吴樱花老师，她曾经连续三年关注一个离异家庭的孩子，对他进行个案研究，为他开设了专题的记录。三年以后，吴老师专门写了一本书叫《孩子，我看着你长大》，记录的就是对这个孩子的引导和教育过程。

作为有着丰富经验的一线教师，在撰写教育叙事中多选取这样的问题，通过长期跟踪、长期观察、长期记录、长期研究，问题就成为非常有研究价值的资源。

4. 做到理论与实践的有机结合

教育叙事要做到真实，力求真实、细致地呈现故事本身，但是，仅仅是一个讲故事类型的写作也不符合教育叙事的要求，还必须与教育理论和思考相结合。

例如：张洪艳老师在《人生至美是相遇》[1]这篇教育叙事就是从教育问题开篇，通过教师读书寻找理论支撑，开始指导自己的工作。这样读起来，就有了理性的思考和实践的跟进。以下是部分段落摘录：

数学学习的过程，不仅仅是知识的学习过程，还包括情感、态度、价值观的形成，包括为学生全面可持续的发展奠基。因此数学课堂不应是灌输而应是引导，讲台不应是教师讲的舞台而应是学生展示的平

---

[1] 刘绍辉. 播洒书香—百位名师谈阅读 [G]. 石家庄：河北教育出版社，2016：46.

台——课堂应服务于学生。

有了这样的认识,再加上从书中学到的具体方法,我开始了"前置性学习"加"课堂交互学习""课后延伸学习"教学模式的尝试,学生成了课堂的主人,评价贯穿起课堂,我从"一言堂的主讲"退居到了"幕后指导"的位置。看着学生在讲台上一板一眼地讲解,时而能听到他们激烈的辩论,我的思绪因他们的精彩而飞扬。

我们不难发现,这篇教育叙事就是充分将作者自己在教学中的问题与读书学到的教学理论相结合,边体味思想边叙述自己的改变。这样就避免了只讲故事类型或者是只谈理论型的教育叙事,更能给读者以阅读兴趣和启发。

5. 教育叙事的语言要讲究

既然是叙事,就需要娓娓道来,以叙述的语气介绍清楚故事的原本,方便读者阅读感知故事原委,也便于记录成长中的印记。当然,教育叙事和单纯的故事在语言表述上仍存在一定的差异,需要有较强的语言逻辑性,问题的呈现以及教育者的思考自然地融入其中,随着教育者采取的做法不断自省,最后对故事的发展和结果进行完整的记录。在这里特别强调关键人物、关键画面、关键对话要有详细呈现,以便对整个教育叙事的记录更加具有研究价值。

做一方载歌载舞的水[1]

于雪元

还记得初为人师的急躁火爆,调皮捣蛋的孩子们见了我总要怕得绕道而行,在背后偷偷叫我"灭绝师太"。在岁月的磨砺中,我渐渐地懂得了为师之道。

那一天放学,班里的女孩儿小悦,在门口挥着小手,对我喊:

---

[1] 刘绍辉. 做教师真好 [G]. 吉林大学出版社,2017.

"老师，再见！"那张灿然如花的笑脸让我至今记忆犹新。要知道这个孩子经常考个位数字，几乎每天都被我漫天卷地的批评轰成炮灰。可是，她却没有记恨，没有愤懑，有的只是一个孩子纯美的笑容。那一刻，我被她感动了：做老师，真好！她教会了我如水般温婉细腻地对待每一个孩子。不以成绩论英雄，珍视每一颗纯真的心灵。

那天中午，一进楼道便听到"汪——汪"的声音，我知道那是调皮鬼阿元。我站在后门，静静地看着：每当有同学出现在前门口，阿元就有节奏地叫"汪——汪，汪汪——汪"，全班哄堂大笑。我看不清他的动作，但想象得到这个小家伙恶作剧得逞后狡黠的笑容。

我迈步来到前门口，"汪——汪汪"，阿元躲在门后叫起来。我停住脚步，他又陆续叫了两声，可能是在等着我进去。我正准备迈步，突然，他像一只青蛙一样从门口跳了出来，与我撞了个满怀。一瞬间，教室里哈哈大笑。

"老师，怎么是你？"阿元脸上的惊讶顿时凝固了：一双大眼睛瞪得溜圆，嘴巴张得足以塞下一颗鸡蛋。本来白皙的一张脸又羞又窘，像一块红布。片刻之后，他像一只被踩到尾巴的猴子，飞快地回到座位上，低着头等着迎接我的暴风骤雨。

我忍住笑，让他把这件事写在日记本上。第二天，他在日记中描述了整个过程，并做了自我批评。我点评他动物叫声模仿得惟妙惟肖，身手敏捷，自我批评做得到位。我看到阿元脸上浮现出得意又略带羞涩的笑容。

好的教育叙事一定是直达人内心的，能够产生共鸣的。坚持写自己的教育叙事，不仅能够为自身教育留下痕迹，同时也是个人教育智慧提升的案例集，无论是教育学生还是课堂教学，都能够在记录的过程中发现并总结提升为个人教育教学风格，形成自己的教育教学品牌。

二、教学设计，让每一堂课都精彩

一节好课就像一篇好的文章，有独具匠心的构思，有波澜起伏的情节，有精雕细刻的细节，有美丽精粹的语言，会给人豁然开朗的智慧启迪，桃红柳绿的美感享受，厚重博大的文化熏陶。

教学设计，顾名思义，是一位教师和教材文本、教学参考书、各种资料的对话思考之后，根据学生学情的实际，运用智慧，精心设计的课堂师生教与学的方案。

1.精雕细刻，呈现教师独到的见解和设计

不论是教材分析、学情分析、教学目标、教学重难点、教学方法，还是教学过程、板书设计、课后反思，无一不需要用心，无一不需要完美。但是其核心所在，是你的教学目标和教学过程的设计，展现着每一位教师的教学思考。

上海师范大学的郑桂华教授，醉心于教学设计的改进以及课堂教学实践。她曾经在不同的时间和地点，讲过朱自清先生的《荷塘月色》。但是每一次，她都在力图突破自我，将本阶段的学习成果运用到教学之中，写出与众不同的教学设计。

第一次上课，她从文章的语言入手，赏析修辞，品味情感。第二次上课，她注重鉴赏文章的画面，通过与课外阅读文字的对比，展现一种圆融性的美感。第三次上课，她带着学生寻找作者地点的变化，体味每一个地点特有的情感，并用了数学上的 x 轴和 y 轴，分别代表地点和情感。第四次上课，她完全抛弃了这些语言、画面，而是直接抵达作者内心深处，用一个主问题"人生苦闷如何解决"带动全篇，去感受作者心灵从灰暗到微亮到灿烂的过程。

这四次不同的教学设计，从语言的表层到作者的情感，最后到达作者的内心世界，人类的共同命题，剖开一层又一层，让我们看到她对朱自清的理解越来越深刻，对文章教学从术到道的蜕变。

2. 多学科融合，彰显教师专业素养和教学水平

教学设计是各个学科教师在各学科课程标准的指导下，在教材和学情分析的基础之上，和教材文本的深层对话、个性对话。

以政治名师李志涛老师的《价值与价值观——弘扬英雄精神，崇尚价值引领》教学设计为例，其教学过程环节有四个：一是亲身经历话英雄，导入新课；二是情境体验，心理抗压模拟，分享体验；三是案例探究，弘扬英雄壮举，探究人生价值；四是情感升华，真情撰颁奖词。李老师注重联系现实生活，从学生向英雄纪念碑献花，提出英雄精神的价值问题；精心设计心理抗压模拟，让学生在真实情境下感同身受，体验体悟；案例探究问题分析和撰写颁奖词，又融入了语言表达的实践运用。政治、心理、语文多学科的融合，彰显了李老师深厚的功底，对教育教学新理论的理解和运用，对学生综合素质的培养和提升的高超能力。

一个好的教学设计，注重发挥学生的主体性，对教材处理得别具匠心，能有效促进课堂的生成。一个好的教学设计，教授给学生的，不仅有知识的建构，还有思维的稳步发展，更有审美的提升和文化的滋养。

三、论文论著，深度阐释教育创新的智慧

一位一线教师，只会写教学设计，写一辈子，也是一个普通的教师。但是如果能从科学研究的角度入手，多一些研究意识，多发现一些研究问题，并且广泛地学习、实践、反思，进行论文写作，就会找到自己多年的教学经验和理论完美的契合点，提炼出自己的教育教学主张，走在成为教育名家的路上。

论文写作既是一种实践活动，也是一种精神活动。教学和研究是成熟教师的双翼，缺一而不飞。只会闷头教书的教师，终究会停留在一个"浅"字上；藏在象牙塔里只会研究学问的教师，终究会走向一个"空"字。可见，教学和研究是相互促进，相辅相成的。

1. 论文写作是一个从学习吸纳到实践行为，到反思创新，再到形成文字的过程

论文，可以是教学改革实验的过程或者结果，可以是教师课堂行为和学生学习行为的研究，可以是介绍某一种教学理论，可以是对教材的研究和反馈意见，教学实践的感受、体悟、反思，考试研究的分析和战术策略等。

物理特级教师王卫国，是一位注重科研和论文写作的名师。在他的专业写作中，已有340余篇文章在报刊登载；在"中国教育在线"上已发表博文1342篇；其博客被评选为中国教育在线"十佳教育人博客"。他在一篇论文中这样写道：

> 回首自己走过近三十年的教书育人之路，如果用一个关键词来概述我的教育经历，我会毫不犹豫地选择"科研"这个词，是科研让我阔步走在通向卓越的途中，是科研让我的教育教学实践有深度、有广度、有温度，是科研让我的管理实践有前瞻性、有时代性、有科学性。可以这样说，我的职业成长史就是自己的孜孜以求的"科研史"。
>
> 学习是教师专业成长的基础，也是教师从事科研的源泉。这里的学习，包括向同行学习，我从教前六年，认真听组内老教师的课，尤其是师傅鲁东升老师的课，我每节都要去听，哪怕是实验课也要去听，这样坚持听了三年，基本架构了高中物理的知识结构。
>
> 正是这样，1996年首次带的毕业班，物理成绩全市第一，并撰写经验材料，在全市物理研讨会上交流。
>
> 那个经验材料的总结是我从教后"正式"撰写的第一篇文章，考后近两个月的假期我都把自己"泡"在了期刊中，"浸"在以往几年学校的经验交流材料中，"沉"在了对过往三年备考的梳理总结中，也正是这次"艰难"的"创作"经历，写成一篇3000字左右，题为《高中物理复习纵横谈》的文章，使我初步学习了如何下笔行

文,明白了教育过程中要注重素材积累的重要性,知晓了理论学习的重要性。[1]

2. 论文写作最终的目的是总结推广研究成果

这就要求教师撰写的论文必须符合编辑的审美要求。那么什么样的论文稿件,会被抛弃?什么样的论文稿件会被看上采用发表?

特级教师郝玲君在聆听了张程主编《教师应成为语文教学的研究者——如何写好并发表教学论文》,张蕾主编《中学语文教学:你梦想起飞的舞台》,王建锋主编(宁夏教研员安奇代讲)《语文教师投稿三问》,张矛主编《教学论文的出彩与添彩——教学论文的撰写、投稿与审定》等讲座之后,总结了关于投稿论文写作的六项要求:新、细、理、范、合、改。"新"即需要紧扣语文革新的背景、政策,发现各种期刊论文的空白点和争论点。"细"即要不断从教学实践中,积累经验,小处着眼,发现并充分发挥自己的优势。"理"即经验和理论的完美结合,从书籍中,从讲座中,汲取充分的理论营养,提升自己的论文高度。"范"即按照各种杂志已经出版的论文样式,模拟之,效仿之;让自己的文章在所有的细节之处,表达、引用、标点规范无误。"合"即撰写论文之前,要仔细研究你要投的稿件要符合期刊在栏目上的要求及以往发表论文的风格。"改"即在论文投稿前,要多次修改,在修改中提升自己论文写作的水平。

论文写作需要持续不断地努力,在深入实践的基础上,要用心阅读、思考、研究、写作,循环往复,一点点提升,一点点积攒,一点点成就自己。

一名教师,能够写多好,决定他未来会走得有多好。论文写作,对于教师的而言,无疑是难度较大的一种写作,但哪一位名师不是在一次次和自己较劲儿的论文写作中获益,熬过岁月,破茧成蝶,自由飞翔的呢?

---

[1] 王卫国.科研,让我永远是一件正在加工的作品.新课程评论[J].湖南:中南出版传媒集团,2020年第10期:114-118.

四、文学创作，让教育生涯更精彩

文学照亮我们的家园，让生命鲜活起来，让情感流动起来，让每一天都充满了不一样的色彩。教师，在忙碌的工作之余，也应该有自己的爱好追求，爱好写作，也可以在专业文章的创作之余拥有一片文学的天地。可以吟诗作赋，可以写散文，可以写小说，还可以对对子，让教师的生活变得多彩。

唐山名师团有一些教师喜欢对对子，便主动在名师群里坚持"每日一联"的活动，激发了越来越多教师的参与。他们一起研究对对子的方法，互相学习，坚持接龙对对子，已经坚持三年之久，达1700联之多了。在这里，喜爱对联的教师就找到了自己享受文学快乐的幸福天地。

还有许多教师喜欢写作。他们大多在平凡的岗位中，对于各级荣誉和高层次的赛课等机会很难接触到，但是文学创作却一直滋养着他们平凡的生活，使每一天变得精彩。

桑艳梅老师是乡村学校的一名语文教师，自小喜欢文学创作，喜欢写诗、写散文。成为教师后尽管工作忙碌，但她一直坚持创作，她的小诗既写生活里的点滴感悟，也写自己对教育教学的热爱，还写对自然万物的敬畏与感恩，字里行间都展现着作为教师与生命的对话。渐渐地，她的文字也成了学生、同事手中常常传递、口中常常诵读的文本。大家也都尊敬地称她为"诗人老师"。这样的认可，尽管不能获得各种直接的荣誉或物质的奖励，但是对于自己精神世界的打造，却是最大的褒奖。

所有与文学有缘的人，都是上天的宠儿。所有平凡岗位的教师，都应有一点儿文学味，拿起笔墨，让自己的文字散发着文学的芬芳，不求多么专业，只是因为热爱，因为喜欢，做一个有文学素养的教师，定会让自己的教育生涯绽放不一样的精彩。

提升写作水平的五个锦囊

写作，是教师专业发展的必由之路。写作能力，是一位教师的基础核心能力。什么样的方法，能快速提升写作水平？为你推荐五个写作锦囊，期待它能够为你的写作水平提升插上翅膀。

一、善于捕捉，养成随时记录的习惯

每个人都需要有一个"随身本"，记录生活和感悟。这个小本就像一个私家档案一样，记录着自己生活的点滴，记录着过往的经历，记录着当时的感受和想法。作为教师，更应该有这样的一个"随身本"，记录触动心灵的文字，记录经典教育案例，记录灵光一现的思考。

1. 记录触动心灵的文字

教师应该时刻保持对文字的敏感，阅读时、交流时，遇到让我们怦然心动的文字语句，用小本记录下来，可以反复涵泳，细品语言之妙。遇到特别好，但是又不知其意的，也可以记录下来，细查细品，慢慢揣摩，探究其中深意。这样既可以记下自己喜欢的文字，又可以在一点一滴的积累中提升自己。

比如，窦桂梅老师，一个在山村长大的孩子，却成长为了一朵小学语文界靓丽的"牡丹"。阅读和写作，则是她实现这个巨大跨越的法宝。她一直爱读爱写，每次读书、上课、听培训，总是及时将自己的所见所感所思记录在笔记本上。她的读书笔记、文摘卡片、教后记已近千万字。

长期记录笔记的习惯，既增强了她的语感，又训练了她提取和整合信息的能力，更将她对语文的理解感悟内化为一种精神力量，外显在她那一节节精彩的语文课上。

随手记录下自己喜欢的文字语句是一种美的享受，查阅拓展，思考心得，收入囊中，使这些语句为我所用，更是人生一大乐事。

2. 记录经典教育案例

身为教师，每天相处时间最长的莫过于学生了，若是没有随手记录的习惯，那么一些经典教育案例便会在漫长的岁月中泛黄、遗忘，想想不免遗憾。经典教育案例，是教师和学生的独家记忆，是教师职业生涯中一笔独特的精神财富。

以李镇西老师写下的一份案例为例：

> 万同的"检查"是这样写的——
>
> 赵老师，同学们上午没好好上课，我们错了。我顶嘴，更是对您不礼貌。我向您说一声"对不起"！但是，这几天同学们的心里真的很难受啊！大家都很希望李老师当我们的班主任，都不满意学校的安排。想用这种方法来留住我们的李老师。我们也知道这种方法是愚蠢的，可我们没法控制自己啊！赵老师，您替我们求求学校领导吧，不要换走李老师！
>
> 在很长一段时间里，我一直担任两个班的语文教学和班主任工作。最近，学校为减轻我过重的工作负担而免去我一个班的班主任工作，我是能够理解并深深地感谢领导的关怀的。但读了这段与其说是"检查"不如说是"请求"的文字，我被学生纯真的情感打动了！[1]

作为教师，除了在专业知识上的收获，与学生的点滴经历也是一大

---

[1] 李镇西. 爱心与教育 [M]. 广西：漓江出版社，2014：94-96.

财富，一个个鲜活的生命，一段段难忘的经历，我们细心记录，偶尔回忆，这便是身为教师的幸福所在吧！

3.记录灵光一现的思考

生命历程的每一个时刻，我们的大脑都在高速运转。但有一些特殊时刻，会出现思考的"波峰"，帮助我们解决很长时间困扰我们的难题。我们可以暂且称之为"灵光一现的思考"。灵光一现的思考，是思维迸发出的火花。"灵光一现的思考"，如果不能快速捕捉记录下来，很可能转瞬即逝，忘得无影无踪。

小佳老师发现自己给学生展示的优秀作文，竟然是抄袭之作。她苦思冥想解决良策，很长时间没有头绪。她和一位老教师聊起此事，老教师的一句"假花不如真花香"，让她灵光一现：真，对，假的真不了，事实没有办法改变；真，真诚，就可以解决一切难题。于是她记录下这灵光一现的思考，放下了面子，和抄袭者一起向全班学生真诚道歉，完美地解决了事情。

在阅读《教育的细节》一书时，书中写道：两位专业水平差距很大的舞蹈教师，只因对待上课不带舞蹈鞋的学生处理方式不同，出现了让人意外的结果。水平高的老师因罚站被学生厌弃；水平低的老师因让学生去储藏室挑选备用舞蹈鞋被学生喜爱。这一事件，激发了小佳，她的脑中灵光一现，"爱是解决一切问题的法宝"。并在记录本上记录下这一刻的思考，进而想到了解决学生座位的方法。每周让横行的学生全部向前挺进一排，竖列的同学向左挺进一排，全班的座位永远处于动态之中。每一个学生，都有机会坐在班级教室中的每一个座位的机会。

读书时、聆听时、散步时、睡梦后，每一个突然在脑海中闪现的思考瞬间，都弥补珍贵。记录下每一个"灵光一现的思考"，将会帮助教师解决很多苦思冥想也解决不了的问题。

小本很小，只够盛放几行文字。小本很大，记录的是你走过的路，说过的话，见过的人，经过的事，为我们捡拾起了人生沿途的风景，为我们的生活增添了色彩，留住了美好。

二、善于梳理，养成记词画图的习惯

著名作家列夫·托尔斯泰每逢遇到睿智的话语或者精彩的语言，他都会一一记下来，这就是一种写作的好习惯。作为一名成长中的教师，更需要这样的习惯。很多时候，在特定场合演讲或讲话时，听者产生了突然的灵感，这些就是提升写作的重要素材和创意来源，但由于场地受限以及时间的不允许，没有办法立即潜下心来把自己的想法写成一篇文章，就需要一种更好的写作策略，那就是三言两语记录要点的方法。

1. 关键词提炼法

为了更好地记录和呈现，人们喜欢提炼出关键词或记录几句关键的话，其实写作中也需要提炼"关键性词语"。这就是一种非常有效的记录方式——记录关键词、句、关键事件。

> 唐山市丰润区燕山路小学校长门素艳就是一个有心人。她经常到名校参观学习，学习中更是经常边参观边记录。仔细询问记录内容就是她聆听、学习的过程中，最能刺激她大脑的关键词、句，还有就是她自己突然产生的灵感，也用简短的话记下来。
>
> 门校长到中关村三小学习，参观学生的戏剧课程时，也联系到自己学校的小剧团，当时就记下了：绘本与课本相结合、故事与品行相结合、表演与创编相结合等关键词。由于时间匆忙，她简单用关键词提炼，一一记下，待学习结束回到学校静下来，认真思考，就可以形成具体的做法和文字。

不难看出，善于记录关键词方法写作的教师，更能养成一种提炼写作精华的好习惯。好点子、好思路也会第一时间涌现。

2. 思维导图呈现法

教师在写作时，一个非常好的思考、梳理方式就是绘制思维导图。思维导图可以帮助我们更好地构思和联想，用线条连缀精准的关键词，清晰呈现出思维的过程。教师在写作前运用思维导图，可以让写作思路更加清晰，文章结构也会更加有序、更加严谨并符合逻辑。当然，思维导图作为一种可视化的笔记工具，也可以帮助我们积累、整理写作的素材。实践中比较容易使用的有：鱼骨图、树形图等。

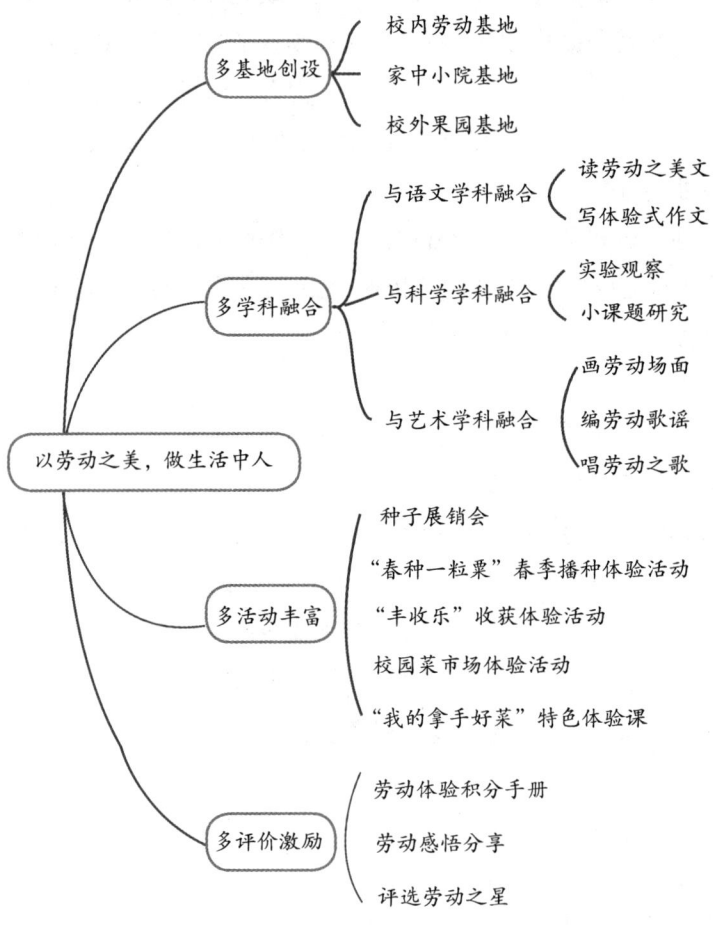

图 6.1 论文《以劳动之美，做生活中人》写作思维导图

王健老师在完成一篇关于劳动教育论文的写作时，就采用了先用思维导图来梳理思路、并用关键词来记录的方法，呈现了整篇文章的构思。如上图6.1所示。图中显示，教师在论文创作时，清晰地从"多基地创设""多学科融合""多活动丰富""多评价激励"四个方面着手，并细化到个个具体创新点。利用思维导图来捋清写作脉络，也对接下来的具体写作起到了事半功倍的作用。

3. 问题梳理法

很多时候，问题就是创新的源头，也是写作的题材和思路。所以，我们也可以采用问题梳理的方式来进行写作骨架、思路的记录。如在课堂上突发的教育事件，带给教师思考和写作的欲望，教师就可以立即将头脑中闪现的几个问题记录下来，成为写作的思路。

比如，教师在教学"五光十色"这个词语的意思时，学生们很容易与"五颜六色"交换使用，但是这两个词语的含义和使用范围是有差别的。如何能够让学生更好地区分和运用呢？

教师就将课堂上的这一困惑用问题的方式记录下来——

如何更好地区分"五光十色"与"五颜六色"的意思？

如何运用生活中理解词语的方法让学生能够更好地区分两个词语不同的效果？

如何通过这一教学点，教给学生有效区分和运用意思相近的词语的方法？

有了这个问题梳理思路，教师再完成整篇教学案例分析或者是教学论文的创作，就更加有思路、有层次、有方向了。

当然，记录问题时，一定要做到：问题的真实性，一定是当时头脑中马上闪现的真实思考、现场出现的真实困惑；问题的层次性，每一个问题的追问一定是层层深入的，这样才能帮助自己深入思考和研究；问题的价值性与科学性，所有要思考的问题一定要建立在科学的教育理念之下，不能违背教育本质或规律，一定要有意义才值得去记录。

三、善于读书，养成读写结合的习惯

阅读是学习和吸纳，写作是思考和创新。没有阅读，只写作，不会有深刻的文字体悟；没有写作，只阅读，难以完成思维的自我重构。所以，唯有把阅读和写作结合起来，方能促进教师知识的构建和发展，走向卓越。

1.对话作者，提升灵魂

读一本经典的书，就是和一个优秀的高尚的人对话。每一个人因为时空、年龄、经历等种种的局限，对内心世界关注不够，给养不足。在自我了解上存在片面性，在自我认同上存在矛盾性，在自我完整上存在残缺性。每一位教师在一生的际遇中，通过读书、思考、写作，才能实现精神上的自我提升，自我重构。

刘玉梅老师是一位出色的英语教师，在多年的教学中，一直以读书为乐，特别是她在阅读帕尔默的《教学勇气》时，边读边思，边思边写，与作者产生共鸣，完成深层对话，灵魂提升。

首先，我们要时常倾听自己的内心。在繁杂的日常教学之余，定期为自己留出独处的时间，不断审视自己，省察内心，以便更好地认识自己，找回最真实的自我，重拾我们的教育梦想，以真心、真情、真意面对学生和教育教学工作！

其次，在教育教学中遇到问题时，不要无端地恐惧，最好的办法就是心与心的交流。不健康的紧张会造成课堂上的"我"与真实的"我"相分离，从而失去原有的自我认同。而交流是解决这一问题的有效方法。交流使我们正视自己内心的恐惧，重新构建对教育教学的认识，对学生的认识，对自我的认识。

此外，一定要通过阅读来提升自己的内动力。只有通过大量阅读，不断丰富自己的知识的宝库，建构自己独具个性的教学体系，

才能达到自我认同和自我完善，让自己的教学建立在心灵之上，创造真正优秀的教学。[1]

很多作者的精神层次，是我们难以企及的。但是通过读写结合的好习惯，可以让我们一点点接近作者，一点点提升自我。俗话说，万丈高楼平地起，一砖一瓦皆根基。从一点点的积累出发，我们才会遇见更好的自己。

2. 走进文本，深层解读

"在那无路可循的山坡上攀爬的是艺术大师，他登上山顶，当风而立。你猜他在那里遇见了谁？是气喘吁吁却又兴高采烈的读者。两人自然而然地拥抱起来。"[2]俄国的纳博科夫在《文学讲稿》里这样写道。

作为读者，时刻怀着一颗探究之心，研究之心，写作之心，就会更好地读懂文章深意，读懂作者内心表达的丰富和细腻，达成和作者的互相理解，互相欣赏。一个教师从未到达过阅读的巅峰体验，那他绝不会带领他的学生到达山顶。

> 开滦一种特级教师郝玲君在阅读学习《毛泽东诗词欣赏》这本书时，一边阅读、一边背诵、一边摘抄，但全书读完，仍然感觉没有读透。于是，她在第二遍阅读时，加入了写作这一重要环节，一下子豁然开朗。毛泽东诗词的语言特色、引用古代名言典故特点、豪迈风格、独特的人格精神，都一一清晰地展示出来。
>
> 每每朗诵苏轼诗词，总能感受其豪迈风格。但究竟"怎么写"才会有这样的风格产生呢？她带着这样问题，研究阅读了《水调歌头·明月几时有》《念奴娇·赤壁怀古》《江城子·密州出猎》《江城子·乙卯正月二十日夜记梦》等词。她的研究性成果论文中有这样

---

[1] 刘玉梅. 教育者的自我救赎，载《播洒书香——百位名师谈阅读》. 石家庄：河北教育出版社，2016年版，第90页.

[2] 成尚荣. 山顶上的拥抱——教师专业阅读的几点建议 [J]. 新课程评论，2018（12）:7.

的结论：多维空间的自由穿越，使其词开阔恢宏；多个时间的快速转换，使其词厚重大气；多个典故的精当使用，使其词丰富多义；多个场景的匠心设计，使其词生动吸睛。

教师阅读，想要走向深化，就必须带着思考的头脑，"作者独特的观点是哪个？""这本书的新知识、新理论的核心是什么？""为什么这样写？""在什么境遇下写的？""怎样写才会这么好？"走进文本，才能写出深层的独特的有别于常人的解读文字。

3. 提炼方法，学以致用

带着问题读书，能避免盲目读书、被动吸纳。如果你能将自己对问题的思考和作者对问题的思考进行对比，进而写下思考的结果，文字层面、思维层面并行比较，不仅能够获得解决疑难问题的方法，更能看到自己和作者在思维本质上的不同。这样，不仅能解决一个问题，而且能获得解决一类问题的方法。

王术春老师在20年的从教生涯中，一路苦读，孜孜以求。他读严育洪老师的《这样教书不累人》，深受启发，将书中的知识，提炼出自己解决教学难题的方法。

> 严老师所论"洗课"，切中时弊，读之畅然，如饮甘泉。由"析课"之杂，到"知止留缺"。他列出了目前大多数教师存在的问题，我从中悟到了三个"一"。
>
> 守住一个目标——教学是为学生的需要。……把不需要的知识去掉，教学内容便精练了，重点难点就突出了；把不需要的环节去掉，教学的空间就大了；把不需要的手段去掉，教学的氛围就会更接近语文的味道。
>
> 落实一种行动——认真地"洗课"。抛弃那些"让自己舍不得的东西"，为学生减负，为课堂减肥：深化有意义的问题，细化有效的措施，让课堂增效。

留下一份生机——为课堂打一个"活结"。严老师的"洗课"主张,在我看来其目的就是给学生留出更多空间,给课堂留下生成的余地……[1]

身为教师,阅读、思考、写作是我们一生的必修功课。一本叩击我们灵魂深处问题的书,让教师突围于迷乱、困惑,细读之,反思之,咀嚼之,写作之,学习之,效仿之,必能帮助我们迎来个人教育新的春天。

阅读与写作,相辅相成。读得深入,才会明白如何更好地写作;写得精彩,才会明白如何更好地阅读。

四、善于研究,养成科学系统写作的习惯

在现代信息化的当今社会中,一名教师想要获得专业成长,必须树立终身学习的意识,要不断投身教育科研,勇于实践,大胆创新。很多一线教师成长为名师、特级教师的实例证明,在教育教学上积极投身科研,阅读书籍,学习理论,不断更新理念,以科研带教研,对教师自我提升大有裨益。

进行课题研究,撰写课题报告,是教育科研的重要载体和途径。教师做课题,最主要是为了解决在实践的教育教学、学生管理等工作中发现的问题,遇到的困惑。课题研究的科学性和严密性,也促使教师教育教学工作的科学化、系统化,在课题研究过程中,慢慢提炼自己的教育思想。

浙江省温州市第二外国语学校语文教研组长陈智峰老师。他从事语文教育二十多年,不断在语文阅读教学中思考,如何将自己的课设计得更加巧妙,更加突出语文教育的本质,撰写了很多优秀的教学设计和课堂实录。他阅读了大量教育、教学的书籍后,自觉地去改进自己的教育手段,不断进行实践探索,不断反思教学,并用心撰写思考提升的论文,

---

[1] 刘绍辉.播撒书香——百位名师谈阅读[G].石家庄:河北教育出版社,2016:211.

分享课题研究成果。

1. 明确主题，反复写作

陈智峰老师提出"主问题·关键词"阅读课型，并且围绕这个主张，他不断进行深入独特的文本解读和单篇教学阅读的设计与探索。既要符合学生的阅读心理，又有他独特的思维再现。一个主问题，有的从课文的文体出发，有的从课文题目入手，有的从课文的显要标志探索，有的从作者的独特人生经历着眼。每一个主问题的设计，都能牵一发而动全身，取得师生与作者深度对话的效果，营造出了平等、民主、融洽的课堂氛围。学生在他的一个主问题的引导下，寻找到每一个"关键词"，最终提纲挈领，层层剖开，解读全篇。

他在教学《永遇乐·京口北固亭怀古》中，异于一般教师讲授典故的设计，而是将主问题设为"比较五个典故中人物的称呼异同"。这些称呼，有的是名、有的是字，有的是小名，有的是年号。他一步步引导学生提取出丰富的情感"关键词"，无奈、亲切、惋惜、悲愤、尊敬，破解了文本深层潜在的独特情感和文化的传递。他的课题研究成果论文《探索"主问题·关键词"阅读教学课型》获浙江省第八届教研课题成果一等奖。

2. 研究课题，科学写作

陈智峰老师沿着自己确定的研究方法，反复实验，确立研究课题，科学系统撰写课题研究论文。他除了努力探索和实践的"主问题·关键词"阅读教学课型外，又不断推出"寝室时评"作文教学法、"学为中心"系列假期作业、"古典趣读"系列校本课程，逐步构建自己的四面（阅读、写作、假期作业、校本课程）一体（语文核心素养）"博雅塔式"语文课程体系。

在这条科研课题之路，他在《中国教师》《中国教育报》《中学语文教学》《语文建设》《语文教学通讯》等报刊上发表文章100余篇，其中被人民大学复印资料全文转载7篇。

课题研究成就了他，他已经成为浙江省正高级教师。同时为我们每一个人探索了一条发现问题、提出问题、分析问题、解决问题，提炼自己的教育理念，形成教育成果的发展路径。

3. 出版专著，系统写作

一位教师，写一篇论文不难，写多篇论文较难；围绕一个主题进行专题写作不难，写一本专著却有很大的挑战性。

郝玲君老师，是一位笔耕不辍，每天坚持写作，在自己的语文公众号上发表文章的教师。但是我发现她写的文章，每天写作的内容都不同，也没有规律性地安排，让阅读者感觉在主题上有些零碎和杂乱。我建议她，先确立一个课题研究方向，再开始分主题写作，将多个主题连在一起，就可以出一本语文专著。她接受了建议，确立了主题开始系统写作。

她确定了"语文回归求本真""综合拓展以学文""咬文嚼字学文""情到深处诗言志""见微知著讲故事""本真语文唤回归"六个主题，写着写着，她的一篇篇论文发表在国家级、省级期刊上。她结合教改实践提升到理性思考，集合14.5万字，出版了专著《语文灵动课堂的构建与实施》形成了自己的教学主张，被评为特级教师、正高级教师。在她身上，每一位教师都可以清晰地看到成长的轨迹。她的成功，正源于系统写作的坚持，是完全可以复制的成功模式。

五、善于交流，养成与读者交流的习惯

写作除了内在动力，很大的程度还来自读者的支持和分享的快乐。教师写作虽然没有专业作家所拥有的登上各种专业杂志的机会和网络平台的支持，但是依然可以拥有读者。

随着科学技术的飞速发展，微信、QQ等自媒体的出现，大家的文字可以在公众号朋友圈等媒介互动分享，这样的方式极大地便利和鼓励了广大教师，不断尝试著书立说。教师队伍里，许多教师为了坚持每日一文，利用在微信朋友圈打卡的方式，既得到了大家的监督，也得到了更多读者的点赞和鼓励。当然，许多来自同行或拥有共同思想的同伴也会给予更多的交流。这样的分享、互动，达到了一篇文章激起千层浪的

效果。

1. 在平台中分享

心有多宽,舞台就有多大。平台有多大,也决定着前方的路能走多远。教师的写作不是一个人孤芳自赏,需要更多展示、分享和互相激励的平台,才能给予写作无限的动力和激情,拥有新的思想,持续写下去。

谈及教师写作展示的平台,网络博客、个人网站、工作室团队展示都是非常好的分享途径。唐山市名师杨慧莹是乐亭县初中语文教研员,她一直笔耕不辍,坚持写教育博客,至今已有8000余篇,每一次更新都会得到很多教师的关注和分享。就这样,她的文章不断被转发,被各类专业杂志刊载,她也成为许多专业杂志的签约撰稿人。更高的平台让杨老师也见到了更多优秀的同伴,一起研究语文教学,一起创作自己的课例;更高的平台也让杨老师拥有了更多的读者,更多的粉丝,让她的教学生涯不断挑战新高度。

当下非常受大家欢迎的一种微平台,就是手机中的朋友圈。许多教师将自己的作品在朋友圈中分享,并定期通过公众号等小平台推送,得到了更多人的支持。这样一个简单的方式,也实现了有效互动。

> 马向葵老师是唐山名师,小学数学教师。马老师自2016年起坚持每日一篇文章,或数学教学研究,或个人成长感悟,利用公众号推送,每天发送朋友圈,得到了太多好友点赞和转发,从中也得到一些专家的指点;更重要的,强制性每天更新推送形成了他的一种自律,使自己在鼓励点赞中更加自信,并能够主动坚持写作,突破自我。所以,无论是忙碌的工作日还是周末假期,马老师都要坚持每天早晨推送一篇新文章。这样的展示方式也给他的发展带来了更高的平台,开平区教育局的宣传平台也一直关注马老师的微信公众号,并将优秀的作品推送给更多的学生、家长。这样,更多的学生、家长认识了马老师,教师的影响力也因这每天一文越来越大。

2. 投稿发表中精进

教师写作还可以通过向专业杂志投稿的方式让自己的文字拥有更多的读者，也能在专业编辑的专业指导下，学会更多写作的技巧，提升自我专业写作能力。比如，如何选取典型的事件，如何确定一个引人入胜的主题，如何升华故事的内涵。在与专业人士交流的过程中，会让你接受一场最有实效性的培训。许多一线教师起初并没有较高的专业写作能力，但是在一篇篇论文投稿中，得到编辑的点拨指导，逐渐步入正轨，写作的热情得到了极大激发，形成了一种良性循环的成长趋势，一些教育行业的作家、名家大多是这样成长起来的。

> 如唐山市名师李汉泽老师，参加工作之初，就利用自己善于写作的优势，将自己平凡的教育故事、教学感悟等写成教育叙事或论文，发表在《河北教育》《班主任之友》等杂志。时间久了，这些杂志社的编辑也关注了这位乡村教师，主动向他约稿。特别是在修改稿件的意见交流中，他学到了太多的写作技巧、教育思想，结识了更多优秀的教师、写作爱好者。就这样，近二十年的工作经验，在写作的土壤中生根、发芽、开花，绽放着自己的精彩，也让一位平凡的教师在教师队伍中脱颖而出。

3. 共同体中合作

朱永新教授强调，发展教师读写共同体是未来教师快速发展的重要路径。的确，一个人坚持长期的写作，是一件很难的事情；如果形成共同体，教师彼此有着共同的写作话题、写作习惯，通过互相学习、研讨、交流，形成的写作氛围一定能够带动更多教师参与，如果长久坚持下去，一定会提升教师自身的专业素养。

读写共同体也有着不同层面的组建方式。首先以学校为组织，形成专业写作共同体是最容易实施和操作的。学校里可以以学科为单位，组建同学科的教师读写共同体，通过对学科类同主题的读写活动安排，一起进行同类主题的写作,并将自己的作品进行交流、分享;还可以以不同发展阶段的教师为单位来组建共同体,如青年教师的基础型随笔写作,骨干教师或者名师的教学风格类专业型写作,这样,大家的写作会更有激励性和启迪性,在合作的过程中也会碰撞出许多智慧的火花。

当然,有了一定的读写共同体,还需要借助"聊书会""讲我的教育故事""读书征文评选""教学风格汇报"等活动,为教师搭建分享展示的机会,在同样的活动中大家一起参与,一起写作,并积极完成写作任务。既调动了教师写作的热情,也在交流中互相学习、反思,再提升,让更多的人在读和写的世界中幸福徜徉,不断前行。

其次,校际的共同体建设也可以为教师写作搭建更高层次的平台,形成多个共同体、多个层级共同体的交叉、交融,成为不断滚动和浸入式的写作状态。河北省特级教师王建利用自己的名师工作室,组织了所在区域四个乡镇178名小学语文教师的读写共同体,通过定期组织读书、观摩课堂,带动老师们写读书感悟、观课反思,并将自己的教学设计进一步完善。重要的是,在这样的团队里,大家学会了互助合作,学会了思考研究,学会了写作,也在不断地交流中学会了坚持,更有追求卓越必备的自律。在这样的共同体中,老师们的每日打卡,分工合作,以及自主点评,再到最后整理出书,每一个人都是主动去完成,这样的共同体也成为每一位教师忙碌工作之余最大的精神家园。

写作就是用自己最真切的感悟和语言,来深化我们对教育教学的认识,编织有意义的生活。它会让教师工作和生活的每一天过得更加精彩,让每一位教师在文字的生命里去追寻属于自己的人生价值、教育情怀,不断去守护一颗初心,书写心中"大先生"的教育之梦。

老师们,就请拿起笔,静静的坐下来,书写自己的教育人生吧!你会走进无比瑰丽的世界,享受创新带来的无尽乐趣。

第七章

坚持的品格

凿井者，起于三寸之坎，以就万仞之深。
　　——北朝齐刘昼《刘子·崇学》

幸福都是奋斗出来的！好教师需要一生的跋涉！

做一名合格教师，追求卓越的教师，需要有坚定的信仰、大爱的情怀、学习的习惯、哲学的修养、探究的精神、写作的能力……而要修炼这些素养，还必须有持之以恒的精神，做坚持不懈的努力，形成坚持的品格。

坚持，改变人生

坚持，即意志坚强，坚韧不拔，不服输、不退缩，始终如一。坚持是意志力的体现，这份意志力的内在驱动是一种信仰，外在输出为一种良好习惯，终极目标是实现梦想，改变人生。

《史记礼书》中有"守正笃实，久久为功"，意思是围绕坚定的目标努力踏实地做事，要有长久的毅力，做事要持之以恒。"守正"就是要有主心骨；"笃实"就是要脚踏实地，埋头苦干；久久为功，就是要有"咬定青山不放松"的定力，有愈挫愈奋的毅力。当你四顾茫然时，请不要急躁，路永远在自己的脚下。对于很多人来说，缺少的不是雄心壮志，也可能不是正确的路径，而是痴心不改，笃定不变的品格。

"行百里者半九十。"相信每一位教师都有自己的远大目标和崇高追求，并决心为之奋斗。但是，之所以很多人未能抵达理想的彼岸，所差的往往是坚持到底的精神。

有了信仰的引领，便不再迷茫；有了坚持的品格，便能行稳致远，改变人生。小到修身齐家，大到建功立业。

一、坚持，助你实现目标

《礼记·大学》有云："知止而后有定；定而后能静；静而后能安；安而后能虑；虑而后能得。"先人在告诫我们，有志向方能坚定，宁静方能致远。

坚持，不仅会帮助我们实现既定的目标，也可能创造意想不到的奇迹。无论是名垂千古的人物，还是我们身边的普通老师，都能主动地印证这一点。有些年轻教师做事虎头蛇尾，半途而废，以至于经常为一事无成而苦恼不已。殊不知，凡事的成功，都是日积月累的结果，不可能一蹴而就。这正如习近平总书记指出的那样："中华民族伟大复兴绝不是轻轻松松、敲锣打鼓就能实现的。"

1. 坚持，铸就梦想

朱自清先生在《教育的信仰》一文中说："教育者须对于教育有信仰心，须能牺牲自己，任劳任怨。"魏书生在教育的路上坚守教育者的信仰，勇于坚持，才得以一步一步实现自己的教育梦想。

魏书生原本是一名工人，但却痴心于一个神圣的职业，写了150多次报告要求当老师。28岁，经过六年的申请，终于如愿以偿，那时，他只有初中文凭，仅仅过了6年，他被评为了特级教师。他创造了自己的特色教学方法——"六步教学法"。他用自己的劳动创造了职业奇迹。1983年11月，年仅33岁的魏书生出席了"中国教育学会中学语文教学研究会第三次年会"。魏书生在小组讨论会上仅仅10分钟的即席发言，让专家和同仁们刮目相看。他说："我之所以爱教书，重要原因之一，就是觉得教师从事的是最富有创造性的工作。"这是他执着于教育事业的理由，亦是信仰。

这些年来，他边工作边研究教育教学方法，边坚持写作和主编，共出版了《魏书生教育方法100例》《魏书生语文教育改革探索》《魏书生文选》《语文教改漫谈》等55部专著。

魏书生先生从一名普通的工人成长为一位名师、特级教师、教育改革家，凭的就是一种特别的爱心和强烈的执着精神。他的真实案例，也让我们更坚信：坚持的脚步越坚定，越有助我们实现梦想。

坚持的过程是积淀的过程，有了充分量的积累才会有质的改变，甚至飞跃。每一次成功、每一个奇迹的背后，都流下了太多的汗水甚至是血水。

　　韩雪屏先生，一位平凡的语文教师。她靠自己的坚持成就了人生的奇迹，也书写了一位语文教师不平凡的人生。她两岁患髋关节结核，留下终身残疾，然而她不肯向命运低头，用坚实的步伐向命运抗争。35年，她靠着那份执着的坚持，在语文教育岗位上一步一步实现着自己的人生价值。她每每迈出一步都要付出超出常人几倍的力气，即便如此，她从不退缩，坚守讲台，坚持到中学任课、听课，坚持参加语文教学改革的实验和教研活动，还经常给语文教师做辅导报告，参加实验教材的编写，甚至撰文或讲语文学习法等等。她勤耕不辍，用自己的付出赢得了同仁的敬重和学生的爱戴。五六十年代的大学生，学会应用一种乃至数种外语者，是极少数人。韩雪屏老师靠着自己的勤奋好学和毅力，居然成为这少数人中的一个。几十年来，她发表了多篇论文及五部专著，科学研究成果令学术界瞩目，成为我国语文教育界知名的学者。

韩雪屏先生以顽强的坚持精神，孜孜不倦的深入实践，创造了人生奇迹和佳话，我们作为一个健康人还有什么不可完成？她拖着残疾的身体，却35年如一日坚持在语文教育岗位上，她用自己的执着、勤耕不辍书写了不平凡的人生，也向我们印证了坚持的可贵。

生活中每一份坚持都值得敬仰，比如：

　　电影《冈仁波齐》展现的是西藏普拉村村民尼玛扎堆和村民们为了完成父亲的遗愿，在去拉萨河神山冈仁波齐朝圣的路上，历经恶劣天气、车子毁坏、婴儿新生、老人去世，但他们从未动摇信念，一直坚持，这份坚持换来了他们朝圣的圆满。

电影《摔跤吧，爸爸》里那位坚持培养女儿摔跤的父亲，面对嘲笑、非议和磨难，毫不畏惧。他的坚持，成就了冠军梦，女儿最终赢得了世界金牌。

无论是几位卓越教师，还是这位坚持不服输的父亲，他们都有共同的宝贵品质——为梦想坚持。正是这份坚持，让他们在坎坷路上从未动摇，让他们勇敢地面对磨难和嘲笑，最终实现了他们的梦想。

2. 坚持，改变人生

一个人想要什么样的人生，很多时候取决于你的努力、坚持。一样的起点，这山望着那山高和坚持一个目标不断努力，一定会有不一样的结果。下面就是"没耐性"和"真坚持"得到不一样的人生的真实案例：

小A是一个聪明伶俐，有工作激情的年轻教师。工作中充满挑战精神，刚刚接触网络，他好学且善学，很快熟悉了电脑程序，除了担任一个班的教学任务，还负责教务处电脑操作的相关工作，久而久之，不再新鲜，感到坐在电脑前做那些表格枯燥乏味。第二个学期，不愿意再担任教务处的干事，考虑到当班主任杂务太多，所以选择只教两个班的语文课。每天备课、上课、看看作业，没课的时间也偷偷看看手机淘淘宝，聊聊微信，工作简单纯粹，一点儿都不紧张。然而一年下来，看着那些得了优秀班主任、优秀教师、教学标兵等称号的同事，她的内心不平衡了，觉得自己也同样教课，却什么荣誉也拿不到。接下来的学期，她申请了班主任工作，可是面对学生问题，家长难缠，她一团乱，每天把问题学生送到主任室，自己一走了之。久而久之，班风涣散，她也无心再收拾烂摊子，最后只好又借口身体原因不当班主任了。就这样三年的时间里，小A不停地在选择、在变换，却始终不遂心愿，更不知道哪个才是适合自己的。

小B是与小A同时进学校的同事，小B平时不善言语，做事踏实肯干，任劳任怨，是大家公认的老实要强的孩子。他兼课的同时在后勤岗位上兢兢业业，从不偷懒耍滑，坚持当天的事情当天完成，从不拖拉做事，对于领导同事吩咐的活不分分内分外，只要力所能及都尽力做好。他还特别注重业务学习，虚心求教老教师。久而久之，领导看在眼里，同志们记在心上，在年级组长提拔的名单里，在"师德标兵"的人选里，自然也就有了他的名字；在民主测评中他也得了最高票数。三年后他兼任教研组长、年级组长，同时还评上了市级名师、市级骨干，做人做事也更加成熟稳重，在自己的岗位上越来越自信。

试问你身边有这样的小A和小B吗？在他们身上是否也有自己的影子呢？浮躁、麻木，不能坚持的时候，你反思过自己吗？思考过想要怎样的人生吗？

经常有人说，自律与不自律能相差整个人生。同理，坚持与不坚持也能相差整个人生。以上真实的案例，也许在我们身边比比皆是。每天唉声叹气，抱怨不公，嫌弃学生愚钝、教学繁重，不得不完成自己教学任务的人，永远也不会知道教育的甘甜；每天这山望着那山高，感叹自己没有好的机遇，却永远不愿意沉下心来读书，研究教学的老师，永远也不会知道名师的快乐。失败与成功常常只是一线之隔。胜利的契机，往往就在坚持一下的努力之中。

3. 坚持，会得到加倍回报

成功的秘诀往往不在于你有多么精明，尤其在浮躁的环境中，沉着冷静、稳重坚守，才是胜利的法宝。日本的新井先生执着平凡的坚持，就得到了"加倍回报"。

日本有位新井先生，2003年开始利用工作之余发布电子报。起初他每周发布三次，一年总共发出一百六十份电子报。一年后他得到了读者好评，面对读者的提问他都仔细回答。坚持到第三年，有读者委托新井先生担任个人咨询顾问，他开始兼职咨询工作，每月收入五千日元咨询费。第五年某商业杂志向新井先生发出邀请，就时间管理主题采访了他，采访发酵后，他接到的个人委托咨询迅速增加，每月咨询费提高到三万日元。到了第七年，某家大出版社的编辑前来约稿，希望能把新井先生的电子报整理成书籍出版。七年的坚持，新井先生获得了个人品牌（时间管理专家）、几万的电子报读者、时间管理的知识技巧、个人出版的书籍、广告收入等。

这个真实的案例告诉我们，小小的行动，一旦重复积累，长期坚持，必定能收到加倍的回报。

教师队伍中的每一位名师成长的历程，都是因为坚持读书、写作、研究，最终得到丰厚的回报。

二、坚持，助你在挫折中重新站起

罗曼·罗兰曾经说："最可怕的敌人，就是没有坚强的信念。"

失败是成功之母，失败是人生的财富。但关键要看你如何面对失败。愈挫愈奋，从挫折中把握未来，挫折就将成为命运的转折点。反之，浅尝辄止、浮光掠影，一有不顺就气馁，终将以失败告终。古今中外，多少人在挫折失败中爬起，走出自己的那片天空；又有多少人因失败而一蹶不振，从此人生一片灰暗。

1. 坚持，让磨难却步

孟子有言：天将降大任于斯人也，必先苦其心志，劳其筋骨，饿其体肤，空乏其身，行拂乱其所为，所以动心忍性，曾益其所不能。古往今来，多少名人在磨难中顽强改变，他们用自己的坚持，让磨难却步，让命运改写。

曹雪芹凭着自己的坚持，"批阅十载，增删五次"，创造了中国文学的巅峰之作《红楼梦》。大家可知曹家曾经历了两次被抄家，由"锦衣纨绔，饫甘餍肥[1]"到贫困流落，可谓"奇苦至郁"。面对家庭的贫穷败落，个人情感的痛彻心扉，他坚持用笔记录下那个腐败、黑暗、罪恶的封建社会官场和大家族走向衰败的必然命运。正是这份贫败后的坚持，才给世人留下了不朽的巨著。

从小到大激励我们成长的励志人士张海迪，在残酷的命运挑战面前，她以顽强的毅力坚持与病魔斗争，坚持学习多国语言，创作和翻译了多部作品。无独有偶，海伦凯勒，这位双目失明，双耳失聪的女孩，不也是凭着自己的毅力和坚持，在无光无声的世界里完成她的著作，成为著名的作家吗？他们都面临命运的不公，都能昂头坚持，走向了成功。

2. 坚持，让困境脱离

面对困境，不要退却，胜利的契机往往就在于坚持一下的努力之中。无论生活还是工作，无论现在还是未来，这是亘古不变的规律。

> 印度电影《嗝嗝老师》主人公是一位身患图雷特氏综合征的女老师奈娜，身揣教育学学士、理学硕士学位，但她参加了一场又一场面试，5年过去了，她被18所学校拒绝。原因就是她时常抽动的病症。童年的奈娜因此受尽了讥讽，成年后也被不断质疑：是否能够成为一名合格的老师。终于，母校还是给她送来了苦涩的"橄榄枝"。虽然圆了教师的梦想，但她面对的是十四位贫民窟的问题学生。尽管"嗝嗝老师"极尽所能春风化雨、因材施教，但大家对她的善意并不领情，还故意恶搞，给她各种打击，她的病情也因此多次严重发作。

---

[1] 出自清代作家曹雪芹的《红楼梦》.原文：当此，则自欲将已往所赖天恩祖德，锦衣纨绔之时，饫甘餍肥之日，背父兄教育之恩，负师友规谈之德，以至今日一技无成、半生潦倒之罪，编述一集，以告天下人。意思是：在此，"我"自己想将我曾经依赖皇上和祖宗的恩德，穿锦衣绫罗的时候，吃甜美饭菜的日子，违背父母兄长教育的恩情，辜负老师和朋友教导的大德，以至于现在没有学到一点儿本领，半辈子穷困潦倒的罪过，编写成一本书，来昭告天下之人。

面对这样的困境，假如是你，该如何选择？是逃离还是坚守？坚持，让奈娜老师在命运的重重挫折中重新站立起来，成为一名优秀教师。

3. 坚持，让不幸改写

俗语说，人生不如意十之八九。出现不如意是平常事，关键看你如何面对。那么面对不如意、不幸，我们该如何做呢？作家乔安娜·凯瑟琳·罗琳或许能给我们更多启示。

  长篇魔幻故事《哈利·波特与魔法石》的作者乔安娜·凯瑟琳·罗琳是一位出生在普通家庭的女孩，然而她脑海里始终有一个童幻的世界，男友嫌她幼稚，说她那是不切实际的荒唐想法，弃她而去。然而失恋的打击并没有让她停止写童话的梦想。后来走入婚姻殿堂的她再次因为她的奇思异想被丈夫抛弃。祸不单行的是离婚不久，她又被学校解雇。回到故乡，她和女儿靠着救济金勉强维持生活，即便如此，她依然坚持写作。多年的生活阅历让她的创作热情一发不可收。终于，她的长篇魔幻故事问世，小说一上市就畅销全国，也因此被评为"英国在职妇女收入榜"之首。她被美国著名的《福布斯》杂志列入"100名全球最有潜力的名人"。

很多人对自己没信心，总以为成功是别人的事情。其实，成功并不如想象的那么难，成功与失败的分水岭，往往就在于能否坚持。正如《晏子春秋》中所说的"为者常成，行者常至[1]"。然而世间的绝大部分人，都是在临界点到来之前就放弃了。唯有那少数耐得住煎熬的人，才最终拥有卓尔不凡的事业。

在挫折面前一蹶不振，可能造成无法弥补的后果，甚至成为千古遗憾。项羽彭城大败，自刎乌江。虽不乏英雄豪气，可冷静下来，又有多少惋惜，如果坚持一下也许结局改写。其实，所谓失败，不是你没有做

---

[1] 语出《晏子春秋》. 意思是坚持做下去的人常能成功；不断行走的人常能达到目的.

成功，而是你心里不再愿意重新开始。遇到挫折并不可怕，可怕的是我们面对挫折的态度。多少人败在一步之遥？多少人在感叹为什么幸运的人不是我？多少人埋怨为什么努力换不来想要的收获？其实我们只是败给最后一点点的不坚守，败给一丝丝懒惰，败给枯燥厌烦，败给急于求成，败给还不够努力。输不是结局，认输才是。试想，教育的路上，又何尝不是如此？鲁迅曾说，"不耻最后"[1]。即使慢，纵令失败，但一定可以达到你所向往的目标。

三、坚持，助你突破瓶颈

语言学家周海中曾说过：意志在于磨炼，成功在于坚持。可是当面对人生种种特殊境遇时，却往往会故步自封。比如，当我们处在游刃有余的舒适区，处在专业发展的瓶颈期、困惑期，抑或是工作的倦怠期，往往更需要坚持的勇气，更需要在突破中坚持。

1. 直抵"临界突破"

所谓坚持，就是完成从量变到质变的全过程。这个过程被称为临界突破，而质变的那一刻就是临界点。如果把教师发展之路，比喻为"一生中的100里路"，那么，当我们通过不断的学习、努力，拥有了价值观、仁爱之心、知识、技能和方法，这应该就是我们职业生涯的"前50里路"。教师的后50里路也是自我发展的临界点。这时候，我们总会遇到疑难困惑、瓶颈。要突破这个临界点，一定要一鼓作气，全力以赴，调动起坚持的勇气，改变的勇气，挑战的勇气。

任何人，任何事，都是越接近成功越困难；反之，当你感到困难想要放弃的时候，往往是离成功最近的时候，这个时候，我们需要挑战旧我，走向新我。靠持续的坚持，才能发生真正意义上的蜕变，告别"旧我"，实现质的飞跃。

---

[1] "不耻最后"的故事最早出自先秦·韩非《韩非子·喻老》："夫诱道争远，非先则后也。而先后心皆在于臣，上何以调于马，此君之所以后也。"意思是因为跑到最后而感到羞耻。比喻凡事只要坚持到底，就能达到目的。后鲁迅在《华盖集·补白》中引用.

2. 主动挑战，寻求新我

毛泽东同志指出：胜利产生于再坚持一下的努力之中，在精疲力竭的生死存亡之时，我们困难，敌人也困难，谁能有"泰山崩于前色不变"的魄力，谁能坚持到底，谁就能取得最终胜利。坚定不移贯彻既定决心，常常是战胜敌人的关键所在。

毛主席所说的敌人，就是我们今天要遇到的困难。我们只有不怕困难，迎难而上，才能超越自己。

小学语文特级教师窦桂梅老师正是在坚持中突破的典范。

> 她15岁以优异的成绩考入吉林师范学校。她的理想是站在讲台上做一名优秀的老师。分配后学校缺什么教师，她就教什么，为了脱颖而出，她主动请领导听课、评课，主动争取上公开课，让大家对她一起"评头论足"。

窦桂梅老师一次次的主动挑战和突破，让她加快发展并得到了更大的舞台，成就了她一代名师的传奇。有时候我们常常抱怨没有机会，埋怨大环境不好，感慨自己没有用武之地。然而窦桂梅的经历启示我们：教师成长固然依赖于好的环境，但更重要的取决于自己的心态和行为。只有主动思考、主动作为，锲而不舍，才可能有新的突破，才可能给自己带来坚持的动力。

陶行知先生指出："欲求常新之道，必先有去旧之方。实验者，去旧之方也。[1]"他还说："我们在教育界任事的人，如果想自立、想进步，就须胆量放大，将试验精神，向那未发明的新理贯射过去，不怕辛苦，不怕疲倦，不怕障碍，不怕失败，一心要把那教育的奥妙新理，一个个的发现出来。"像陶先生所说的，我们一定要有发现新理的实验精神，要改变原有的教学理念、教学方式和教学习惯，改变原有的思维方式与思维习惯，打破对改变可能带来的"迷惘"和"失败"的畏惧，我们才能真

---

[1] 出自陶行知《试验主义与新教育》。

正突破自己，打破瓶颈，走向一个新我。

重复往往是工作生活的常态，许多人都在"重复昨天的故事"，有时候这种量的积累能产生质的飞跃。老驴拉磨般的简单重复、机械重复，结局多是"原地转圈""涛声依旧"。法国作家罗曼·罗兰曾说："大部分人在二三十岁时就死去了，因为过了这个年龄，他们只是自己的影子，此后的余生则是在模仿自己中度过。"在创新中重复，在突破中重复，方能书写出彩华章。这就好比一棵树，不断长出新的枝叶，才能有旺盛的生命力，最后生长为参天大树。

无论是困惑中的突破、瓶颈期的突破，还是倦怠期的突破，都离不开坚持的勇气和执着。其实，选定正确目标之后，我们不必急功近利，不能追求立竿见影，只要每天能比前一天有一点突破、一点改善，就会离成功越来越近。

四、坚持，助你走向成熟

什么是成长？是能面对、接纳不完美自己的过程，是找到属于自己真正价值的过程，是走向成熟、摆脱稚嫩的过程。然而这个过程中总会有坎坷、曲折，需要的，是你的一份坚守、底气和韧劲。

1. 坚持，助你成长、超越

作为一名教育工作者，如何让自己成为优秀教师，走向卓越呢？

名师与普通教师的区别就在于韧性、在于坚持。名师与普通教师原本没有多少差别，甚至于很多名师都是智商平平，学历不高的。比如钱梦龙老师、魏书生老师，他们都没有上过大学，但这并不妨碍他们成为人们公认的名师。于漪老师经常说，上一两堂好课不难，难的是不断地上出好课，上出几千堂好课；发表一两篇文章也不难，出版一两本著作也不难，难的是一辈子都在读书学习，一辈子都在思考。但于漪老师做到了，这就是名师与普通教师的差别所在。于老师还说："我当了一辈子教师，一辈子学做教师；我上了一辈子课，上了一辈子令人遗憾的课。"这两句话充分表明了名师之所以成为名师的关键——坚持。于永正老师也说:"读书是教师最大的修炼。"多年养成的坚持读书的习惯,让他拥有了解剖自己教学的勇气,不断成长、超越。

2. 坚持,让你成熟、自信

教师的坚持,在于不断挑战自己,提升教育技能。每个人的成长都是在经历了一次次锻炼后才逐渐成熟的。一位教师更是在不断地磨炼和挑战中,才能让自己逐渐成熟自信起来。所谓挑战自己,要给自己设定新的目标,然后朝着目标不断努力。要打破常规,走出舒适区,强迫自己改变,不局限在已有的思维里。当然这也是一个逐渐的过程,这个过程中,需要循序渐进的改变和坚持。就好比学习游泳,谁也不可能一下子就跳到深水区,一定要在浅水区学会,这样才能慢慢享受游泳的快乐。而这个过程我们势必会经历害怕、想放弃等想法,但只有你说服自己坚持,接受挑战,才可能最终享受水中的快乐。教学是"慢"的艺术,我们尤其需要沉静和坚持。比如,参加一次次基本功大赛,一个个教学能力比赛,这个过程是艰苦的,但挑战之后一定会收获满满。你会不期而遇一个更好的自己,你会在这个过程中一点点地成长起来。

> 特级教师刘小红,讲到自己28年的成长经历的时候,把教师的成长说成"大树理论",意思是说教师的成长如同大树的成长,需要五个必要条件:时间、不动、根基、向上、向光。"不动",即没有一棵大树今年种这里,明年种那里会长得好;只有自己找准方向和研究领域,持久深入地研究。"根基",即根有多深,叶有多高。要坚持不断学习,才能有收获。"向上",即每一棵大树都是直接向上生长,教师要真正成长为名师,自己内心向上的力量起决定作用。"向光",大树的生长需要阳光,每个人的成长也需要满满的正能量。

刘小红老师正是凭借着这五个必要条件,让自己成为优秀的名师。试想,要做到这五点,哪一个不需要坚持的品格呢?坚持,会让你的根基更牢固,视野更开阔,成长更自如、更迅速。

坚持，需要智慧

盲目的坚持、错误的坚持都会耗费精力，事倍功半，甚至劳而无功。所以，坚持需要智慧，需要科学，要有正确的目标引领，合理的目标分解；需要科学的时间管理，提高效率；特别需要管理好自己的情绪，做理性的主宰者。

一、坚持，需要笃定的目标管理

> 立志在坚不欲说，成功在久不在速。
>
> ——张孝祥

坚持需要笃定，即脚踏实地，埋头苦干。然而，这不是蛮干，而是要有明确的目标，要对目标进行科学的计划和管理。只有这样，我们的脚踏实地才会更有效率。

1. 坚定目标

从心理学的角度说，意志行动的一个重要特征是具有自觉的目的性。人只有首先确定了目标，才会提供行动的动力，然后才是执行阶段。所以，任何一件事情没有目标、目的的支撑，都不会有意志行动，更不能产生想要的结果。

目标在人的发展中起着引领的作用，也是一个人能够守正笃实的前提。新时代教师要有明确的发展目标，规划好自己的人生。每个人的目标都是一个体系，既要有中长期目标，又要有短期目标，还要随着发展进行不断的调整优化。

2018年，中共中央国务院印发的《关于全面深化新时代教师队伍建设改革的意见》指出：到2035年，教师综合素质、专业化水平和创新能力大幅提升，培养造就数以万计的骨干教师，数以十万计的卓越教师，数以万计的教育家型教师。

这是新时期加强教师队伍建设、推动教育改革发展的行动指南。每位教师都必须依此确定自己的发展定位：

首先，**不能"踩红线"**。要遵守中小学教师职业道德规范，落实《中小学教师职业行为十项准则》。

其次，**要"保底线"**。每一位教师都要加快自身专业发展，达到"教师专业标准"的要求，努力成为高素质、专业化、创新型的"四有"好教师。

第三，**要"追高线"**。超越自我，追求卓越。努力成为骨干教师、卓越教师，立志做教育家型教师。

2. 分解目标

新时期教师队伍建设的行动指南，给了我们所有教育工作者更高的标准和目标。然而，人生就像一场旅行，在确定目标时我们需要考虑自身的能力、现有的资源，然后合理制定近期目标、中期目标、长期目标和终极目标，以及如何把这些目标再进行分解，让每个阶段都有自己够得着的小目标。如图7.1所示。

3. 对目标自我评估

对一件事充满信心能够助力你把它做得更出色，因此在制定目标时可以通过一些方法来增强自己的效能感，激励自己更有自信的完成计划，实现目标。如图7.2所示。

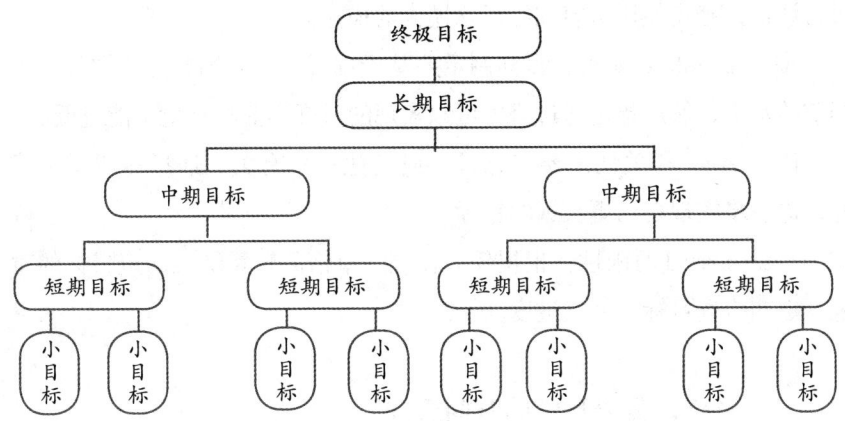

图 7.1 目标制定与分解流程图

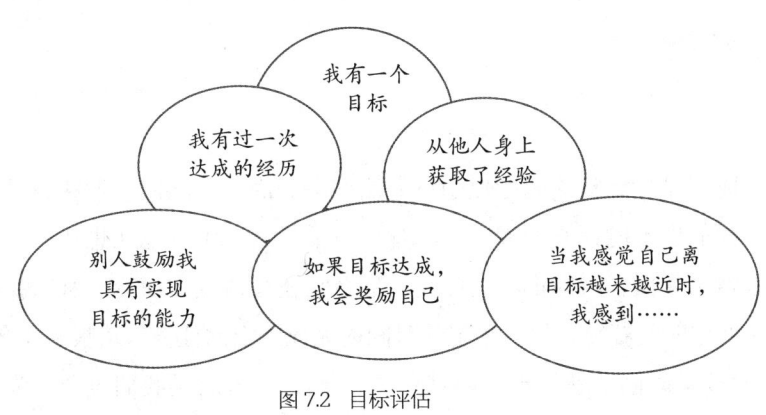

图 7.2 目标评估

4. 制定目标的 SMART 原则[1]

现代管理学之父彼得德鲁克提出制定目标的 SMART 原则，SMART 原则包含五个部分：

S-specific 明确性：目标一定要明确，具体能落实到行动中。

M-measurable 可测量：有具体衡量的目标，可以就目标达成的程度

---

[1] SMART 原则，是管理大师德鲁克在《管理实践》中提出的目标管理方法，按照这个原则制定出的目标才能保证可实施、可跟进、可考核，也更容易实现。

进行评估，避免使用形容词等概念模糊的描述。

A-attainable 可实现：目标制定要基于现实情况，因此先要评估自己当前的水平，然后指定通过努力可以实现的目标不能过高也不能过低。

R-relevant 相关性：要与总目标或其他目标有关，通过达成这个目标，进一步实现自己更长远的目标。

T-timebased 时限性：根据任务权重、事情的轻重缓急确定目标的时限，定期检查目标的完成进度。

二、坚持，需要科学的时间管理

> 凡是想获得优异成果的人，都应该异常谨慎地珍惜和支配自己的时间。
>
> ——克鲁普斯卡娅

时间是什么？这问题似乎没办法回答。因为时间没有形状，没有色调，我们也不能让它停或走。不管你在干什么，不管你在想什么，也不管你情绪如何，时间都不会停止，甚至它还会追赶你前行。所以我们经常说要跟时间赛跑，要在规定的时间内完成既定的任务。培根有句名言："合理安排时间，就等于节约时间。"当然，很多时候我们也会因为投入做某事而彻底忘记时间，也有些时候因为太在意时间而心神不宁。可是你有没有想过要管理一下时间，规划一下时间呢？当我们要坚持做某事，要提高效率时，我们就应该学会科学的管理时间、规划时间。

1. 努力做时间管理大师

> 所谓天才，只不过是把别人喝咖啡的工夫都用在工作上了。
>
> ——鲁迅

每个人的时间都是一样的，怎样才能在有限的时间里做更多有效的事情？答案就是，要把主要精力和时间集中放在重要但不紧急的事情上，这样可以未雨绸缪，防患于未然，有利于发展自己。对于教师来说，学习、研究和发展，处于第二象限，看起来似乎不太紧急，但却最重要，必须优先保证去做。

判断一件事情是否重要，可以借鉴美国管理学家史蒂芬·柯维（StephenCovey）提出的时间管理"四象限法则"。

柯维把要做的事情按照"重要"和"紧急"两个不同程度做了划分，重要是指做这件事情的价值和意义，紧急则是指做这件事情剩余的时间有限。依据这两个要素，可以将不同的事情分解到四个象限上：既重要又紧急的事情、重要但不紧急的事情、不重要但紧急的事情和既不重要也不紧急的事情。如图7.3所示。

	重要
第二象限：重要但不紧急，这一象限的事情不具有时间紧迫性，但对于个人及企业的发展具有重大的意义。 策略：计划做	第一象限：重要且紧急，这一类的事情具有时间的紧迫性和影响的重要性，必须首先处理解决。 策略：马上做
不紧急	紧急
第四象限：不重要不紧急，没有时间的紧迫性，没有任何的重要性。 策略：减少做甚至不做	第三象限：紧急但不重要，很多人认识上有误区，认为紧急的事情都显得很重要，这些不重要的事情往往因为他紧急，而占据人们很多的宝贵时间。 策略：授权做
	不重要

图7.3 史蒂芬·柯维的时间管理"四象限法则"

一件事情是否重要，一般情况下可以从以下几个角度来判断：

这件事是否和我们的愿景、核心目标一致？

是否聚焦了关键问题？

是否能优化当下的流程，让团队工作的效率得到进一步提升？

在具体问题的处置中，个体的直觉、对事物本质的把握以及对事物发展的敏感性等，也会发挥很重要的作用。所以我们要科学理性地处理好工作生活中的事情，做时间的主人，才会有效率。

2. 遵守一万小时定律

> 骐骥一跃，不能十步；驽马十驾，功在不舍。
>
> ——先秦《荀子·劝学》

一万小时定律是作家格拉德威尔在《异类》一书中指出的定律。人们眼中的天才之所以卓越非凡，往往不是其天资超人一等，而是付出了持续不断的努力。

英国神经学家 DanielLevitin 认为，人类脑部确实需要这么长的时间，去理解和吸收一种知识或者技能，然后才能达到大师级水平。顶尖的运动员、音乐家、棋手，都需要花一万小时，才能让一项技艺至臻完美。

格拉德韦尔一直致力于心理学实验和社会学研究，把对古典音乐家、冰球运动员的统计调查改造成流畅、好懂的文字。在调查的基础上，他总结出了"一万小时定律"。他的研究显示，在任何领域取得成功的关键跟天分无关，只是练习的问题，需要练习1万小时。

"一万小时定律"在成功者身上很容易得到验证。

作为电脑天才，比尔·盖茨13岁时有机会接触到世界上最早的一批电脑终端机，开始学习计算机编程，7年后他创建微软公司时，他已经连续练习了7年的程序设计，超过了1万小时。

富兰克林说，"浪费时间是所有支出中最奢侈及最昂贵的。""一万小时定律"的关键在于，一万小时是最底限，而且没有例外之人。音乐神童莫扎特，在6岁生日之前，他音乐家的父亲已经指导他练习了3500个小时。到他21岁写出脍炙人口的《第九号协奏曲》时，可想而知，他已经练习了多少小时。象棋神童鲍比·菲舍尔，17岁就奇迹般奠定了大师地位，但在这之前他也投入了10年时间的艰苦训练。

事实证明，没有人仅用3000小时就能达到世界级水准；7500小时也不行；一定要10000小时——10年，每天3小时——无论你是谁。这等于是在告诉大家，一万小时的练习，是走向成功的必经之路，应该算是捷径了！

3. 我们距离专家有多远

> 如果你做的每一件事把眼光放到未来三年，和你同台竞技的人会很多；但是如果你的目光能放到未来七年，那么可以和你竞争的就很少了。
>
> ——贝索斯

接上贝索斯先生的话，我再补充一句："如果你把目光放到未来十年，那么你就有可能成为名副其实的佼佼者！"

我们每个人都渴望成为自己行业里的翘楚，然而，我们与专家相距多远？说远是因为我们不够自信，不够自信是因为我们积淀不够、底气不足。也可以说相距不远，因为我们都是普通人，只是缺少专家成长对正确目标的坚持和刻意磨炼。

经验不能让你成为专家：

NSEAD商学院有一项研究发现，比起只有少量经验的人，更有经验的管理者并没有产生高效的效果。

天赋不能让你成为专家：

在国际象棋这样的高脑力活动中，研究发现，国际上一些排名靠前的大师，甚至在天生智力上低于普通人。

4. 勤奋能让你成为专家吗

"只要功夫深，铁杵磨成针。"这话有道理，但必须同时具备四个条件：

第一，铁棒的质地要好，不能一磨就碎。

第二，一块好的磨刀石。

第三，磨铁棒正确的方法。

第四，持之以恒的毅力。

如果省去前面三个条件，把铁棒在棉花上磨，或者即使放在磨刀石上，不讲方法的随意乱磨，即使花一万年的时间，也没有办法让铁杵磨成针！

良大师有一句话，"认知能力决定了做正确的事，这比正确地做事要重要100倍。"正符合心理学家Ericsson的研究发现：决定伟大水平和一般水平的关键因素，既不是天赋，也不是经验，而是刻意练习加上正确的程度。这就是我们的先人告诫我们的"止"和"定"！

这里面有两个关键词起着至关重要的作用：一是刻意练习，二是正确程度。刻意练习指为了提高绩效而被刻意设计出来的练习，它要求一个人离开自己的熟练和舒适区域，不断地依据方法去练习和提高。

比起刻意练习，正确程度更为重要！怎么做才正确？一要找对老师，名师出高徒；二要用对方法，一法通则百法通；三要用对时间，别林斯基有句名言："在所有批评家中，最伟大、最正确、最天才的是时间。"

只要十年如一日，坚持在正确的程度上刻意练习就可以成为专家！

十年如一日：孙彩文老师引领读书成为专家。

在读书中叙事，在叙事中成长，这是彩文老师建立读书共同体的初衷，一坚持就是10年。每天陪伴教师、聆听教师、引领教师，在内在觉醒中增进成长勇气，成为生活的常态，创造了一种不可或缺的教师专业发展学习范式。

如果要问10年读书，笔耕不辍的秘诀，应该是两个字"坚持"。

对坚持的一个重要的认知，是"叙事"。彩文老师说，叙事要进入内在，完全诚实地学会如何与万物相交：读懂学生、读懂自我、读懂我们的学科。她认为真正意义上的坚持，是在心灵导师的光照下完成自身认同与完整。

如何唤醒教师，坚持读书，坚持叙事，坚持成长呢？

彩文老师的做法是创建城乡统筹发展教师共同体。香港大学Ora教授、北师大吴国珍教授、杭师大杨小洪教授、全国名师孙彩文作为专家成员引领团队，与86000名教师线上线下互动，引发心灵叙事。教师们以学习者姿态，用自身体验揭示人性奥秘，把自身完整或与心灵分离的故事与大家真诚分享，创造开放的对话空间，用自己的光亮照亮更多的人，这种教师学习方式的变革，让一线教师有了坚持的勇气。

在跟随帕尔默漫步教师心灵的日子，彩文老师与有不同背景的教师对话，认识到"教和学是人类所有追求中最崇高、最迫切需要的！"所以她在大师的引领下坚持自己的追求。

彩文老师带领教师投入午间或子夜空暇时间，置身网络，于故事中摘拾营养，她们结伴而行，一起坚持。

孙彩文老师组建教师读书共同体，源于2014年唐山市教育局引领全市教师读书行动。叙事开端是2014年4月唐山名师去杭州学习，彩文老师与杨小洪教授结缘，在"国培"平台成立"读书林"，线下组织个体叙事，和平台80000多教师进行互动，吸引百万教师跟进阅读，进行叙事分享。这种互动方式被教师认可，不断有新教师入群，叙事的回应和拓展成为和弦部分，展示了读书共同体的心灵碰撞。之后，每天一位教师作为叙事人，两位教师作为点评人，并不断转化为公共话语。这种共同体的文化使命，大家自觉担当起来。

2017年7月，北京师大教师教育研究中心主办，曹县教育局承办的第四届"教师勇气更新活动"，彩文老师应支教岛李淑芳的邀请主讲《城乡统筹发展教师共同体》，带来震撼，之后的分组叙事大家畅所欲言，来自不同区域的教育故事相互碰撞，激活教育情思。大家相约10年相聚不散，每年流动聚会，辐射全国各地教师，让更多种子教师发芽、开花、结果。

孙彩文老师发起的共同体读书叙事，很快成为中小学教师专业发展的有效途径和重要方法之一。这些年来，正是她的坚持，才有了今天的成果，有了今天的影响力。

三、坚持，需要良好的情绪管理

> 情绪是一把枪，当我们扣动情绪的扳机，枪口其实是对准了自己。
>
> ——作家刘娜

学会控制情绪，才能掌控人生！控制情绪是处世的智慧，更是人生的修行。坚持既要有行之有效的策略，又要灵活的调整自己的心态。带着良好的情绪坚持，才能体会到沿途美丽的风景。

魏书生常说自己没有什么新思想，他的根、他的本跟大家一样。在魏书生看来，人活在世上什么日子都有，好日子，坏日子；阴日子，晴日子；冷日子，热日子；富日子，穷日子……都要高高兴兴地过，无论走到哪里，都要好好地活着，这就是根本！人要守住根本。过日子需要岗位，岗位并非都是最令人称心的。因为人这辈子不管怎么奋斗，铁定的规律是：绝大部分的空间和时间是无法选择的，能选择的只有自己的心态。用积极乐观的心态、满怀感恩的心态，才能够过上好日子。而这良好的心态，常常需要我们对情绪的控制。魏书生告诫自己，无论生活的大浪把人冲上高峰还是卷入低谷，多苦多难都不抱怨、不指责，因为那是无效的大脑浪费。关键时刻能明确自己的责任、学会点东西、把握点规律，尽到自己的责任，并享受这个位置上的快乐。这就大大降低了生存的成本，提高了生活的质量。

生活中，我们难免遇到不如意的事，有人忧思百结，不断内耗自伤，有人脾气暴躁，因一时冲动酿成惨剧。说到底，人这一生，都在为自己的情绪买单。

1. 坚持需要耐得住寂寞

寂寞是一首歌，是只有一个人的吟唱；寂寞是一首诗，是来自内心深处的独白。古来圣贤皆寂寞，唯有寂寞出学问。

曹雪芹的寂寞成就了世界名著《红楼梦》；司马迁的寂寞成就了史家之绝唱《史记》；徐霞客的寂寞成就了旅行天下的壮举。当代的钱锺书先生更是甘于寂寞，潜心读书做学问。他从来不接受采访，只喜欢闭门读书做研究。正因为如此，他才写出了《谈艺录》《管锥编》等不朽的学术巨著。"两弹一星"元勋钱学森，水稻之父袁隆平，放射性研究的先驱者居里夫人，哪一个不是板凳坐得十年冷？

他们远离喧嚣尘世，排除外界干扰，专心、潜心沉在自己喜欢的事业里，几十年如一日的坚持，才成就了令世人瞩目的成绩。所以，坚持要耐得住寂寞，摒除内心的浮躁，心无旁骛，战胜小我，一心朝着自己的目标努力。

2. 坚持是幸福的前行

任何技能的习得和成就的取得，都需要长期不懈的努力，所以坚持成了我们很难做到，却又一直追求的事情。坚持跑步、坚持写作、坚持阅读、坚持早起、坚持学英语，总会看到有人坚持做着这些事情。每每看到有人晒出自己的坚持，都感觉他们如苦行僧般把坚持当作任务去完成。然而，坚持本不应带着痛苦的心态走过，也不意味着强迫自己去完成。

坚持是一种信念，坚持是一种品质，坚持是一种精神，坚持更是一种幸福。孔子经常夸奖他的弟子颜回："贤哉回也！一箪食，一瓢饮，在陋巷，人不堪其忧，回也不改其乐。[1]"颜回选择以学习为乐，能安贫乐道；王阳明选择成为一代圣贤，以此为靶；玄奘大师选择一路向西，一心向佛，并以此为梦；周恩来选择为中华之崛起而读书，并付诸行动。他们在坚持的路上也一样会有艰难坎坷，然而信念让他们在苦难中依然幸福前行。晚清四大名臣之一曾国藩论军事能力、论深谋远虑、论聪明，他并不出众，然而他最让人佩服的是那种坚持：他坚持读书，行军大帐里除了桌子之外就是满满的几箱子书籍；他坚持节俭，他的衣物仅仅几件粗布衫而已。这些坚持对于他来说都是一种幸福。正是他的勤恳付出，身体力行的坚持，让他成了与孔子、王阳明并称的圣贤。

> 作家沈从文是出了名的好脾气，为人谦和，待人真诚，一直以"乡下人"自居。他性格淳朴、仁厚宽容，不论什么不好的事情都不能影响到他，如同他评价自己时所说："我性格使然，应付任何困难，一贯的态度都是沉默接受，既不灰心丧气，也不呻吟哀叹。"强大的自我消化能力，使沈从文一生动荡起伏却始终波澜不惊，更用笔下的文字治愈了无数受伤的灵魂。正如老子所说："胜人者力，自胜者强。"

新时代教师要追求卓越，做到持之以恒，必须要有大胸怀、大格局，树立远大目标和坚定信仰，不被小利、小我而羁绊，不因一时失意而消沉，不为一事不顺而戚戚。

---

[1] 出自《论语·雍也篇》.意思是："颜回，贤德啊，吃的是一小筐饭，喝的是一瓢冷水，住在穷陋的小房中，别人都受不了这种贫苦，颜回却仍然不改变好学的乐趣。"

人生路上最大的敌人，其实是自己的负面情绪。学会调节自己的心绪，是一个人最好的修行。心态始终保持平衡，情绪始终保持稳定，才是最好的修行之道，才能在坚持的路上更幸福的前行。试问：这些人的坚持哪一个是苦行僧般的煎熬？哪一个不是为自己的目标愉悦前行？

唯有乐于其中，才会长久；唯有幸福前行，才会懂得坚持的意义。

3. 坚持是恒久的热爱

古人云：兴趣是成功的开端，做任何事情只要感兴趣，你就愿意坚持去做，就有可能变成最爱，变成这方面的专家。达尔文说：我之所以能在科学上成功，最重要的一点就是对科学的热爱，坚持长期探索。

《职业》杂志2014年第5期对魏书生的点评：

自古至今，教师是最受尊敬的职业之一，也是最值得尊敬的职业之一。如何做一个合格的教师？被称为中国教育界"奇迹教师"的魏书生很好地回答了这个问题："只有喜欢老师这个行业，热爱班主任工作，才能把自己的心思运用到工作上。"

魏书生是个平凡的人，但有着不平凡的追求，干着不平凡的事业。他之所以事事比他人做得好，首先取决于他崇高的精神境界。

魏书生不是一个一般的教育家，而是一个有一种忘我精神的教育家，是一个有职业精神的教育家，是一个宁肯牺牲自己也要拯救别人的教育家，是一个值得我们学习的教育家。正如德高望重的教育家吕叔湘所说："他（魏书生）立志献身教育事业，有一种忘我精神，这不是一般人所能做到的，也不是一般教育家都能做到的。"

教育是一个神圣的职业，是一个不断探索、享受快乐的职业。魏书生对教师的内涵做出了很好的诠释。教师的人格影响着学生的学业，魏书生创造教学艺术的"大家"更影响着学生的人格形成和发展；它不仅影响着学生的今天，更影响着学生的明天和未来。魏书生非常重视自身人格的修养，努力地实现人格的提升，他用自己人格的力量教育、熏陶、影响着一届又一届学生。

魏书生以成功教育家的巨大魅力，征服了学生、老师和数以百万计的读者，其影响远远超出了教育界。时代需要有更多的魏书生，祖国需要有更多的魏书生，人民需要有更多的魏书生，各行各业都需要能够创造职业奇迹的魏书生。

纵观古今，但凡成功人士，都有着一个共同的优秀品质，那就是恒久的热爱和坚持。南宋诗人陆游没有对读书文字的热爱，没有书巢勤学的坚持，就不会留下九千多首诗，成为杰出的大文学家；贝多芬没有对音乐的极度热爱，并坚持不懈地克服一切困难，就不会有震撼世界的《命运交响曲》。一切坚持源自热爱，一切热爱都有赖坚持，正所谓"坚持你所热爱的，热爱你所坚持的"。

新时代教师应该坚持的 10 个好习惯

习惯是一个人思想和行为的真正领导者，是通向幸福人生的金桥！

孔子曰："少成若天性，习惯如自然。"好习惯的养成，不存在个体差异，也不是只靠意志力，而在于有没有掌握坚持下去的诀窍和原则。

叶圣陶先生说："教育的目的是培养习惯"。"要求学生做到的，自己先做到。"奥维德说："没有什么比习惯的力量更强大。"亚里士多德说："人是被习惯所塑造的，优异的结果来自良好的习惯，而非一时的行动。卓越不是一种行为，而是一种习惯。"在我们的身上，好习惯与坏习惯并存，人生仿佛就是一场好习惯与坏习惯的拉锯战，把良好的习惯坚持下来就意味着踏上了成功的快车。

做一名合格的教师，一名不断追求卓越的教师，要不断修炼自己，努力养成以下 10 个好习惯。

1. 每日阅读

"富有的习惯"这个短语是托马斯·科里（Thomas C.Corley）创造的，他花了 5 年时间研究了 177 位自力更生的百万富翁的日常习惯，结果发现他们经常阅读。富人更愿意学习，而非娱乐。

科里先生写道："88% 的富人每天会至少阅读 30 分钟，内容以自学和自我提升类阅读为主。大多数人都不会为了娱乐去读书，富人阅读是为了获取知识。"他们倾向于阅读三类书：成功人士自传、个人修养或发展类书籍、历史类书籍。

作为新时代教师，一定要养成好读书、读好书的习惯。我们提倡坚持每天读书半小时以上，还要坚持写读书笔记。

钱锺书先生坚持做读书笔记的习惯值得我们学习：

> 钱锺书先生每读一本书，都做笔记，摘出精华，指出谬误，写下心得，而且有中文也有英文。他的笔记本比普通本子厚四倍。他读一本书做读书笔记的时间是读这本书的一倍。钱锺书先生家里没有大量藏书，却都将书装进了脑袋里，写在了笔记上。
>
> 他终其一生坚持做笔记，为此耗费了大量的精力，也由此夯实了治学的根基。

2. 坚持写作

教育在线论坛上有一则"朱永新成功保险公司开业启事"的广告。

> 本公司宗旨：确保客户利益，激励客户成功。
>
> 参保对象：不限。但尤其欢迎教育界人士，因为教育的成功是中华民族伟大复兴的基石。
>
> 保期：10年。
>
> 投保条件：每日三省自身，写千字文一篇。一天所见、所闻、所读、所思，无不可入文。10年后持3650篇千字文（计360万字）来本公司。
>
> 理赔办法：如投保方自感10年后未能跻身成功者之列，本公司愿以一赔百。即现投万元者可成百万富翁（或富婆）。本公司只求客户成功，不以赢利为目的。所有利润将全部捐赠希望工程。欢迎投保，欢迎垂询！

这个成功保险唤醒了无数在一线苦苦摸索成长路径的教师，也似一盏火炬照亮了教师专业成长之路。养成每天写作的好习惯，不仅可以记录、积累自己工作生活的点点滴滴，也会让我们的思维更活跃。写一次两次也许不难，可贵的是我们能否坚持一直写下去。坚持下去，就会记录自己成长的历程，追求卓越的成功足迹。

3. 课后五问

打破陈规很不容易，所以我们每个人都要习惯反思自己，挑战自己，才不会每天重复劳动、周而复始。既要研究自己的优点，也要研究自己的缺点和问题。能看透自己是一项本领，这就需要养成反思的习惯。课后反思，不仅有对教学的反思，也要有对学生学习情况、接受情况的反思。

每天应有课后五问：

①我所做的和所说的让我的学生更亲近我还是更疏远我？
②我所做的和学生的兴趣有多大的关联？
③我所做的和将要做的对学生的思维能力有提高吗？
④我所做的和我将要做的是否有利于学生主动性和主体性的发展？
⑤我所做的和我所说的是否关注到每一个学生，尤其是问题学生？

日积月累，每天这样的五问一定会成为你教学成长路上的宝贵财富。"为什么我们的学校总是培养不出杰出人才？"从钱学森之问到社会大众的普遍呼声，都知道实施素质教育的重要任务就是要培养创新型人才。而要培养创新型人才，教师首先应该具备善于接受新事物，勇于创新的习惯。每一个因循守旧的国家都很难向前发展，每一个固守成规的人也不会真正体验成功。鲁迅先生曾称赞："第一个吃螃蟹的人是很令人佩服的，不是勇士谁敢去吃它呢？"教育的路上一样需要这样的勇气。我们不仅要擅长对自己发问，还要培养学生学会提问，这是创新教育的关键。在以色列，人们不喜欢沉默，喜欢问问题，喜欢对话和争辩。每天不提出新问题的人是没有资格睡觉的。鼓励学生踊跃提问，这是教育至关重要的一点。很多情况下，不要规定标准答案，问题的答案往往不止一个，有的甚至无解。

曾子曰："吾日三省吾身：为人谋而不忠乎？与朋友交而不信乎？传不习乎？"教师要善于反省自己，不断的反省反思，让自己发现问题，纠正不足。新时代的教师应该是研究型教师，要把自己作为一个研究者投入到课堂实践中，善于反思，努力去发现问题、研究问题、解决问题。

4.守时高效

守时，是现代人一个高尚的公德，也是每个人应修炼的私德。做一个守时的人很重要，与人邀约要守时，参加活动要守时，工作要守时……遵守时间，会让我们个人和集体做事更高效。守时，是对他人的尊重，对集体的敬畏。

要做到守时，就要对自己的时间有很好的规划。做到今日事，今日毕。科里先生的研究表明，一半以上自力更生成为百万富翁的人，至少在工作时间前三个小时起床。这是应对日常工作突发情况的一种解决策略，比如开会时间太长、路况太堵、要去学校接生病的孩子，等等。这些突发情况会对我们产生心理影响，改变我们的潜意识，最终会让我们觉得生活已经失控。科里写道："早晨五点起床，完成你今天工作中最重要的三件事，这会让你重新掌控你的生活，给你有一种你在主导自己生活的自信感。"

"行有不得，反求诸己"，"己所不欲，勿施于人"，要求学生做到的，自己要先做到。教师要求学生上课不迟到，首先自己做到，提前三分钟候课就是最好的习惯。提前候课，教师有利于提前进入课堂状态，做好各方面准备，比如多媒体使用，学生课前提问准备等；对学生来说也是一种提前进入课堂状态的提示，比如提醒学生准备好课本，回顾上节课内容，便于上课衔接等，有利于提高课堂效率。

如何做事高效？首先是有计划、不拖延。拖延是对工作和学习成效危害极大的坏习惯，每个人拖延的原因和方式都各不同，必须防止养成拖延的习惯，甚至患"拖延症"。要践行立即行动哲学，以合理的方式、在合理的时间内去做合理的事情。采取立即行动的方式时，你既向拖延发起了攻击，同时也是在坚定不移地做着那些真正重要的事情。

5. 善于沟通

沟通，是当今社会最重要的能力之一。没有沟通，便没有交流，不可能取得别人更多的理解和支持。没有沟通，便没有合作；没有高效沟通，便没有一位教师的快速成长。

沟通是最好的相处方式。所有的问题、矛盾都可以通过心灵的对话得到化解。

沟通要讲究技能技巧，做到"七不要"：与儿童沟通时，不要忽略他的天真；与少年沟通时，不要忽略他的冲动；与青年沟通时，不要忽略他的自尊；与男人沟通时，不要忽略他的面子；与女人沟通时，不要忽略她的情绪；与领导沟通时，不要忽略他的权威；与老人沟通时，不要忽略他的尊严。

"沟通七不要"很好地诠释了现代管理学之父德鲁克的经典名言，"一个人必须知道该说什么，一个人必须知道什么时候说，一个人必须知道对谁说，一个人必须知道怎么说。"

生活中处处离不开沟通，倾听与倾诉相辅相成。沟通的前提就是倾听，良好的沟通，一定从耐心的倾听开始。认真倾听别人，不但能体现你谦逊的教养，更能有利于你的倾诉。教师要善于与领导沟通，适时汇报思想和工作中的大事件、难点，争取领导的支持。要经常与同事沟通，广交朋友，彼此诚心相待，增加理解，消除误会，争取更多的理解和协作。作为教师，更要俯下身子，认真地倾听学生，平等交流，深入了解学生，理解差异，尊重差异。

交流沟通中还应该利用好最容易让人接受的语言——微笑。微笑具有无穷魅力，能给人温暖、感染、激励，迅速拉近彼此距离。与人交流沟通注视对方，这也是一种尊重。

教师与家长的交流沟通是十分重要的。日本教育家福泽谕吉说："家庭是习惯的学校，父母是习惯的老师。"家长的习惯直接影响孩子，所以要与家长真心沟通交流，了解学生多方面情况，与家长密切协作，形成育人的合力。

6. 仪表得体

每位教师都应努力做一名"诚于中而形于外，慧于心而秀于言"的好老师。

"诚于中而形于外"出自《礼记·大学篇》，原文是"此谓诚于中，形于外，故君子必慎其独也。""慧于心而秀于言"出自唐朝韩愈的《送李愿归盘谷序》，原文是"曲眉丰颊，清声而便体，秀外而慧中。"

所谓言为心声，行为心迹。教师要为人师表，就一定要文明举止，仪表大方得体。《礼记·冠义》里有这样一句话，"礼仪之始，在于正容体、齐颜色、顺辞令。"意思是说，礼是从端正容貌和服饰开始的。一个有良好修养的教师，一定是仪态端庄、服饰整洁、表情儒雅、言辞得体。这既是教师内在修养的流露，也是尊敬他人的表现。当今是个多元的社会，各种元素冲击我们的视觉和审美，教师的外在形象可以有时尚元素，但不可以太张扬个性，在公共场所提倡整洁、大方、朴实着装，以免对学生产生错误的引领。

7. 每天运动

每一位教师都要做终身运动者。学习选择好运动项目，持续坚持下去，保持身体健康，精力旺盛。

每天坚持运动，是促进身体健康的保证。一般每天锻炼应不少于半小时，最好能达到一小时。"76%的富人坚持每天有氧运动30分钟以上。"有氧运动包括跑步、快走、骑自行车等。科里先生研究表明："有氧运动可以增加神经元（脑细胞），体育锻炼还可以增加体内葡萄糖含量，葡萄糖就是大脑的燃料。大脑获得的养料越多，发展就会越好，你也会变得更聪明。"

科学研究表明，人体运动能够产生多巴胺。多巴胺和内啡肽让人精神振奋，有活力，感觉到开心和快乐。运动能防治多种疾病，预防衰老，有益睡眠，增进健康。

美国科学家曾经用35年的时间对400名成年人进行了一系列的测试研究，最终得出一个结论：坚持运动的人在智力和反应方面明显高于很少运动的同龄人。运动不仅使人精神愉悦，更好地锻造身材、修炼容貌、改善大脑，还能愉悦心情，重塑生活。坚持运动，终将受益。每一位教师都应该养成终身运动的好习惯。

8. 有规律的生活

每天起床和入睡的时间应该有规律，保证每天7—8小时的睡眠；工作、学习、劳动的时间有规律，不开夜车，不过劳；一日三餐有规律，定时定量，不偏食，不多食，讲究饮食卫生；不强求午睡，有条件的中午可平卧休息，减轻心脏负担；每天应尽量定时排便，保持腹中舒适，早晨和晚间应适度参加力所能及的体育健身活动；每天有放松娱乐、阅读和交谈的时间，保持情绪的相对稳定和乐观向上。

合理的饮食：不能一味追求口感和味觉的享受，不要因为各种原因不规律饮食，早餐要营养均衡，午餐要丰盛，晚餐要简单易消化。

多喝水，更要合理喝水，早起一杯温开水，别喝凉水，可少放一些盐。白天平均每一个半小时喝一杯水。晚上睡觉前两小时不再喝水。便秘者适合睡前一杯蜂蜜水。

保持情绪稳定，永远不要在情绪过激的情况下做决定，保持冷静才能看清事物，处理好事情。

9. 常习基本功

台上一分钟，台下十年功。教学基本功是每个教师的必备技能。随着时代的发展，教学内容、教学工具、教学技术以及人们思想观念都在发生深刻变化，对教师的教学基本功提出了更新、更高的要求。教师需要学习和修炼的基本功有很多，比如：书写、课堂语言、分析学生、解读教材、引导启发、利用现代教育技术、组织教学、教育评价、教育教学研究等等，在众多的基本功中，教师长期坚持训练的应该是"三字一画一话"。

"三字一画一话"是一名教师必须常习的基本功,最初始的毛笔字、钢笔字、粉笔字,简笔画和普通话,要练得出色需要花费长功夫、苦功夫。一位教师如果每天能坚持习练毛笔字、钢笔字、粉笔字,坚持每天一张图画,坚持每天一段诵读,那么一年、几年、十几年、几十年之后,必有惊人的成就。

10. 每天多做一点点

我们来看看这个数学公式:

$1.01^{365}=37.8 \qquad 0.99^{365}=0.03$

据说这个公式源于日本某小学贴的一张海报,目的是让孩子们懂得努力。被网友转载到国内后,引发了大家的共鸣:1.01 的 365 次方等于 37.8,0.99 的 365 次方等于 0.03,其中 365 次方代表一年的 365 天,1 代表每一天的努力,1.01 表示每天多做 0.01,0.99 表示每天少做 0.01。365 天后,一个增长到了 37.8,一个减少到了 0.03。假如我们每天再多做一点,0.02,365 天后就增加到了 1377.4,每天再少做一点点,365 天后就减少到了几乎可以忽略不计,0.0006。

这组数字提醒我们,每天多做一点点,终有一天,我们会发现,精诚所至,金石为开。

以上 10 条建议,看上去很简单,但坚持起来并不容易。这也是一名优秀教师、追求卓越的教师应该努力养成的十个好习惯。然而习惯的养成依赖于自身坚持的品格。大道无形,真正坚持的人根本看不到他在坚持,因为他已经和他所坚持的事融为一体。他对好习惯的坚持是平静、自然的,是乐在其中的。我们不难发现,能坚持下来的好习惯最重要的条件是兴趣,不喜欢的东西很难坚持长久。由于喜欢才坚持,由于坚持才更喜欢。这是知情意行联合所起的作用。

但是,面对的事情,往往不都是你很喜欢去做的。不喜欢,或一时不太喜欢,只要应该做,也能要求自己去做,并逐渐养成习惯去做,才是难能可贵的品质,这也正是我们提倡"修炼"的意义所在!

坚持的品格需要修炼，需要我们用漫长的时间来养成。然而，只要我们有计划地行动起来，就会真正体会其中的趣与乐，才会真正享受坚持带来的意想不到的收获。正如《王文成公全书》里说的，"志不立，如无舵之舟，无衔之马，漂荡奔逸，终亦何所底乎？志不立，天下无可成之事。虽百工技艺，未有不本于志者。"

曾国藩有句名言，"用功不求太猛，但求有恒"。不必急功近利、不必追求立竿见影，只要每天能比前一天有一点突破、一点改善，而且朝着正确的目标持续地做下去，就一定能够成功！

第八章
诗意的栖居

生活不只是眼前的苟且,
还有诗和远方。

今天，我们迎来了这样的一个新时代：教育事业从未被如此重视，教育发展从未如此之快，教育改革从未如此紧迫；教师承担着前所未有的历史重任，必须加快发展、全面发展。

新时代教师，要执着于教书育人，有热爱教育的定力、淡泊名利的坚守。同时，要追求丰富多彩、诗意盎然的新生活，提升职业的尊严和幸福感，活出最美的职业新样态。

新时代呼唤教师新生活

作为一名教师,你整日忙碌是否感到幸福?在教育教学过程当中,你是否时常获得愉悦?你是否体会到作为一名教师的荣光?

2016年教师节,习近平总书记到八一学校看望和慰问师生,发表重要讲话时要求:"各级党委和政府要满腔热情关心教师,让广大教师安心从教、热心从教、舒心从教、静心从教,让广大教师在岗位上有幸福感、事业上有成就感、社会上有荣誉感,让教师成为让人羡慕的职业。"

关注自身职业状态,追寻幸福的"诗意"生活,应该成为新时代教师共同的新课题。

一、精神有归属,此心安处是吾乡

"人,诗意地栖居于大地上"[1],是哲学家海德格尔倡导的生活方式,也应该是教师从教的精神境界。

1. 安静之心

"非宁静无以致远"[2]。在静气里寻找诗意的栖居,静能生慧。德国诗人荷尔德林在《轻柔的湛蓝》[3]这首诗中说:"如果生活是全然的劳累,那

---

[1] 海德格尔. 海德格尔说存在与思. 武汉:华中科技大学出版社,2017.12.
[2] 诸葛亮《诫子书》.
[3] (德)荷尔德林著;林克译. 德语文学大师典藏荷尔德林诗选. 成都:四川人民出版社,2018.01.

么人将仰望而问，我们仍然愿意存在吗？是的，充满劳绩，但人，诗意的栖居在此大地上。"安静之心，需"君子不器"[1]。这种诗意不是做作的风花雪月，不是故弄玄虚地卖弄，它以丰厚的职业成就为基础，不以物质、功利为目的，是一种精神上的超越。

不管外界多喧嚣、多热闹，一颗安静之心能使教师不为世俗所累，沉下心来，踏踏实实地做自己的事情。

2. 安然之心

"非淡泊无以明志"。[2] 正如海德格尔所言：诗意"源于对生活的理解与把握，尤其是内心的那一种安详与和谐，那一种对诗意生活的憧憬与追求。"[3] 他所表达的"诗意"即是教师的安然之心。安然，是精神上的充实、富足，是一种生活态度。随着社会生产力的高速发展，人们开始越来越多地感受到物质文明带来的"先进"，对物质的追求日益显露，商品化时代可以最大程度地满足人们日益增长的物质需求，精神信念在这强大的生产力发展面前似乎变得苍白无力。这就需要教师不为外物所惑，从容淡定、安然处之。安然，是对生命意义、生活意义的一种追求。面对种种浪潮的冲击，教师的精神归宿应该在哪里？教师的理想家园应该在哪里？教师追求职业幸福，就要把更多的时间用在精神探索上。只有内心宁静、淡然，生命才会得到美的愉悦和升华。

3. 安适之心

哲学家、教育家雅斯贝尔斯[4]在其教育经典《什么是教育》里写道："教育依赖于精神世界的原初生活，教育不能独立，它要服务于精神生活的传承。这种生活在人们的行为举止中直接表现出来，然后成为他对存在的关注和国家的现实态度，并在掌握创造性的精神作品中得到高扬。"在我们的时代里，精神命运必然决定教育的内涵。

---

[1]《论语·为政》.

[2] 诸葛亮《诫子书》.

[3] 海德格尔. 海德格尔说存在与思. 武汉：华中科技大学出版社，2017.12.

[4] 卡尔·雅斯贝尔斯是当代德国哲学家、精神病学家，存在主义哲学的主要代表.

"国将兴，必贵师而重傅。"[1]2018年1月发布《中共中央国务院关于全面深化新时代教师队伍建设改革的意见》，明确提出要不断提高教师的地位待遇，真正让教师成为令人羡慕的职业。我们赶上了好的时代，教师这个职业可以更加独立、自由，可以获得美好和诗意的栖居。教育家朱永新深有感触，他在书中这样写道：

> 我曾经对自己说，无论有多大的困难，都要坚定地沿着这条路走下去，我会把自己的一切都交给这个伟大的事业……在路上，虽然有这样那样的无奈，但是也有各种各样的精彩；在路上，虽然有过犹豫和彷徨，但是更有喜悦与辉煌。无论是在常丽华老师的教室里，还是在山西绛县那片古老的土地上；无论是"晨颂、午读、暮省"的新教育儿童生活方式，还是"专业阅读、专业写作、专业发展共同体"的新教育教师发展模式，都让我发现：教育原来可以如此美丽！[2]

足见，"此心安处是吾乡"，灵魂安放的地方就是家。安心从教，是教师心灵归家的精神诉求。

4. 安宁之心

马斯洛的需求层次理论启示我们：对于教师，既有安全感和归属感的需要，也有追求更高层次的需要，无论是安全感、归属感、还是尊严感，都直接影响着教师的心理和情绪。安宁舒心，是教师追求真善美的精神动力。

持真。这里的"真"主要是指一颗本真之心。提起老师，通常是怎样的呢？衣着古板、色彩单调、发型老气、高度眼镜……毫不夸张地说，很多老师都带"相儿"。他们工作很累，常常加班加点，义务辅导学生毫

---

[1]《荀子·大略》.

[2] 朱永新著. 教育如此美丽——朱永新中国教育观察. 北京：文化艺术出版社，2010.08.

无怨言；有的生病不能及时医治；有的连自己的孩子、老人都顾不上管，一心扑在工作上，可谓殚精竭虑，在身体上、精神上、心理上都承受着巨大的压力，简直就是"苦行僧"。这样的老师精神可嘉，这种牺牲精神也必须大力提倡和弘扬。但是，长期透支体力、牺牲健康是不可取的，因为这不仅是对自己的伤害，更有负于学生、学校、家庭乃至社会。新时代，我们要提倡可持续发展、绿色发展，不能把教育的发展、学生的成长，建立在牺牲教师个人健康、幸福的基础之上。更重要的是，只有绿色发展才能实现终身发展，只有教师的幸福，才会带给学生、家庭乃至整个社会幸福。

存善。善指的是心灵的善，即博爱。博爱是人类至善至美的灵魂，是超越了自然世界的清纯童话，是小我世界的高贵性灵。教师追求"诗意的栖居"，能使自己精神富足，避免做"苦行僧"。因为，孩子们为我们燃起生命的激情，他们用"尊重"堆砌真情的火焰，我们用"奉献"引领他们、呵护他们，师生一起无论咫尺与天涯，过一种理想的教育生活。那是精神的高地，虽然不能完全到达，但能无限地靠近。现实中，有些教师把生活和工作放在两个对立面，并以"只有工作，没有生活"为傲，简直成了"机器人"，这样的状态往往做事效率不高，"耗时耗力"，甚至会弄巧成拙，给团队和他人"拖后腿"。更主要的，自己疲于奔命，苦不堪言，哪还有什么美好、愉悦可言？所以"苦行僧"般的教师，往往是"一地鸡毛"，心无"善"念。善，是"善世而不伐，德博而化"[1]，是"大学之道，在明明德，在亲民，在止于至善。"

求美。教师要努力把每一天过成阳光灿烂的日子，乐观，豁达，不计较得失，把一切困难和问题踩在脚下，昂首前行……这才是生活的意义和价值所在。曾经有一位妈妈领着小女儿逛商场。商场里人来人往、人头攒动，女儿呜呜地哭了起来，"怎么了？"妈妈惊奇地问。"没怎么。"女儿边哭边回答。"没怎么你哭什么呀？"妈妈蹲下身子为女儿擦

---

[1]《易·乾》.

眼泪。在她蹲下的一刹那，她完全明白了，女儿的世界里全是一条一条的腿……很多教师，没有蹲下身子，保持和学生一样的高度思考问题，缺失了童真。"求美"是建立在"童真"基础之上的。教师有一颗纯真之心，善于转换视角，就会看到学生更多的可爱和纯真，就会发现世界更多的美。所以，教师求美，在于相信"人之初，性本善"。这样一来，我们的教育环境中会有更多的读书声、歌声、笑声；我们的脸上会荡漾着笑容，我们也会看到孩子脸上纯真的笑容；我们不再步履匆忙，孩子们也会有更多的自由度，于是我们的生活、孩子们的生活就都有了舒展的空间。正如："满地都是六便士，他却抬头看到了月亮。"[1]

二、生命有尊严，一片冰心在玉壶

教师要不断重建自己的精神宇宙。真正供养生命的，是深邃的思想、自由的精神、高贵的灵魂，是繁花似锦的心地和激情澎湃的情怀，那是——做教师的尊严。

1. 做谦谦君子

"君子"在古代叫"士"，"由于道缺乏具体的形式，知识分子只有通过个人的自爱自重才能尊显他们代表的道。此外别无可靠的保证。"[2]所以真正的士人，不会因为清贫而垂头丧气，不会因为身处逆境而怨天尤人，更不会在遭受贬抑、打击之下自暴自弃。反而会选择坚守节操，甘于寂寞，更会初心不改、上下求索。如屈原、杜甫、苏轼、辛弃疾，他们都有属于自己的心灵净土，栖息在诗意的精神家园。教师，在现实生活中难免遇到不公，有时也会受到一些浮躁、急功近利的氛围影响。所谓"师道尊严"，对于教师而言就要保持内心的高贵，做谦谦君子。分享一段话，以共勉：

---

[1]（英）威廉·萨摩赛特·毛姆著；任梦译. 月亮和六便士. 南京：江苏文艺出版社，2018.01.

[2] 余英时著. 士与中国文化. 上海：上海人民出版社，2003.01.

老师的职业虽然清贫，但使命崇高；工作虽然平凡，但意义重大。学高为师，德高为范。精进做学问，看淡名与利，是为师从教的根本。只有树立终身从教之志，看淡名利，一个老师才能屏蔽外界的纷扰，才能坚守平凡的岗位，才能甘之如饴地潜心工作。这种面对世俗生活的淡泊，对教育工作的痴迷、执着和专注，就是好老师的本色。[1]新时代的谦谦君子就是"四有"好教师，有理想信念、有道德情操、有扎实学识、有仁爱之心。

2. 做精神贵族

想要学生成为站直了的人，教师就不能跪着教书。

——吴非

司马迁曾说："千人之诺诺，不如一士之谔谔。"[2]一个人的成长，关键是精神的成长。一个精神的侏儒，是难以教出巨人的。站着教书，那就要坚持思想自由，不做精神的囚徒。身为教师，能始终保有一种不庸俗、不低俗、不媚俗的高贵气质，能拥有一种超越功利的宁静心境，能常怀为实现中华民族复兴伟大中国梦而教书育人的大义担当，那就会获得诗意的栖居，就是心怀远方。

距离2010年1月10日越久远，这个日子的意义可能会越清晰。这一天，十一学校的14位老师怀着激动而忐忑不安的心情，走上了钓鱼台国宾馆的红地毯。学校启动了"教师教育家成长工程"，他们是首批入选者。一群普通教师与教育家称号联系在了一起。只有

---

[1] 汪志广著.如何成为一名好老师.北京：中央民族大学出版社，2018.07.
[2] 萧本雄编写.司马迁.西安：陕西人民出版社，2014.02.

当教育家是从课堂里面走出来的时候，这个时代的教育才是成熟的教育，这个国家的教育才可能充满智慧。李希贵在启动仪式上表示："今天，我们即将迎接这样一个时代。"他认为，只有当一所学校的大批优秀教师，以教育家的情怀、教育家的境界、教育家的心态和教育家的教育艺术，来推动学校发展，影响学生成长的时候，这所学校才实现了"教育家办学"。五年多来，面对千差万别的师生，面对具有特有的认知规律与教学规律的各个学科，面对独特的教育教学活动，十一学校没有实施统一的教育行为。副校长吴凤琴说，刚性的行政命令在这里被降到了最低限度。在推进学科和学术领域的改革过程中，校长躲在后台，尽量避免以行政的力量和校长的身份与老师们对话。

在2011年9月13日的迎新酒会上，到场的每个人都拿到了一份倡议书，上面写着："在学校，什么称谓最崇高、最应受人尊敬？——是老师，不是校长，也不是主任。"学校倡议："让我们从现在开始，习惯亲切地称呼彼此的姓名，习惯互称老师吧。"对称呼职务者，罚做俯卧撑。[1]

教师是活生生的人，有血肉、有灵性，当他被呵护、被尊重、被热爱，他便真正栖息在诗意当中。

只有教师是优雅的，我们的孩子才有望优雅；只有教师是从容的，我们的孩子才有望大气；只有教师是幸福的，我们的孩子才有望明亮；只有教师是过得有尊严的，我们的民族才会拥有更高贵的品质！

三、事业有成就，衣带渐宽终不悔
1. 克服职业倦怠，实现圈层突破
人生最幸福的，莫过于不断能有新发展，向上、向善、向美。

---

[1] 李新祥编撰.中国出版学研究综录 1949-2009.北京：中国书籍出版社，2011.01.

《中国教师报》进行了为期半年的"教师幸福指数调查"。调查表明，教师普遍感到工作辛苦、精神疲惫、报酬偏低、幸福指数偏低。调查显示，当前教师最感困扰、最影响教师幸福指数的问题依次是：学校风气不正，管理水平低下；社会地位和收入偏低；学生厌学，管理难度大；无谓检查过多，干扰正常教学；考试评价不合理；职称评定竞争激烈，专业发展困惑多；工作负担重，缺乏成就感。

《幸福多了40%》一书中，美国心理学教授索尼娅·柳博米尔斯基提出一项幸福感公式：幸福感=50%的遗传+10%的环境+40%的个人。基于此，北京师范大学刘儒德教授认为：外部环境因素对人幸福水平的影响，大约只能起到10%的作用。持久的幸福不是来源于生活环境的改善，幸福的关键在于人们的主观意识和行为。假如有100个人具有相同的遗传基因和生活环境，他们的幸福水平仍然存在40%的差异。如果观察那些真正幸福的人，就会发现他们是在忙碌的同时享受幸福，他们在忙于寻求对事物新的理解、为新的目标而奋斗或者调整自己的思想和情感。一个经常不开心的人想要享受人生的乐趣、热情、满足、平和与幸福，通过学习幸福的人的习惯和行为，是可以做到的。

据调查数据显示：约65%的人在工作到达一定的高度时，会停滞不前——出现"高原期"。专业成长中的困顿，是教师生命发展的羁绊。随着时代的变化，教师在成长的过程中，思想和思维方式也需要随之调整、革新，而这是不能一蹴而就的。在这个过程中，教师的专业成长面临着许多冲击。教师尝试打破陈旧的教育教学观念，但新的教育教学观和实践观尚未形成，必然导致一系列问题的出现。而我们唯一能做的就是尽快调整，去实现向善向美的教育。

教师的专业发展圈层突破理论告诉我们：想获得不一样的人生必须打破你原有的圈子，要想改变现状，必须先走出适舒圈，一个圈层一个圈层地去突破。对照一下自己，你现在处于哪一层呢？

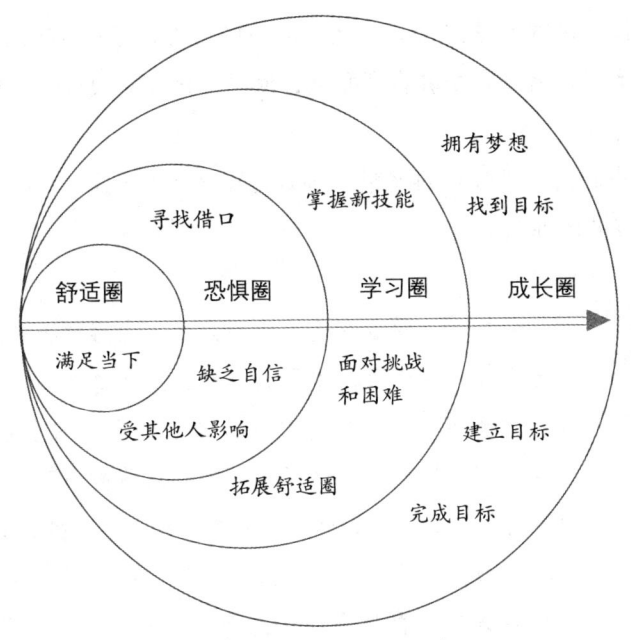

图 8.1 教师的专业发展圈层突破

如果一个人总在舒适区里生活，就别指望有快进步、大进步；要想加快发展，追求卓越，必须学会、习惯于迎接新挑战！做教师，要学会自己解放自己，自主自信自强的老师才会享受当老师的职业幸福。在专业上停滞不前，进而出现职业倦怠的现象，加之来自各方的压力和控制时，教师的心灵和精神会受到约束，从而无法获得成就感。没有了自由和成就感，哪里会有源源不断的激情与活力？相反，当我们在职业道路上不断攀登、提升，获得满足感和愉悦，并激发起更大进步的斗志和觉醒，自然就会达到诲人不倦的境界，享受职业的荣光与幸福。

2. 收获桃李满天下的职业幸福

孟子曰："君子有三乐，而王天下不与存焉。父母俱存，兄弟无故，一乐也。仰不愧于天，俯不怍于人，二乐也。得天下英才而教育之，三乐也。"对于新时代教师而言成就学生、桃李满天下，便是最实实在在的幸福。柏拉图也曾说过："最好的教育，是将一切美好的事物及其所能呈现的完美形式都展现在受教育者眼前，使其在肉体和灵魂上都能获得美的享受。"

他为我们指出了教育的理想，即美的教育。关于这一点汪志广老师有一段很好的阐释：

> 美，不是目的，让学生在美中得到力量，在感受美、欣赏美的同时，学会传递美、创造美，才是美的真正意义之所在。通过美的熏陶和传递，学生可以从一花一叶中，领悟到生命的顽强与坚韧；从美妙的乐曲中，听出人生的变迁与磨砺；从精美的画作中，看出生活的自由与向往。通过美的熏陶和传递，学生可以在登山赏景时，感悟"会当凌绝顶，一览众山小"的绝妙；在观赏历史古迹时，产生"折戟沉沙铁未销，自将磨洗认前朝"的感叹；在闲坐静思时，品味"采菊东篱下，悠然见南山"的闲适。在不经意之间，学生提高了欣赏水平，提升了感悟美的能力，自然能够更加自信地面对学习和生活。美，是自信的彰显，在美的过程中，人生愈加精彩；美，是看不见的竞争力，在向美的过程中，生命更显厚重。懂美的老师，一定是热爱生活、倾心教学、善待生命的老师；懂美的老师才能打造出溢满爱的课堂，才能培养出会生活的学生。[1]

"如果我们的心灵起伏万变，经常碰到情感的波涛，思想的矛盾，当我们身在其中时，恐怕尝到的是苦闷，未必是美。"[2] "诗意地栖居"让人们感受到美，考虑并意识到每个人都有追求美的愉悦的能力。

郑英老师在著作中谈道："师者，当怀一半诗心，一半匠心。以诗心

---

[1] 汪志广. 如何成为一名好老师. 北京：中央民族大学出版社，2018.07.
[2] 宗白华. 美学散步[M]. 上海：上海人民出版社，2005.

和匠心，成就教育的美。"[1]教师的生命中并不缺少美。学习、阅读、交流、碰撞、超越……便是教师体验"美"与探索"美"的过程。老师自己在感受生活的美好、享受教育之美，才能真正实现"诗意的栖居"。正如雨果描述的："向四面流泻着欢乐，放射出幸福的火花，在黑暗里发出光明，在命运中绣上金线，是雅致、和谐、仁爱的总汇。"很多优秀的教师抓住了"美"的要义，课堂诗意盎然。清华大学的殷雅俊[2]教授曾说：

"如果我们教师能够把这门课里，第一它特别深刻的地方，第二它特别美好的地方，能够给展示出来的话，那同学们就会很容易被吸引，"殷雅俊如此总结他对于课堂的心得，"学生们对丰富、优美、深刻的东西有兴趣，这是自然而然的事情。"

升华人生境界，体悟职业幸福。冯友兰说："一事物的意义，个人所说，可以不同。其所说不同，乃因持此各种说法者，对于此事的了解不同。其对于此事了解不同，所以此事对于他的意义亦不同。"[3]冯友兰认为人的生活是一种有觉解的生活，宇宙间的事物，本来是没有意义的，但有了人的觉解，就有了意义。所以，是人自身的体悟和人生态度决定了一个人的世界观和价值观，使不同的人在做同一件事，或是同一个人在做不同的事的时候，由于个人觉解的不同而赋予着这件事情以不同的意义，由此整个世界在每个人的心中也有着不同的轮廓，处于不同觉解程度也就是不同境界中的人，宇宙人生对于其意义也有所差别。蒋勋[4]认

---

[1] 郑英著.教育，向美而生.北京：中国人民大学出版社，2019.05.
[2] 殷雅俊，航天航空学院工程力学系教授，博士生导师。1985年于清华大学水电系获学士学位。1987年于清华大学工程力学系获硕士学位。1998年于日本广岛大学获博士学位。先后获得国家级教学优秀成果一等奖、二等奖、北京市教学名师奖、清华大学新百年教学成就奖等.
[3] 冯友兰. 新原人[M]. 北京：生活·读书·新知三联书店，2007.
[4] 蒋勋，福建长乐人。1947年生于古都西安，成长于宝岛台湾。台北中国文化大学史学系、艺术研究所毕业。1972年负笈法国巴黎大学艺术研究所，1976年返台后，曾任《雄狮美术》月刊主编，并先后执教于文化、辅仁大学及东海大学美术系系主任。现任《联合文学》社社长.

为："美之于自己，就像是一种信仰一样，而我用布道心情传播对美的感动。"语言文字的音韵美、思想美，理科的对称美、逻辑美，艺术学科的节奏美、色彩美……耕耘于三尺讲台，内心收获的喜悦；虽然忙碌却满怀希望的充盈之美；在黑板与粉笔的简单之中夹杂着欢声笑语的人情之美……充满诗意的教育是洋溢着美的。

追寻诗意与远方

2021年4月19日，习近平总书记在清华大学考察时强调："教师要成为大先生，做学生为学、为事、为人的示范，促进学生成长为全面发展的人。"

总书记教导我们，教师不能只做传授书本知识的教书匠，而要成为塑造学生品格、品行、品味的"大先生"。这就要求我们要有大格局、大情怀、大学问、大成就，顶天立地，立德树人！

一、诗意，在自然里栖居

1. 热爱生命

这个时代，是中国朝向更美好变革的一个时代。今天的教师，既是思想的引领者，同时又是自我生命与精神的变革者。朱永通说："作为一名教师，最难做的，不是获得多高的职称和荣誉，而是如何做到对人性充分的关注、理解和呵护。"[1]这势必要求教师要对生命给予无限的敬仰和热爱。

教师如何用自己的生命力量引领孩子成长呢？

教师的知识魅力、人格魅力，是巨大的教育力量。教师和学生要一同成长，实现教学相长。

---

[1] 张文质书系主编；姚春杰，朱永通执行主编. 赢在课堂小学语文名师经典案例. 北京：原子能出版社，2008.04.

教师要做学生未来的设计者、指导者、帮助者。在新的时代，教师是一个设计者，要为每一个学生设计适合他学习的环境、路径和环节；教师是一个指导者，要做搜集信息的指导者，帮助学生获得正确选择信息的策略和方法，不至于迷失方向；教师是一个帮助者，学生遇到困难时，我们要相信他们自己能够解决。

教师要善于思考生命问题，更要把问题交给学生。"学习型组织理论之父"、管理大师彼得·圣吉先生说："我们的教育低估了学生的能力"；"教师解决不了的问题交给学生，学生都能解决"。[1]每个时代、每代人都有它的特殊使命，要相信我们的孩子能够解决时代的难题，教育人的责任，就是让学生的学习真实发生，让学生成为其生命的主宰者。

2. 热爱环境

一位热爱环境的教师一定是好教师，也一定是幸福的教师。因为这样的教师崇尚自然、敬畏自然、亲近自然。这样的教师会收获三重境界：第一个境界是对教育、对教师职业的正确理解；第二个境界是在生活中自我修炼；第三个境界是收获幸福的生活。

教师要多多"走出去"。亲近自然，净化心灵，开阔心胸。特别是日常教学压力大，教师的工作环境相对比较封闭，而山水、风景可以让人心情放松，游目骋怀，自在安闲。当然"行万里路"也是一种良好的学习方式。

教师应该走入自然，拥抱自然。让自己在繁忙的工作之余拥有属于自己的诗和远方。走入自然，挑战极限，也可以在运动中让教师感受生命的律动。全国特级教师王君不仅能上好课、善写作，更是一个马拉松的忠实爱好者。瘦小的个子，却在漫长的跑道上磨炼着自己的意志，享受着运动带给自己的快乐。

前面我们讲到教师应该有"宁静之心""宁静致远"。什么是宁静？宁静就是你的内在空间或知觉。"我是谁"这种自我觉知远比你的任何名

---

[1] 马瑞瑞责编；南怀瑾.南怀瑾与彼得·圣吉.上海：上海人民出版社，2020.

称或外在形式都要深刻。如果本页文字正在被你解读，成为你的思想，那么你就有觉知，如果没有觉知，便没有解读、没有这种思想，甚至没有这个世界。无论何时，当你手捧一本书，去感知、去聆听，去唤醒你内心的宁静。只有内心宁静，你才能感知到寂静的存在，才能生活在当下的环境之中，才能心怀诗意和远方。

3. 热爱劳动

约翰.格雷在著作中特别强调"生活所必需的一切东西，能使生活愉快和舒适的一切东西，都是人类的劳动创造出来的"[1]。

中共中央国务院《关于全面加强新时代大中小学劳动教育的意见》[2]指出，要"加强劳动教育，培养学生劳动兴趣、磨炼学生意志品质、激发学生的创造力、促进学生身心健康和全面发展。"这对于推进教育现代化具有重要的现实意义，也对教师提出了更高的要求。

首先，劳动是立德树人之必须。劳动教育以塑造人格、完善品德、培养价值观念为目标，既是立德的重要内容，也是立德的途径。教师对劳动的认知，对待劳动的态度以及劳动习惯的养成，决定着劳动教育的实效性。当下，学生的物质生活条件优越，一些学生贪图安逸，缺乏吃苦耐劳的精神。教师通过自己的劳动影响孩子形成正确的劳动价值观和良好的劳动品质，共同体会劳动，创造美好生活，是加强新时代劳动教育的亟须。

其次，劳动能改变世界。乔布斯创造出"苹果"，改变了人们的生活方式；日本的柳宗悦先生创建了民艺馆，说明"反复多次"是劳动和创造的基本要求。有了劳动，就有了天人合一，进而改变世界。

再者，劳动开创未来。罗曼·罗兰说："生活中最沉重的负担不是工作，而是无聊。对个人而言，劳动是生存的理由；对家庭而言，劳动是改善生活的手段；对国家而言，劳动是推动社会发展进步的力量。我们

---

[1]（英）约翰·格雷著；张草纫 译.人类幸福论.北京：商务印书馆，1963.08.
[2] 教育部发布《关于加强中小学劳动教育的意见》[J].考试（高考文科版），2015，（第9期）.

只有通过不断的拼搏努力和诚实劳动，才能绽放不一样的精彩，彰显人生的价值，创造美好的生活。"[1]

热爱劳动，应当成为新时代教师的美德和时尚追求。

二、诗意，在课堂里栖居

1.享受课堂

正高级教师厉佳旭说："教室的温度，往往反映着教师和教育的高度。"

课堂是营造诗意的主阵地，是教师施展才学的舞台。一个优秀的教师，会利用好自己的这个阵地，把握每一个机会，随时和学生体验、分享"诗意"。

请欣赏特级教师曹勇军的文章《一位语文教师的精神成长》节选：

> 语文，给了我一个体面的饭碗，给了我独特的职业生涯和人生道路，也给了我许许多多难忘的故事。与学生相遇并不总在秋季，也不都在教室，但只要是故事，总有开端。第一节课是一个仪式，是我们生命开始彼此交融的庄重的仪式。我指着黑板告诉我的学生：这不是一块普通的黑板，上面有天地玄黄，有道德文章，有高风亮节，有世间万象；有"道可道，非常道"的老子，有"朝闻道，夕死可矣"的孔子，有穿缁衣的鲁迅，有穿西装的爱因斯坦……这些古今中外的贤哲的眼睛注视着我们，与我们的心灵交流。在语文的邀约下，师生开始走进故事的世界。
>
> 是故事，却没有结尾。转眼到了六月初，高考前紧张而又焦灼的气氛弥漫在炎热的初夏。经过精心准备的最后一节课，是我送给学生的人生礼物。我一题一题地提醒着我的学生，告诉他们成语解题的"慢三步"、病句解题的"慢四步"，诗歌鉴赏题的"四看三

---

[1]（法）罗曼·罗兰著；郑克鲁译.罗曼·罗兰读书随笔.北京：金城出版社，2018.11.

答",还有默写,还有语用,还有文学阅读,我和他们一起背诵七言十二句的写作歌诀,最后,让他们带上三颗写作的"救命丹"。班上很静,静得如同黑夜即将过去、太阳即将升起的黎明。下课时间到了,我让所有的学生站起来,发给每个学生一页纸,上面写着俄罗斯白银时代天才诗人巴尔蒙特的诗《为了看到阳光,我来到世上》。这是我最喜爱的诗句,也是我的学生最喜爱的诗句。我起了头示意一下,年轻而又响亮的声音响了起来,冲出教室,回荡在校园:"我来到这个世界,为的是看太阳和蔚蓝色的原野。我来到这个世界,为的是看太阳,和连绵的群山……"天亮了,我们一起上路。[1]

富有"诗意"的老师,是学生眼中品格、品行、品味的老师,而不是单纯的教书机器。他们应该富有幽默感、责任心强、学识渊博,尊重和关爱同学,和蔼可亲,专业技能强,仪表端庄,具有外在美,等等。

孔子说过:"知之者不如好之者,好之者不如乐之者。"兴趣让学生愿意走进教室、乐于坐在那里听课;兴趣让学生从主动的追求中获得满足,智慧得到增长;情趣触动学生的心灵,让学生可以从中发现理想、坚持梦想、追求美好。富有"诗意"的课堂总是让学生充满求知欲和幸福感,总是让学生欲罢不能。富有"诗意"的课堂总是充满欢声笑语,而不是简单的照本宣科。优秀的教师,利用幽默的语言,丰富的学识,高超的教学技能,感召和征服学生,既可以活跃课堂氛围,又提高课堂效率,使学生的压力得到减轻。

2. 享受学生

教师的幸福感既来自他身负的责任感、使命感,又来自他自身在教育对象方面获得的成就感。新加坡教育部颁发给校长的委任书上这样写道:

---

[1] 江苏省特级教师,南京市第十三中学语文教师。原文载于杂志《优教育》,2019: 26.

"在你手中是许许多多正在成长的生命，每一个都如此不同，每一个都如此重要，全都对未来抱着憧憬和梦想。他们都依赖你的指引、塑造及培养，才能成为更好的个人和有用的公民。"

教师的幸福感区别于其他行业的幸福感，很大程度上并不取决于收入的多少和负担的轻重，学生的成长是师者幸福的源泉。教书育人对教师而言，早已不是一种谋生的手段，而是一种对生命境界的追求。同时当教师不断地积累、成长，很多成果便水到渠成。也可以说，培养学生、成就自己，是教师获得幸福的必然。教育不仅是无私的奉献，也是教师自我价值的实现！正如《庄子·养生主》中所记录的，解牛本是非常辛苦、耗费力气的活儿，但在庖丁这里早已变成一种享受，"技近乎道也"。

教育是教师的使命。平凡的人有一条命：性命；优秀的人有两条命：性命和生命；而卓越的人有三条命：性命、生命、使命。教师的使命感，便来自职业的素养和更高的追求。教师通过传授知识、启迪智慧、润泽灵魂的教育历程，获得高尚的精神境界、开阔的视野和丰富的、有文化品位的阅历，获得区别于物质、超越现实之上的精神的愉悦。

生活需要"仪式感"。无论是对待工作、学生，还是对待家人或是自己，必要的仪式，可以瞬间创造诗意、提升幸福感。《小王子》一书中说："是某个日子区别于其他日子，使某个时刻不同于其他时刻。"这就是仪式感。学生上考场前，在门楣上挂粽子，让学生走过时用头碰一下，寓意"高中"；穿上"中国红"，为孩子们祈福"鸿运当头"；做成长档案，记录多彩的生活，珍藏美好的回忆……是心意，是感情，是热爱，也是有一定文化品位的生活情趣。

3. 享受成长

爱你的职业，做到专业、敬业，追求卓越，进而获得一定的成就感、满足感，享受成长，终身追求三重境界：

教师的职业境界——经师。

教师要像传教士布道一样，严肃、严谨、严格地对待教育教学工作，做一个不"误人子弟"的合格教师。

教师的专业境界——能师。

做具有教育智慧的专家型、研究型的教师。能师要有深厚的专业功底，有独特的教学艺术和风格，有出色的教学效果，有对教育教学的研究和探索，直至著书立说。

教师的事业境界——人师。

古人云："经师易得，人师难求。"人师以自身人格的魅力塑造学生的人格，以自己的德、才、情给学生以潜移默化的、终身受益的影响和感化。

能称得上"境界"者，自是具有非凡智慧和思想。能达到一定境界的教师，也是在超越自我、实现自我的道路上不断完善、成长。这无关职称、收入，或是其他物质的东西。在这个世界上，哪有什么真正的捷径？尊严、成绩从来都是与汗水成正比的。哈佛大学有句经典名言：人与人的差别在于业余时间，甚至一个人的命运就决定于晚上8点到10点之间。能够坚持做下去的人，才叫情怀，才叫热爱。

我们教师本身需要具备相关的知识技能，须在适应变化、跟上发展的进程中，调整自身的观念和发展规划，从而去获得期望的目标，实现人生的价值和意义。力求自己在职业、专业、事业上有所突破，出类拔萃，收获自信、成功的愉悦，这是教师真正实现诗意栖居的基础。

教师的每一天都是在与生命对话，看到生命成长是幸福的，听到生命拔节的声音是喜悦的，老师的内心充盈是用任何名利无法衡量的。

三、诗意，在生活里栖居

1. 获得幸福比优秀更重要

获得幸福比优秀更重要，它是教师"诗意栖居"的最高境界。美国乔治·梅森大学临床心理学家托德·卡什丹博士提出了一个"幸福感计算公式"，可以算出你是否幸福：①活在当下；②有好奇心；③做喜欢的事；④把他人的利益放在首位；⑤良好的人际关系；⑥身体健康。这6要素能判断出你是否幸福。其中，好奇心尤为重要。如何培养和长久保持好奇心呢？

其一，做自己喜欢的事情。这是能够不断给生活注入新能量的重要因素。喜欢是最好的生活。对生活保有热情和新鲜感，能使我们不断学习提升自己。试试走一条新路回家，尝试一个新菜，读一本新书，与家人谈一个新话题，探究一个新的教改课题……我们会惊喜地发现，世界上有许多新的转角，并有快乐的存在。

其二，及时记录反思自己的教育生活。老师都有自我实现的需求，在日常的教育教学过程中，注意研究自己的实践，做好小课题研究，增强成果意识，就能一边耕耘一边收获。我们要学会用研究的心态和思维方式推进每一项工作，力求留下经验、思想和观点，凝炼成方法、策略、流程和模式，以总结、报告、案例、论文、著作为载体推广成果。当学术成果在书刊上出现，就会获得不断的激情与活力。

其三，接纳新事物，敢于在行动上挑战和创新。

2019年1月，山西省运城市临猗县西关小学的课间跳鬼步舞短视频点击量达到2.6个亿。中央电视台录制的专题节目时长13分钟，16号录制，22号播放。当日《参考消息》新闻报道，他的微博粉丝十天之内暴涨到一百万。这位被称为"鬼步舞校长"的张鹏飞迅速红遍大江南北乃至全球。

这个案例给我们很多启示：运用好新媒体、大众平台，传递健康的理念；放下身段、走进"学生的心里"；用单纯的心、真诚的行动去投身教育。我们看到，张校长并不高大威猛，也没有靓丽的容颜，他的舞步还有点儿笨拙，而他的这个简单的举动所生产出的趣味以及带动效应是不可思议、不可限量的。

2. 爱他人就是爱自己

要爱自己。因为工作性质的原因，教师这个行业相对比较封闭，大多数教师生活范围狭窄，思想观念容易禁锢，生活方式也相对单一。我们提倡教师"走出去"，去旅游、去学习、去交朋友，和不同学科、不同学校、不同城市甚至不同国家的人交往、交流，收获内心的喜悦、敞亮与平静。教育家朱永新走遍大江南北，足迹遍布全球，他始终在实践中学习、研究，取得了令人瞩目的成就。

和苏霍姆林斯基相比，如果我们在某些方面做得比他稍好一些，是完全有可能，而且也是应当的，原因如下：①他只活了52岁，多灾多难，参加过卫国战争，有效工作和从事教学的时间，不足30年。而我们可以有50多年的教学经历。尤其是新时代教师，你所处的安定的教育环境，苏霍姆林斯基未曾有过。②他没受过正规的高等教育，只上过函授班。现代社会，学习和培训渠道多样，我们有丰富的资源和终身学习平台，可以对教育理论、教学理论、哲学、专业知识等进行系统学习，还可以有更好地向专家学习的条件和机缘；特别是互联网的应用，能让我们跨越时空，学习与更优秀的先贤和大师对话。③他的自由受到限制。但他能在那样的条件下发表41部著作，600多篇论文，还有大量文艺作品。如此看来，我们生活在新时代的教师，更应该发奋图强，在学习中研究，在研究中生活。把学习作为最好的习惯，把研究作为最好的生活方式，把加快发展作为对自己最好的奖赏和爱。

要爱家人。我们做教师的容易犯职业病，比如"爱批评""爱挑剔""爱发火""爱争执"，"高高在上"常常会给家人带来伤害。这里，想请大家认真思考"工作与生活该如何平衡"这个问题，比如：你怎么看待"不把工作带回家？"你认同"放学后就是私人时间，家长不要打电话给我"吗？事实上，生活与工作也不能完全割裂，就看我们怎么调合了。我们要学会把工作和家庭适度分开，不要把工作中的坏情绪带到家里来，学会用"爱"的语言和家人交流；要和家人一起用餐，一起休闲度假，一起娱乐放松，一起谈诗论画；在家人需要的时候，放下自己手里的工作。这不仅有助于我们缓解工作带来的精神疲劳，及时释放心理压力，更将成为我们人生的财富，孩子幸福的回忆，成为家庭美好生活的动力。华为高级副总裁陈黎芳女士有一段这样的表述："不要把生活和工作，放在两个对立面，工作和生活是你全部的人生。"关于工作与生活的关系，她觉得："问题的关键在质量，而不是在时间。"她建议和家人在一起的时候，可以问自己几个问题：与他们在一起的时候我在做什么？我跟他们在一起的时间是否是全情投入？我是否深深地喜欢和他们在一起？这些问题，我们不妨好好思考，可以帮助我们学会更好的爱家人。

要爱同事。教师的职业特点是不停地上课，不断地考试、考核，以及各种教育教学活动，生活在强调"权威"的环境之中，进行着"竞争"性的考核和评价。这无形之中让教师有一种较大的压力，互相之间容易形成隔膜，甚至不能敞开心扉。我们应该如何实现当下的超越呢？根本在于放大格局，在相遇中拓展自己的边界。《道德经》说："有之以为利，无之以为用。"[1]真正有大用的都是看不见的。无形的比有形的重要，无形决定着有形。不断放大自己的格局，自然就能包容所有，实现自我超越，成就师者仁心。

---

[1]（春秋）老子著.道德经.沈阳：万卷出版公司，2019.08.

活出好样子

法国文学家托马斯·布朗爵士说过:"你无法延长生命的长度,却可以把握它的宽度;无法预知生命的外延,却可以丰富它的内涵;无法把握生命的量,却可以提升它的质。"

新时代的教师,要怎样活?昂起头活!美美地活!幸福地活!

一、与优秀的人同行

1. 拜专家为师

"名师出高徒",教师要想迅速成长,有一个途径便是拜专家为师。在《教育未来简史——颠覆性时代的学习之道》这本书中,列举了现代学习者所需的八大能力:

核心能力1:内省能力

核心能力2:人际交往能力

核心能力3:解决问题的能力

核心能力4:协作能力

核心能力5:信息分析能力

核心能力6:信息沟通能力

核心能力7:创造能力

核心能力8:全球意识

我们看到，以上能力的培养和锻造都具有一定的颠覆性。教育者需要转变思想，以崭新的角色迎接挑战，就要拜专家为师。

一个人最幸运的是跟对人、上对车、走对路，最幸福的莫过于成长、激情、给予……

杨慧莹老师在《个人成长总结》中这样写道：

> 还清楚地记得三年前田贺书老师给我打的那个电话，他说，我可以加入他的省级名师工作室，做主持人助手。当时，一种巨大的惊喜瞬时充满了我的心。那时，我借调到教研室时间不长，一个在农村中学工作了十五年的普通教师，对自己能否胜任教研员的工作还极度不自信，凭什么得到田老师的信任呢？何况唐山有那么多优秀的老师，我只是一个"小白"。我问自己：我要怎么做才能不辜负这份沉甸甸的信任呢？在三年个人成长规划中，我加入河北省名师田贺书工作室，是我专业发展中的一个"重大事件"。我对自己有一个美好的期许：在这三年，在田老师的引领和指导下，向工作室中各位资深教研员、名师们学习，成为一个有热情、能讲课、善研究、爱思考、会写作的合格的语文教师、教研员。三年转瞬即逝，如今，我可以自信地说：尽管我还远远不如工作室中的其他老师优秀，但是，在田老师的悉心栽培和工作室老师们的帮助下，我基本实现了自己曾经的期许，渐渐长成了自己想要的样子。

杨慧莹老师的成长故事给我们以启发，作为新时代的教师，我们要学会转换角色：

角色1：教育者须面向未来

角色2：教育者须终身学习

角色3：教育者须是学习的引导者，而非讲台上的权威

角色4：教育者须是通才

角色5：教育者须拥抱探索式学习

角色6：教育者须让学习具有现实意义

角色7：教育者须拓宽课程的视野

角色8：教育者须是学生思维水平的评价者

角色9：教育者须施行全面心智教育

角色10：教育者须将技术作为一种学习工具来利用

角色11：教育者须对学生做出全面评价

教师的专业发展不仅仅是增加知识，掌握技能、方法，更多的则是精神的唤醒、境界的提升以及审美的需要。而拜专家为师，不仅获得专业层面的引领，更能在为学、为事、为人等方面得到更高层次的提升。

2. 与高人交友

所谓高人，是指能帮助自己构建精神宇宙的人。教师的发展就如同一棵树，是否枝繁叶茂，是否硕果累累，主要取决其根。这个"根"，对教师来说，就是其内在的精神世界。

第一，多参加培训。培训的标准是：听得懂，记得住，用得上，看得到。所谓"看得到"，包括看得到自己在改变、在发展；看得到学生的进步和成长，这样因培训而产生的变化就是高人引领的作用。这样的高人可以是培训中的专家、学者、教授，也可以是自己的同行，还可以是网上相遇到的名"师"。

第二，多参加研究。研究要融入共同体。要有目的地进行"自我训练"，练讲课评课，练写作。练进去，需要高人指点；练出来，更需要有专家引领。要通过"合作"把"高人"变成持续支持自己生命发展的"贵人"。

第三，多参加交流活动。在此过程中，要学会聆听、分享，能改变原有习惯性的点状思维、割裂思维和二元对立思维，能有效与他人融通，形成关联思维和整体融通思维。建立起内在的关联，提升自己思维品质的凝练度、准确度和综合度。这时你会发现，你身边的很多人都是"高人",都有闪光点,都值得自己去用心学习。

3. 登大雅平台

我们呼唤的是给教师提供更广阔的发展平台,使其能最大限度地实现自我价值。升华人生境界,体悟精神归属。

这里介绍一位教师,她将阅读与朗诵完美结合起来,并影响和带动了一大批人。

她叫张艳萍,是全国青少儿普通话与口才培训师、测评师,河北省普通话测试员;凭借出众的专业技能,她赢得了全国百佳朗诵者、《珍惜文化传媒总部》金牌主播等众多荣誉和称号。但更多的时候,她还是被称为"团长"!

张老师喜欢朗读,参与朗读,她的作品获得"阅写通"杯全国最美教师之声一等奖,她把朗读投入工作,融入生活,她知道独守雅韵不是最美华章,而是把这份语言瑰宝播撒出去。2018年,她和几位名师发起成立了"清风雅韵唐山教师诵读团",如今成员已达500人。每日诵读达700多篇,微信公众号推出210多期。吸纳了省市乃至全国的名师、骨干教师、诵读爱好者,除日常群内诵读组织、示范、点评之外,先后进行几十场入校诵读推广、讲座培训,举办了一系列诵读主题诗会,影响力日益扩大。带动了很多地方、学校的诵读社团活动。她将朗读这朵艳丽的花朵培育成了朗读-阅读-素养这样一个教育的大花园,在朗朗的诵读声中,开创了诗意的天地。

2020年,她被中共河北省委网信办评选为"优秀群主"。

"时代精神的火花在这里凝冻、积淀下来,传留和感染着人们的思想、情感、观念、意绪,经常使人一唱三叹,流连不已。"[1]

---

[1] 李泽厚著;马群林选编.李泽厚散文集.北京/西安:世界图书出版公司,2018.03.

二、培养广泛的兴趣爱好

1. 琴棋书画，丝竹管弦

2021年两会期间，一位委员的话刷屏了！他就是全国政协委员、江苏省锡山高级中学校长唐江澎。

> 唐校长在接受《中国教育报》记者采访时提出：好的教育应该是培养终生运动者、责任担当者、问题解决者和优雅生活者。他进一步解释道：优雅的生活者要能够善于发现美，对外界的美的信号有敏锐的捕捉力，这是一个非常重要的能力。

"优雅的生活者"，总是能感受美、欣赏美，注重品味和细节。同时，他自身的存在还能够带给生活和他人向善向美的感受，这便是"诗意的栖居"了。

不要说"我没有什么爱好""我什么特长也不会"，培养兴趣爱好什么时候开始都不晚；不要说"我没有天赋"，我们又不必成为专家、大师，但是我们需要有爱好和特长。我们应该从中获得愉悦，从中获得美的享受，让自己的生活丰富多彩，越来越美。

新时代教师，要拥有自己的颜值担当。这里的颜值，指的是注重教师的外在形象，清新、干练、阳光、自信，不仅给学生带来积极的审美影响，也让自己的每一天都充满活力。这里的颜值，还要以拥有健康的身体为前提，以追求舒适的休闲生活为延伸，比如追求美好的旅行体验和丰富的兴趣爱好。

懂生活，会休闲，才能真正获得诗意地栖居。中国传统文化有很多的方式可以让人心灵安宁沉静。比如香道、棋艺、器乐、书法、绘画、舞蹈艺术，等等。所以，我们提倡教师多进茶室、阅览室、健身房、艺术工作室。教师只有幸福地生活，高雅地生活，才能享受职业尊严，快乐地教学。

建筑学家、美学家汉宝德先生说:"美感是人类天性的一部分,但需要培养才能广泛地运用于生活,提升精神生活的品质。"[1]有人就问他如何培养美感。他的回答总是一句话:"多看美的东西。"我们在这里依汉先生的话,可以说培养美感,就是"多看美的东西"。欣赏美、体验美,进而去创造美。例如:

南充市第二中学的万老师在自己八十大寿庆典活动上即兴表演舞蹈。她作为一名数学老师,除了本职工作还一辈子热爱舞蹈,培养出了许多的文艺爱好者,还有被专业文艺团队录取的优秀学生,更有许多学生现在还活跃在祖国各地的民间文艺舞台上,她甚至代表中国老年文艺队去国外参加比赛。

2. 诗酒茶花,柴米油盐

生活就是一半诗意,一半烟火。手执烟火以谋生,心怀诗意以谋爱。曾经一直觉得远方才是诗,经历了人间烟火,才发现,油盐酱醋茶,亦可成诗。你的柴米油盐,也是你的诗酒茶花。

杨绛先生说:生活,一半是柴米油盐,一半是生辰大海。放一点盐,它就是咸的;放一点糖,它就是甜的;放一点诗意,它就是比人眼里的远方。想要什么味道,全凭自己调。

"柴米油盐"是生活的资源,有生命、利益、恩惠、福泽、品位、趣味,应该加倍贮藏。有人三分钟泡面,有人三小时煲汤;有的人外卖已送达,有的人则在淘米、煮饭。当你平静地把该做的事做好,生活就会把该给你的东西一样一样的给你。

不要被"柴米油盐"所累,要在"诗酒茶花"中转换生命姿态,让自己的人生因此而丰富起来。看一看身边的"她们",曾做出过焦糊的饭菜,曾十指不沾阳春水,但是从孩子出生的那一刻开始,便开始"柴米

---

[1] 汉宝德(中国台湾). 如何培养美感新版. 三联书店, 2016.09.

油盐"的生活了。多少年以后,有的满身油烟,身材走形;但也有很多人,依然身着精致的衣装,脚踩高跟鞋,留驻了曾经的惊艳和青春。

教师的生活表面上岁月静好,心里面波澜壮阔!在"诗酒茶花"中感悟生命的阴晴圆缺,可以让时光在行云流水中享受如幻的乐趣。生活不止眼前的苟且,还有诗和远方。能把日子过成苟且的人,走到哪都一样苟且;能把日子过成诗的,血泪里也会开出花儿来。

诗酒茶花、柴米油盐,都能让你不慌不忙,不焦虑,跟上自己内心的节奏。以从容、淡定之心,应对浮躁的生活,让自己洗尽铅华,内心充盈,爱上生活。

3. 运动休闲,健体健心

"诗意地栖居",应以健康为基础。我们提倡教师"动起来"！2006年,教育部例行新闻发布会提出了一个响亮的口号"每天锻炼一小时,健康工作五十年,幸福生活一辈子"。这不仅仅针对学生,更应该在广大教师队伍中推广。

没有健康,就没有一切。的确,教师的健康更是让自己幸福的最大资本。许多教师工作几年、十几年后,就得了颈椎病、腰椎病、慢性咽炎等职业病;或者总是埋怨没有时间锻炼身体,总是以"忙忙忙""累累累"做借口,等到退休之后落下一身病。其实,如果能够换一种思路,为自己勾勒一幅诗意生活的愿景,时间和运动都是可以规划好的。

"每天都有人在为健康中国奋斗,请珍惜身边提醒你运动的人",这是李克强总理在十二届全国人大四次会议答记者问时讲的。新时代的教师,应该拥有健康养生的意识。当下信息丰富的时代,完全可以让自己成为一个业余养生学习者、爱好者。读书中我们可以去汲取相关的知识;休憩时也可以借多种媒介涉猎相关知识,指导自己如何积极锻炼、养生。比如利用办公休息的时间做一做颈部操、护眼操,闭上眼睛时可以试着冥想大自然中的风景,这都是非常好的养生。

河北省名师王敬丽,是一名校长。忙碌的工作并没有影响她积极地锻炼、养生，她还为全体教师创编了一套教师保健操，专门缓解教师颈椎、腰椎职业病的不适，大家从中获益匪浅。

树立健康的理念，养成运动的习惯。人在运动的时候会产生多巴胺、血清素、肾上腺素等物质，这些物质能帮助我们有效释放压力、提高专注力、记忆力，并能让人感到快乐。教师需要健康的体魄，积极向上的心理情绪，从而获得美好愉悦的生活。学术界越来越有共识，那就是"日常生活审美化"与"生活美学"不但已经是美学研究的发展趋势，而且对教育和每一个人的生活都具有非常重要的意义。

在繁重的工作压力下，教师能够通过运动缓解身体的疲惫，宣泄不良情绪，保持身心健康。作为从事脑力劳动的教师，每人都应该坚持一两项体育运动。比如乒乓球、羽毛球、游泳等，它不仅能够锻炼身体，让自己保持一种健康状态，也能够用另一种生活方式带给自己新的思维和感受，给人生平添许多乐趣。也许有的教师认为这些运动太过专业，那你可以选择像跳绳、跑步、散步这些没有多少技术含量的运动。

> 特级教师王君一直爱好跑马拉松，她笑称年过半百的她却在跑步中找到了永远的年轻，特别是她用这份坚持，磨炼着自己做事的耐性，也征服了她的学生，成为学生们心中"永远的女神"。

舒适的休闲生活，并不与认真工作相矛盾，要做一个雅致、精致生活的人。插花、绘画、弹琴、朗诵，这些兴趣爱好都可以丰富自己的休闲生活，拓展教师的视野和生活圈，让自己变得有趣。这些也会带给学生、课堂以积极的影响，许多优秀教师的个人魅力，也来自课堂之外的精彩。

有句话说得好，灵魂和身体，总要有一个在路上。教师的职业，相对而言有一个非常大的优势，就是拥有较为宽松的假期。寒暑假里，完全可以让自己的身体去行走，旅行中会让自己的心灵放空，吸纳更多的新鲜的事物，让自己的思想旅游，感受不一样的世界。在旅行的过程中，我们也会更好地接触生活、接触自然、接触社会，无论是从人文地理、人间百态以及哲学思维，都会带给自己新的视野，这些也是让自己成为更有思想、更热爱生活的教师的源泉和不竭动力。

4. 读万卷书，行万里路

阅读，是最适合教师修炼心性的一种方式。哲学家安·兰德说："有智慧的人的最高道义责任，便是保持其健全的大脑和完整的自尊。"有智慧的教育者，何尝不是？如果教师自身智慧丰盈，他的学生多半智慧丰富；反之，如果教师的思想孱弱，他的学生多半思想羸弱。艺术家唐国强说过的一句话："望远才知风浪小，凌空乃见海波平"。养成阅读的习惯，积累深厚的文化底蕴，自然就生发出一种书卷气，一种超越常人的自信心。而作为创造性劳动的主体，教师的专业素养和知识储备，都需要通过阅读和大量实践获得。也只有这样，才能得到学生的信服、认可，进而获得职业的尊严和乐趣。出版人郝明义曾提出"阅读的七道阶梯"，指向了由浅入深的阅读进阶，分别是——

> 你关心、思考的，是如何让自己更美好
>
> 你开始关心、思考如何让自己与所爱的人，共同更美好
>
> 你开始学习欣赏一切抽象的美好
>
> 你开始学习欣赏社会制度之美好
>
> 你开始学习欣赏与自己相异之行为的美好
>
> 你开始学习体会多元知识激荡之美好
>
> 你学习体会宇宙的智慧之美 [1]

新时代的教育环境应该是没有边界的，或者说，是无限大的。天文、地理、生物……都可以在自然中去发现、去感悟、去认知。有的教师喜

---

[1] 王干著. 我在明德做课程：王干的办学手记. 福州：福建教育出版社，2020.06.

欢旅行，并将自己的旅行见闻记录成文，编辑到公众号里。每一天都充满了期待，每一处景观都是大自然的恩赐。旅行，给教师的平凡生活注入了精彩和生机，开阔视野，赋予人以健康、轻拙、激情和愉悦。

读万卷书，行万里路，才能活出更宽广、诗意的自我。教师要活出自我，不能没有艺术、没有自由、没有交友、没有娱乐。除了工作，除了升学考试，其他的什么都没有，那绝不是我们所应有的。

读万卷书，行万里路，才能顺乎人性和天性。教育要顺乎人性、天性才最美。最美的教师一定是先活出自己，然后教化学生。

读万卷书，行万里路，才能提升人生境界。这里的阅读，不仅是阅读有字之书。也要读无字之书，读人，读世界，还有读自己；教师只有发现自我、发展自我、创造自我、成就自我，融入自然，才能获得职业快乐与人生享受。

冯友兰先生认为，人生有多种境界：自然、功利、道法、天地境界。作为新时代教师，只有不断放大格局和视野，学习，发展，才能不断提升自己的人生境界。

5. 平凡、平心、平民

林语堂说，幸福人生，无非四件事：一是睡在自家床上；二是吃父母做的菜；三是听爱人讲情话；四是跟孩子做游戏。有家人在旁，粗茶淡饭，布衣蔬食，就是最温柔的时光。

黄庭坚诗云："粗茶淡饭饱即休，补破遮寒暖即休，三平二满过即休，不贪不妒老即休。"粗茶淡饭就是一种简单、朴素的生活，一种知足、随性的处世态度。闲来竹篱信步，倦看云卷云舒。以平常心看待生活的平淡，在琐碎时品味生命的本真。粗茶淡饭、平心静气才是大美。

用一颗"平心"悦纳平凡。教师的生活本是平凡的，工作的苦与累不必说，但我们若不能甘于平凡，则可能整日里愁眉苦脸、怨天尤人，不仅影响学生的成长，还会损害自己的健康。其实，教师平凡的生活中也有很多精彩。经过充分准备上了一堂好课，学生获得知识，气氛热烈，我们的心中便会升起丝丝满足；解决了一个让学生费解的问题，看到学生那感激、喜爱的眼神，也是一种享受；教师节的课堂，学生齐刷刷地站起来，一声"老师，节日快乐！"的祝福，又何尝不是教师工作的幸福？送走一届又一届的学生，看到他们走进高等学府，成为社会有用之才，我们也会有极大的满足感和成就感。当我们学会享受工作时，生活不再沉重，师生关系得到改善，我们的生活充满阳光。当我们以欣赏的心态工作时，当我们懂得感恩、知足时，我们就会超越"小我"，茅塞顿开。豁然开朗，乐，就在其中。

在平凡的生活中，保持年轻向上的心态。塞缪尔·厄尔曼曾这样写道："青春不是桃面、丹唇、柔膝，而是深沉的意志，恢宏的想象，炙热的恋情；青春是生命的深泉在涌流。"当我们对生命怀有珍重之情，对梦想保持向往，对生活继续热爱，属于生命本真的力量就会源源不断地涌流出来。

木心曾说过："人从悲哀中落落大方走出来，就是艺术家。"摆正心态，最美的心情在路上，你会遇到最好的诗情画意、最有灵感的自己。在智慧灵光闪现的时刻，在诗意的栖居中，益智、达情、养心、通神、向善、向美。

我们正处在伟大的新时代。教师，要用信仰之光、大爱情怀，用哲学的修养，不断地学习、研究和创造，担当"立德树人"的使命，磨砺坚持的品格，追求卓越、优雅和幸福的人生，在坚守中迎来桃李芬芳，迎来属于我们自己的诗和远方，创造属于新时代教师的美好人生！

 后　记

以发展谋幸福

新时代教师，要以发展谋幸福。

教师只有加快专业发展，才能不断提升学习力、成长力、胜任力，从而融入时代、服务时代、推动时代，获得职业价值感。

教师只有加快专业发展，才能自我认知、自我觉醒、自我重建、自我超越，破茧成蝶，塑造最好的自己，获得职业归属感。

教师只有加快专业发展，才能不忘初心，出色完成为党育人、为国育才的使命，创办人民满意的教育，获得职业成就感。

教师只有加快专业发展，才能促进学生生动、活泼、主动、全面的发展，为实现中华民族伟大复兴提供人才保障，获得职业荣耀感。

教师在发展中谋幸福，才能带给学生更多成长的幸福，才会带给千家万户乃至全社会发展的幸福。

教师如何加快发展，怎么以发展谋幸福？这是一个极其复杂的理论和实践问题。

近十几年，我结合工作实践，持续进行了比较专注的学习、调查和研究思考。在2011年前后，形成了"以发展谋幸福"的理念架构和教师专业发展策略体系模型，并在教师中广泛调研、讲座交流。在研究过程中，坚持文本研究、理论研究、案例研究相结合，历经"分析文献—确立维度—整理问题—探究原因—案例归类—实践验证—建构模型—形成理论"逐阶段，力求从哲学的高度和方法论的视角，形成"以发展谋幸福"理论体系和"新时代教师专业发展的八项修炼"策略模型，建构了理论与实践相结合的新时代教师专业发展范式，努力在教师专业发展策

略研究方面有所创新，有所突破。

（1）研究了新时代教师专业发展面临的新形势、新任务、新挑战，系统阐述了新时代教师专业发展的目标定位和方向。

（2）提出并建构了"以发展谋幸福"的理念和理论体系，指出教师专业发展是提升教师职业归属感、职业获得感、职业成就感、职业幸福感的源泉。

（3）提出并建构了"新时代教师专业发展的八项修炼"的主张和策略体系，形成了发展框架模型，力求成为新时代教师专业发展的有效路径。

（4）在实验和实践的基础上，总结了教师专业发展的一系列经典案例，形成了行知合一的发展范式，总结提炼了有关教师队伍建设的区域发展机制和策略。

（5）构建了教师专业发展能力结构模型，形成了较为完善可行的新时代教师专业发展的修炼体系。

（6）以"诗意的栖居"为主题，明确提出了新时代教师职业生活的新样态，启发教师要通过专业发展，追求职业归属感、职业成就感、职业幸福感。

"新时代教师专业发展的八项修炼"理论体系包含八个维度，其中每个维度的研究又自成体系。如图所示。

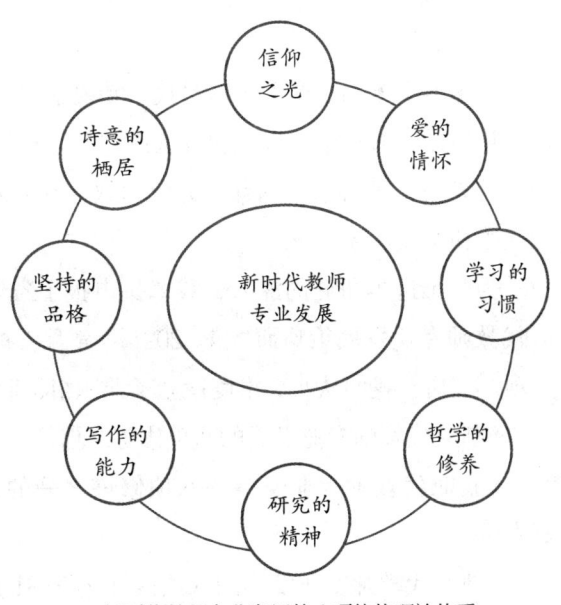

新时代教师专业发展的八项修炼理论体系

专业信仰的研究：包括信仰探源，教育信仰解困，教师职业信仰塑造。

爱的情怀的研究：包括全面理解"爱"，专业诠释"爱"，理性践行"爱"。

学习习惯的研究：包括学习的意义、价值、路径、策略。

研究精神的研究：包括研究的实践特性，研究的起点、路径、过程和方法。

写作能力的研究：包括写作的生活方式，写作的源泉和生活的积累，以及写作能力修炼的锦囊。

哲学修养的研究：包括哲学的价值分析，哲学修养的内容特征，哲学修养的修炼法则。

坚持的品格的研究：包括坚持的意义，坚持的方法要领，坚持的习惯养成。

诗意栖居的研究：包括诗意栖居之解码，诗意栖居之探因，诗意栖居之境界。

以上八个方面，遵循"新时代—新要求—新策略—新发展—新幸福"的逻辑体系，力求站在哲学和方法论高度，对教师专业发展的时代特征、内容与策略等进行系统阐释，为教师教育和新时代教师专业发展提供理论支撑和实践指导。

为了推进本研究的深入，我牵头申报了省级重点资助科研课题《新时代教师专业发展策略研究》。2021年4月，被河北省教育厅正式批准立项。之后，我们从八个维度设立子课题组，明确了子课题主研人。

《新时代教师专业发展的八项修炼之信仰之光》主研人：孙彩文；

《新时代教师专业发展的八项修炼之爱的情怀》主研人：张洪艳、赵春凤；

《新时代教师专业发展的八项修炼之学习的习惯》主研人：冯翠红、刘梅香；

《新时代教师专业发展的八项修炼之研究的精神》主研人：高启山、高玲玲；

《新时代教师专业发展的八项修炼之写作的能力》主研人：郝玲君、王健；

《新时代教师专业发展的八项修炼之哲学的修养》主研人：王福会、谢爱芹；

《新时代教师专业发展的八项修炼之坚持的品格》主研人：张琳亚、饶伟英；

《新时代教师专业发展的八项修炼之诗意的栖居》主研人：魏晓辰、崔庆莉。

作为课题的主持人，我深感责任重大。我深知，只有自己扑下身子做"真"研究，坚持不懈地研究，才能带领团队在研究中实践，实践中研究，让研究成为最好的生活。庆幸的是，我们这个课题团队，成员均为省、市名师，具有较丰富的工作和研究经验。大家不仅自己在研究中实现自身的专业发展，而且以课题为引领，带领身边教师加快了专业发展。在成书的过程中，大家搜集整理了大量鲜活的教师成长案例，做了大量的研究和编写工作。这是我们一起共同发展的过程，也是享受交流、合作和创造的过程。我本人，不仅系统地回顾梳理了十多年讲座乃至四十年职业生涯的一些思考，更重要的，在和大家交流研讨中，学到了很多，感悟了很多，提升了很多，让我的思考更深、更广、更新。在此，对大家做出的贡献深表感谢，并致以崇高的敬礼！

著名教育家、中国教育学会名誉会长顾明远先生，对本课题研究高度重视，在百忙之中拨冗题写书名，予以高屋建瓴的精心指导，为我们指明了方向。我们深深感悟到了先生对教育、对教师的大爱情怀，对教育、对教师发展的深邃洞察和远见卓识，让我们深受鼓舞！

著名教育专家、北京师范大学教育学部部长、教师教育研究中心主任朱旭东先生，对本课题研究倍加关怀，予以高端引领和指导，还在繁忙中亲自为本书撰写序言《教师要一直走在专业发展的大道上》，让我们深感荣幸！

  在此，对顾先生、朱先生的关怀和指导表示衷心的感谢！我们将谨记先生教诲，把深入做好教师专业发展策略研究作为毕生的追求！

二〇二一年七月六日

参考文献

[1] 中共中央宣传部. 习近平总书记系列重要讲话读本（2016版）[M]. 北京：人民出版社，2016.

[2]《党的十九大报告辅导读本》编写组. 党的十九大报告辅导读本[M]. 北京：人民出版社，2017.

[3] 习近平. 决胜全面建成小康社会夺取新时代中国特色社会主义伟大胜利——在中国共产党第十九次全国代表大会上的报告[M]. 北京：人民出版社，2017.

[4]《习近平总书记系列讲话精神学习读本》课题组. 习近平总书记系列讲话精神学习读本[M]. 北京：中共中央党校出版社，2013.

[5] 中共中央文献研究室. 习近平关于社会主义经济建设论述摘编[M]. 北京：中央文献出版社，2017.

[6] 人民日报评论部. 习近平用典. 第二辑[M]. 北京：人民日报出版社，2018.

[7] 中共中央文献研究室. 习近平关于社会主义社会建设论述摘编[M]. 北京：中央文献出版社，2017.

[8] 中共中央文献研究室. 习近平关于社会主义社会建设论述摘编[M]. 北京：中央文献出版社，2017.

[9] 中国共产党党章[M]. 北京：人民出版社，2017.

[10]《党的十九大报告学习辅导白问》编写组. 党的十九大报告学

习辅导自问 [M]. 北京：学习出版社，2017.

[11] 中国共产党第十九次全国代表大会文件汇编 [M]. 北京：人民教育出版社，2017.

[12] 中国共产党第十八次全国代表大会文件汇编 [M]. 北京：人民教育出版社，2012.

[13] 习近平. 习近平谈治国理政 [M]. 北京：外文出版社，2014.

[14] 联合国教科文组织国际教育发展委员会编，华东师范大学比较教育研究所译. 学会生存——教育世界的今天和明天 [M]. 北京：教育科学出版社，1996.

[15] 钱均鹏，徐荣梅. 习近平总书记系列重要讲话精神学习辅导读本 [M]. 北京：中国言实出版社，2014.

[16] 顾明远著. 顾明远教育演讲录. 北京：人民教育出版社，2014.09.

[17] 顾明远著. 中国教育路在何方顾明远教育漫谈. 北京：人民教育出版社，2016.08.

[18] 顾明远，鲍东明，刘晨元选编. 梦山书系 顾明远教育论述精要. 福州：福建教育出版社，2016.01.

[19] 顾明远著. 杂草集 顾明远教育随笔. 福州：福建教育出版社，2001.

[20] 顾明远著. 我的教育探索 顾明远教育论文选. 北京：教育科学出版社，1998.10.

[21] 顾明远口述. 顾明远口述史. 北京：北京师范大学出版社，2018.10。

[22] 顾明远著. 顾明远文集 第4卷 教师教育 教育对话录. 北京：北京师范大学出版社，2018.10.

[23] 顾明远著；李敏谊，滕珺整理. 顾明远教育口述史. 北京：北京师范大学出版社，2012. 03.

[24] 顾明远著. 站在孩子的视角谈教育. 天津：天津教育出版社，

2014.11.

[25] 顾明远主编.中国教育科学 2008.北京：人民教育出版社，2009.03.

[26] 顾明远著.野花集 教育—未来社会的希望.福州：福建教育出版社，2008.04.

[27] 顾明远总主编.中国教育大系 现代教育理论丛编1.武汉：湖北教育出版社，2015.08.

[28] 雷玲主编.打开教育之门 顾明远教育观启示录.北京：北京师范大学出版社，2016.03.

[29] 郭华主编.留一块黑板 与顾明远先生对话现代学校发展.北京：教育科学出版社，2013.05.

[30] 王英杰，曲恒昌著.教育人生明志致远 顾明远教授从教六十周年庆贺文集.北京：教育科学出版社，2009.10.

[31] 王英杰主编.顾明远教育思想研究.北京：教育科学出版社，2019.01.

[32] 叶澜.教育学原理[M].北京：人民教育出版社，2007.

[33] 于漪主编.于漪知行录.太原：山西教育出版社，2016.05.

[34] 朱永新著.朱永新说教育.青岛：青岛出版社，2017.06.

[35] 朱永新著.教育如此美丽 朱永新中国教育观察.北京：文化艺术出版社，2010.12.

[36] 朱永新著.朱永新教育文集 卷一 新教育之梦 我的教育思想.北京：人民教育出版社，2004.08.

[37] 张念宏.中国教育百科全书[M].北京：海洋出版社，1991.

[38] 汪志广.如何成为一名好老师.北京：中央民族大学出版社，2018.07.

[39] 高时良.学记[M].北京：人民教育出版社，2016：6.

[40] 张贵勇.读书成就名师——12位杰出教师的故事[M].北京：教育科学出版社，2013：140-149.

[41] 陶继新.做一个幸福的教师——陶继新教育讲演录[M].上海：华东师范大学出版社，2008：6-8.

[42] 魏书生.教学工作漫谈[M].桂林：漓江出版社，2008：2.

[43] 温儒敏.义务教育教科书语文五年级上册教育部组织编写[G].北京：人民教育出版社，2019：118.

[44] 刘绍辉.区域推动中小学教师阅读行动策略研究[G].石家庄：花山文艺出版社，2019：45.

[45] 冯友兰.中国哲学简史[M].北京：北京大学出版社，1996.

[46] 陶行知文集[M].江苏：江苏人民出版社，1981.

[47] 刘可钦.刘可钦与主体教育[M].北京：北京师范大学出版社，2006.

[48] 常生龙.核心素养与学习的变革（2016版）[M].上海：上海教育出版社，2016.

[49] 老子.道德经[M].沈阳：万卷出版公司，2019.08.

[50] 张贵勇.读书成就名师[M].中国人民大学出版，2020.

[51] 果淑兰.高中生涯发展与规划[M].

[52] 钟启泉.师胜任力发展模式论[M].华东师范大学出版社，2014.

[53] 郑英.教育，向美而生[M].北京：中国人民大学出版社，2019.05.

[54] 吴欣歆.培养真正的阅读者[M].上海：上海教育出版社，2019.

[55] 张典兵，王作亮著.教师专业发展.徐州：中国矿业大学出版社，2017.01.

[56] 郭平，熊艳主编.教师专业发展概论.成都：西南交通大学出版社，2017.10.

[57] 钟建林.走向卓越10位正高级小学数学教师的修炼历程和特色成果.福州：福建教育出版社，2019.06.

[58] 王国才编著.教师走向成功的四项修炼.北京：北京教育出版社，2018.07.

[59] 霍庆.新时代教师职业行为准则 锤炼师德精习修为.北京/西安：世界图书出版公司，2019.10.

[60] 钟启泉，严书宇，沈兰译丛主编；（日）秋田喜代美，佐藤学编著；陈静静译.新时代的教师.北京：教育科学出版社，2013.12.

[61] [英]尼格尔·塔布斯（NigelTubbs），教师的哲学[M].济南：山东教育出版社，2014.

[62] [美]JamesP. Raffin著，梁平，宋其辉译.这样教学生才肯学：增强学习动机的150种策略[M].上海：华东师范大学出版社，2010.

[63] [美]伊恩.朱克斯.教育未来简史[M].北京：教育科学出版社，2020.

[64] [日]古川武士著陈美瑛译.坚持，一种可以养成的习惯（2014版）.北京：联合出版公司，2014.

[65] [美]威廉克瑙斯.拖延症（2018版）[M].机械工业出版社，2018.

[66] 德鲁克.管理实践[M].机械工业出版社，2007.

[67] [美]丹尼尔·科伊尔.一万小时天才理论[M].中国人民大学出版社，2010.

[68] [美]罗伊·鲍迈斯特，[美]约翰·蒂尔尼.意志力[M].中信出版社，2017.

[69] [美]凯利·麦格尼格尔.自控力[M].印刷工业出版社，2012.

[70] [日]佐藤学著，钟启泉，陈静静译.教师的挑战[M].华东师范大学出版社，2012.

[71] [美]莫提默·J.艾德勒，查尔斯·范多伦著，郝明义，朱衣译.如何阅读一本书[M].北京：商务印书馆，2016.

[72] [美]查德·拉特利夫，帕母·莫兰，伊拉·索科尔著，韩小宁，刘白玉译.终身学习[M].中国青年出版社，2020.

[73] [英]约翰·格雷；张草纫译.人类幸福论[M].北京：商务印书馆，1963.08.

[74][法]罗曼·罗兰;郑克鲁译.罗曼·罗兰读书随笔[M].北京:金城出版社,2018.11.

[75]B.A.苏霍姆林斯基著;唐其慈等译.把整个心灵献给孩子.天津:天津人民出版社,1981.10.

[76](捷)夸美纽斯著;傅任敢译.大教学论.北京:人民教育出版社,1984.12.